媒体融合背景下的
新闻生产与传播

杨 健 金 颖 祁 昕 著

九 州 出 版 社
JIUZHOUPRESS

图书在版编目（ＣＩＰ）数据

媒体融合背景下的新闻生产与传播 / 杨健，金颖，祁昕著 . -- 北京：九州出版社，2024.3

ISBN 978-7-5225-2715-4

Ⅰ . ①媒… Ⅱ . ①杨… ②金… ③祁… Ⅲ . ①新闻学—传播学—研究 Ⅳ . ① G210

中国国家版本馆 CIP 数据核字 (2024) 第 059737 号

媒体融合背景下的新闻生产与传播

作　者	杨　健　金　颖　祁　昕　著
责任编辑	安　安
出版发行	九州出版社
地　址	北京市西城区阜外大街甲 35 号（100037）
电　话	（010）68992190/3/5/6
网　址	www.jiuzhoupress.com
印　刷	北京佳益兴彩印有限公司
开　本	787 毫米 ×1092 毫米　　　16 开
印　张	16.25
字　数	247 千字
版　次	2024 年 4 月第 1 版
印　次	2024 年 4 月第 1 次出版
书　号	ISBN 978-7-5225-2715-4
定　价	65.00 元

前　言

在当今这个快速发展的信息时代，媒体融合已成为新闻产业不可逆转的趋势。我们所处的世界，正经历着前所未有的信息技术革命，这场革命正在深刻改变着新闻的生产和传播方式。本书旨在深入探索媒体融合对新闻行业的影响，分析其带来的挑战与机遇，以及未来的发展趋势。

媒体融合并非一个新鲜话题，但其意义和内涵随着时间的推移不断发展。早期的媒体融合主要集中在技术和平台的结合上，例如电视、广播和报纸的数字化。随着互联网和移动通信技术的发展，媒体融合又迈入一个全新的阶段。今天的媒体融合不仅仅是技术层面的整合，更是内容、渠道、格式以及用户体验的全方位融合。在这一背景下，新闻的生产和传播模式发生了根本性的变化。数据驱动的新闻报道成为新的趋势，它利用大数据分析、人工智能等技术手段，提高新闻报道的准确性和深度。同时，用户的参与和互动也为新闻传播带来了新的动力。用户生成的内容和社交媒体平台的兴起，使得新闻传播更加分散和个性化。

在探讨媒体融合对新闻生产模式的影响时，本书也着重分析了媒体技术的创新如何推动新闻生产流程的改进。数字化、互联网和移动技术的应用，不仅改变了新闻采集、编辑和分发的方式，也促使新闻机构重新思考其业务模式和盈利途径。媒体融合的另一个重要方面是新闻传播渠道的多元化。传统媒体渠道如电视和报纸正在经历转型，同时，新兴媒体渠道如在线视频和社交网络在新闻传播中扮演着越来越重要的角色。跨平台传播策略成为新闻机构必须掌握的关键技能。此外，本书还关注了多媒体新闻报道在媒体融合背景下的创新。多媒体报道不仅丰富了新闻的表现形式，也增强了新闻的互动性和吸引力。新媒体技术的发展为多媒体报道提供了更多可能性，同时也带来了创新案例的学习和借鉴。新闻消费行为在媒体融合的背景下也发生了显著变化。新闻消费者的需求日益多样化，他们不仅关注新闻内容的质量，也越来越注重获取信息的便捷性和个性化。这要求新闻机构在内容创新上投入更多的精力，同时也需要关注新闻内容创新的关键要素和方法。最后，本书通过对媒体融合背景下的新闻生产与传播案例的分析，为读者提供了实际的参考和启示。这些案例不仅展示了媒体融合的实践应用，也反映了当前新闻行业面临的挑战和机遇。

总而言之，本书旨在为读者提供一个全面而深入的视角，以理解和应对在媒体融合时代下新闻行业的变革。通过对媒体融合各个方面的详尽分析，本书希望能够启发更多关于新闻未来的思考和探索。

目　录

第一章 媒体融合的概念与演变

媒体融合，作为一个多维度、跨学科的概念，正日益成为现代传媒研究和实践的中心话题。它超越了传统媒体的边界，涉及技术、内容、运营及用户体验等多个层面的深度整合。在本章中，我们将深入探讨媒体融合的定义和内涵，并追溯其演变的历程，以理解它如何塑造和重塑现代新闻业。媒体融合的定义并非一成不变，它随着技术的进步和市场的变化而不断演化。最初，媒体融合主要指的是不同媒体形态如报纸、广播和电视的技术整合。这个阶段的融合偏重于传统媒体向数字媒体的转型，强调技术层面的创新。然而，随着互联网和移动通信技术的兴起，媒体融合开始涉及更广泛的领域，包括内容的创造、分发和消费方式的改变。

同时，媒体融合不仅仅是技术的结合，更是一种全新的传播生态系统的形成。这个系统中，内容生产者、分发平台和受众之间的界限变得模糊，互动性和参与性成为新的传播特征。媒体融合还涉及媒体经营模式和商业策略的改变，尤其是在面对日益分散化的受众和个性化的消费需求时。追溯媒体融合的发展历程，我们可以看到一个从简单的技术整合到复杂的生态系统演变的过程。早期的媒体融合重点在于不同媒体技术的融合，如印刷媒体的数字化和电视广播的网络化。进入 21 世纪，随着互联网的普及和移动设备的广泛使用，媒体融合开始步入一个新阶段。这一阶段的融合特点是多平台、多渠道的内容分发和多样化的用户参与。

因此，本章的目的是为读者提供一个清晰的框架，以理解媒体融合的多重维度和其对新闻产业的深远影响。通过分析媒体融合的定义、内涵和演变过程，我们可以更好地理解当代媒体环境的复杂性，以及面对这一环境，新闻行业应如何适应和发展。

第一节 媒体融合的定义与内涵

1. 媒体融合的定义

媒体融合是一个多维度的概念，其定义和内涵随着时间和技术的发展而不断演变。在最初阶段，媒体融合主要被视为不同媒体平台（如印刷、广播和电视）技术层面的结合。今天，随着数字技术和互联网的兴起，媒体融合已经发展成为一种包括内容、渠道、格式和用户体验在内的全方位融合现象。

首先，媒体融合在内容层面表现为不同媒体形式的内容整合。这不仅仅是将文字、图像、音频和视频等多种媒介形式结合在一起，更重要的是如何通过这种结合来创造更加丰富和深入的内容。例如，一则新闻故事可能通过文字来描述事件的基本情况，通过图像和视频来增强视觉冲击力，同时利用音频来增添情感色彩。这种跨媒介的内容整合不仅提高了信息的传达效率，也增强了受众的沉浸感和参与感。其次，媒体融合在渠道层面上打破了传统媒体的界限。在数字化和网络化的背景下，新闻和信息可以通过多种渠道传播，包括传统的电视和广播，以及网络、社交媒体、移动应用等。这种渠道的多样化不仅扩大了信息的传播范围，也为受众提供了更多选择。例如，人们可以通过电视观看新闻，也可以通过社交媒体或新闻应用来获取实时更新。格式层面上的融合则体现在新闻和信息的呈现方式上。随着技术的进步，新闻报道不再局限于传统的线性叙述方式，而是可以采用交互式、多线程等创新形式。例如，交互式图表和数据可视化为复杂数据的呈现提供了新的手段，而虚拟现实（VR）和增强现实（AR）技术则能够为用户提供身临其境的体验。

用户体验的融合是媒体融合最为关键的方面之一。在传统媒体时代，受众的角色通常被动，仅仅是信息的接收者。然而，在媒体融合的背景下，受众的参与和互动成为可能。用户可以通过评论、分享和参与在线讨论来互动，甚至可以通过用户生成内容（UGC）直接参与到内容的创造过程中。但是，媒体融合与跨媒体、多媒体等概念有着明显的区别。跨媒体通常指的是在不同媒介平台上讲述相同故事或信息的策略，而多媒体则侧重于使用多种媒介形式（如文本、图像、声音等）来呈现内容。相比之下，媒体融合是一个更为全面和深入的概念，它不仅包括内容的多样化和渠道的多元化，还涉及用户体验和参与方式的革新。

总之，媒体融合是一个动态发展的过程，它反映了数字化时代信息传播的新趋势。这种融合不仅改变了媒体的生产和传播方式，也重新定义了受众与媒体之间的关系。随着技术的不断进步和用户需求的日益多样化，媒体融合将继续深化和发展，为新闻传播带来更多的可能性。

2. 媒体融合的内涵

媒体融合作为一个多维度、跨领域的现象，其内涵远远超出了单一媒介或技术的整合。它是一个动态的、持续发展的过程，涉及技术、内容、平台和行业的全面融合，旨在创造一个更加丰富、互动和个性化的媒体生态系统。

技术融合是媒体融合的基础和起点。随着数字技术的飞速发展，传统媒体如广播、电视和报纸经历了从模拟到数字的转变，而新兴媒体如互联网、社交媒体和移动应用则日益成熟。这些技术的融合不仅改变了信息的存储、处理和传播方式，也为内容创造和传播提供了新的可能性。例如，云计算和大数据技术的应用使得大量多样化的内容可以被高效管理和分析，从而提升了新闻报道的深度和广度。

内容融合则体现在不同形式和风格的媒体内容之间的结合。这种融合不仅仅是将文字、图片、音频和视频简单组合在一起，而是在内容创作和呈现上进行创新，以吸引并满足不同受众的需求。例如，一个新闻故事可以通过文字报道的深度分析、视频材料的直观展示和互动图表的数据呈现，为受众提供一个多角度、多层次的理解。这种多媒体、跨平台的内容呈现方式，使得新闻故事更加生动和有吸引力。

平台融合则是媒体融合的另一个关键方面。随着互联网和移动技术的普及，传统媒体和新兴媒体的界限日渐模糊。新闻机构不再局限于单一的传播平台,而是通过网站、移动应用、社交媒体等多种渠道发布内容。这种跨平台的策略不仅扩大了新闻内容的覆盖范围,也为受众提供了更为便捷和个性化的信息获取方式。例如,许多新闻机构开发了移动应用,使得用户可以随时随地获取最新的新闻和信息。

行业融合则反映了媒体融合在更广泛的社会和经济领域中的影响。随着技术的发展和用户习惯的变化,新闻行业开始与技术公司、教育机构、娱乐业等其他行业进行合作和融合。这种跨行业的融合不仅推动了新业务模式的发展,也促进了创新内容和服务的产生。例如,新闻机构与技术公司合作,利用人工智能和机器学习技术来分析用户数据,提供更加定制化的新闻推荐。

3. 媒体融合的特征

媒体融合作为当代信息传播的核心现象,其特征不仅揭示了技术进步的成果,也反映了新闻传播在内容创造和用户体验方面的深刻变革。对这些特征的深入分析有助于我们理解媒体融合如何重塑了信息的生产和传播方式,以及它如何影响着我们的社会结构和文化景观。

第一,互动性是媒体融合的一个显著特征。在传统媒体时代,信息流动通常是单向的,从新闻生产者到消费者。然而,在媒体融合的环境下,这种动态发生了根本性转变。互联网技术的发展和社交媒体的兴起促进了双向甚至多向的信息流动。用户不再是被动的信息接收者,而是可以直接参与到新闻的讨论、分享和传播中。这种互动性不仅提高了用户的参与度,也为新闻机构提供了实时反馈,使新闻内容更加贴近受众的需求和兴趣。

第二,定制化是媒体融合的另一关键特征。随着大数据和算法技术的发展,新闻内容能够根据个体用户的历史行为、偏好和兴趣进行个性化推荐。这种定制化的内容呈现方式,不仅增强了用户的浏览体验,还提高了内容的相关性和吸引力。用户能够在海量信息中更有效地找到对他们有价值的内容,这种个性化的体验正在改变人们获取和处理信息的方式。

第三,多样性则是媒体融合环境下另一个显著的特征。传统媒体时代由于技术和平台的限制,内容形式相对单一。然而,在媒体融合的背景下,新闻和信息可以通过多种形式呈现，包括文本、图片、音频、视频甚至是交互式图表和虚拟现实内容。这种多样性不仅丰富了信息的呈现形式，也提高了内容的吸引力和表现力。例如，复杂的新闻故事可以通过交互式图表来更直观地展示，而沉浸式的报道则可以利用虚拟现实技术来提供更深入的体验。此外，媒体融合还促进了跨平台的内容整合。在这种环境下，新闻内容不再局限于单一的平台或媒介，而是可以跨越多个平台和设备。这种跨平台的策略使得内容能够更广泛地分布和共享，同时也增强了媒体机构与用户之间的连接。

综上所述，媒体融合的这些特征——互动性、定制化、多样性以及跨平台整合——共同构成了新闻传播在当代社会的新面貌。它们不仅展示了技术进步对媒体产业的影响，也揭示了用户体验和内容创造方式的根本变革。在理解了这些特征之后，我们能够更深入地探索媒体融合如何影响新闻的生产、传播以及消费，以及它如何重塑我们的信息环境和社会文化。

4. 媒体融合的社会影响

媒体融合作为一种日益普及的现象，其对社会层面的影响是深远且多维的。这种影响首先体现在人们的信息消费习惯上。在传统媒体时代，信息的获取相对单一且被动。然而，随着媒体融合的发展，消费者现在能够通过多种渠道和平台获得信息，例如社交媒体、博客、在线视频等。这不仅让信息消费变得更加主动和多样化，也使得个体能够根据自己的偏好和需求来筛选和消费信息。这种变化对人们的生活方式产生了重大影响，使得信息消费更加个性化和自由化。

媒体融合还显著影响了公共舆论的形成。在多媒体和跨平台的环境中，信息的传播速度更快，覆盖范围更广。这使得公众对于社会事件的关注和反应更为迅速和直接，从而使得公共舆论形成过程更加动态和多元。同时，这种情况也带来了挑战，比如信息的真实性和准确性问题，以及网络舆论可能导致的极化效应。

在新闻行业中，媒体融合推动了新闻报道方式的根本性变革。新闻机构不再局限于传统的报纸和电视报道，而是开始采用视频、社交媒体和其他数字平台来吸引观众。这不仅改变了新闻的内容生产和分发方式，也促使新闻机构重新考虑其商业模式。例如，许多新闻机构开始通过数字订阅、广告和内容合作等方式来适应这种新的媒体环境。

在教育领域，媒体融合带来了新的学习方式和教育工具。数字化和网络化的教育资源使得学习更加灵活和便捷，学习者可以通过在线课程、互动平台等方式进行学习。这不仅增加了教育资源的可获取性，也提高了教育的个性化和互动性。

媒体融合也对文化产生了影响。它促进了文化内容的多样化和全球化传播，使得不同地区和文化背景的人们能够更容易地接触和了解不同的文化。同时，数字化和网络化也为文化创新提供了新的平台和方式，比如通过网络文学、数字艺术等形式表达文化创意。

综上所述，媒体融合在社会层面的影响是全方位的。它不仅改变了人们获取和消费信息的方式，也影响了公共舆论的形成和传播，推动了新闻行业的变革，改进了教育方式，并且丰富了文化的传播和创新。这些影响展现了媒体融合作为一个社会现象的复杂性和深远意义。

第二节　媒体融合的发展历程

1. 初始阶段：传统媒体的数字化

在20世纪末期，媒体行业迎来了一次重大的转型——传统媒体的数字化。这一时期是媒体融合的初始阶段，是媒体历史上的一个分水岭。在这一阶段，传统媒体如报纸、电视和广播，开始探索数字技术的应用，从而使内容更加易于存储、编辑和传播。这一过程不仅仅是技术的转变，它更代表着对信息传播方式的根本性重塑。

报纸行业是数字化转型的先行者。随着计算机和相关软件技术的发展，报纸编辑和排版过程逐渐从传统的手工方式转变为电脑化操作。这一转变极大提高了报纸制作的效率和灵活性。同时，数字化也使得报纸内容能够快速转换为在线形式，初步实现了传统媒体与新兴网络媒体的结合。电视行业也在这一时期经历了显著的变化。数字化技术的引入，让电视节目制作和播放的质量大幅提升。更重要的是，数字技术为电视节目的存储、编辑和分发提供了更多的可能性。电视新闻的制作过程也开始整合计算机技术，例如利用数字图形和特效来增强新闻故事的表现力。广播媒体在这一阶段也经历了类似的变革。随着数字音频技术的发展，广播节目的制作、编辑和传输过程变得更加高效和灵活。数字化不仅提高了音质，也使得广播内容能够在互联网上进行直播和点播，扩大了其听众群体。这一时期的媒体融合还表现在对新技术的探索上。例如，新闻机构开始尝试使用数字相机和视频摄像机，使得新闻采集更加迅速和便捷。同时，数字技术也为新闻报道提供了新的视角和表现形式，如360度摄像、虚拟现实等。互联网的初步发展为媒体融合提供了新的平台。尽管在20世纪末互联网还未完全普及，但其潜力已被逐渐认识。一些具有前瞻性的媒体机构开始建立自己的网站，实现新闻内容的在线发布。这不仅改变了信息的传播速度，也为用户提供了更为丰富和互动的新闻体验。

　　这一时期，数字化的初步实践，包括了对内容的数字存储、编辑和传播，对传统媒体产生了深远影响。报纸、电视和广播等媒体开始利用数字技术处理新闻内容，这不仅提高了工作效率，也使得内容保存和再利用变得更加方便。数字化也为后来的多媒体内容的融合奠定了基础，使得文本、图像、声音和视频能够在同一平台上无缝集成。同时，这一时期的计算机技术和互联网的初期发展为媒体融合提供了关键的技术支持。计算机技术的提升使得大量的数据处理和复杂的图形编辑成为可能，而互联网的出现则开启了信息共享和迅速传播的新时代。新闻机构开始意识到，通过互联网，他们可以将新闻内容快速地传达给更广泛的受众。这种新的传播方式，不仅提高了新闻的时效性，也扩大了新闻影响的范围。数字化还促进了新闻制作过程的变革。从采集、编辑到分发，每一个环节都开始利用数字技术进行优化。例如，数字摄影和视频技术的应用，使得新闻采集变得更为便捷和高效；而数字编辑系统则极大地提高了新闻制作的速度和灵活性。这些变化不仅改善了新闻的生产过程，也为后续的内容创新提供了技术基础。

随着互联网技术的进一步发展，数字化的媒体开始探索更多的在线传播方式。这包括了建立在线新闻平台，以及通过电子邮件和早期的社交媒体工具进行新闻的分发和分享。这种新的传播方式不仅加强了与受众的互动，也为后来社交媒体时代的到来奠定了基础。

总体来看，媒体融合的初始阶段，尤其是传统媒体的数字化和技术的推动作用，为媒体行业的现代化和未来的发展方向奠定了坚实的基础。通过这一阶段的探索和实践，媒体行业不仅在技术上实现了飞跃，也在理念和模式上开始了深刻的转变。这一时期的发展，对后续的媒体融合趋势产生了深远的影响，为新闻传播的多样化和互动化铺平了道路。

2. 发展阶段：互联网的兴起与媒体融合

随着 21 世纪的到来，互联网不仅成为信息技术的一个重要里程碑，更是重塑了新闻媒体的生态。

互联网的普及开启了信息的民主化时代。过去，新闻的生产和传播是由少数媒体机构所垄断，而互联网的出现改变了这一格局。突破了时间和空间的限制，信息可以迅速、广泛地传播到世界的每一个角落。对于新闻机构而言，这意味着一个巨大的转变。他们开始意识到，要保持影响力和竞争力，就必须适应这一新兴的数字化环境。因此，许多传统媒体开始建立自己的在线平台，将重点从纸质和广播媒体转移到网络上。

这种转变不仅仅是在传播渠道上的改变，更是在新闻内容的生产和表现形式上的革新。新闻机构开始利用互联网的特性来创新他们的报道方式。这个时期，多媒体内容的出现成为新闻报道的一个重要发展方向。不再局限于文字和静态图片，新闻开始融入视频、音频和互动图形。这种多媒体报道方式，不仅使新闻更加生动和吸引人，而且大大提高了信息的传递效率和深度。

宽带互联网和流媒体技术的发展，尤其是视频流技术的进步，为多媒体新闻的发展提供了强有力的技术支持。视频新闻成了一种新兴的趋势，它通过视觉和声音的结合，给观众带来了更加直观和沉浸式的新闻体验。而互动图形则为新闻报道增添了一个全新的维度，观众不再是被动的接收者，而是可以通过点击、拖动等操作来深入探索新闻内容。

此外，随着社交媒体的崛起，新闻的传播和消费方式也发生了变化。社交媒体不仅为新闻机构提供了一个新的传播平台，还使得新闻的传播更加去中心化。用户可以轻松地分享和评论新闻内容，从而形成一种新的"社交化"新闻传播模式。这种模式不仅扩大了新闻的影响范围，也使得新闻更加贴近公众，更加反映社会的多样性和动态性。然而，互联网新闻的快速发展也带来了一系列的挑战。信息的过剩和碎片化使得观众很难从海量的新闻中筛选出有价值的内容。同时，网络新闻的真实性和可靠性也成为一个重要问题。为了应对这些挑战，新闻机构不仅需要在技术上不断创新，还需要在内容的质量和深度上下功夫，以保持其专业性和公信力。

这一时期，互联网的兴起和多媒体内容的出现，标志着媒体融合进入一个新的发展阶段。这一阶段不仅改变了新闻的生产和传播方式，还引发了新闻行业的深刻变革。面对未来，新闻机构需要继续适应这一变化的趋势，不断探索新技术的应用，创新内容的呈现方式，同时维护新闻的核心价值，以更好地服务于公众。

3. 成熟阶段：社交媒体与移动通信的融合

社交媒体与移动通信的融合标志着媒体融合进入成熟阶段，这一阶段深刻改变了新闻的生产、传播和消费方式。这一时期的变革不仅是技术层面的，更是文化和社会层面的。

随着21世纪的发展，社交媒体的出现和普及开始在全球范围内重塑人们的沟通方式。微博等平台不仅成为人们日常生活中互动交流的重要部分，也迅速成为信息传播和新闻分享的关键平台。社交媒体的特点，如即时性、互动性和个性化，为新闻机构提供了前所未有的机遇和挑战。新闻机构开始在这些平台上发布新闻内容，与观众直接互动，这种方式不仅加速了新闻的传播速度，也使新闻的影响力和触及范围得到了显著扩展。

社交媒体对新闻生产和传播方式的影响是深远的。首先，它改变了新闻的发现和消费模式。在社交媒体时代，新闻不再是由编辑和记者单方面决定和推送，而是在用户的分享、评论和互动中自然传播。这种模式使得新闻更加民主化，观众的参与成为新闻流传的一个重要部分。其次，社交媒体也为新闻机构提供了实时反馈的渠道，使它们能够更快地响应公众的兴趣和需求。此外，社交媒体还促进了多样性和包容性的新闻报道，因为它让更多的声音有机会被听到。

与此同时，智能手机和平板电脑等移动设备的普及极大地促进了媒体融合的进程。移动设备的便携性和全天候的互联网连接为新闻的即时获取和分享提供了便利。智能手机成为人们获取新闻的主要工具之一，这迫使新闻机构重新思考其内容的设计和呈现方式。移动设备上的新闻内容需要更加精简、更具吸引力，并且易于在小屏幕上阅读。为了适应这一变化，许多新闻机构开始采用更加视觉化和互动化的内容形式，如图表、视频和交互式故事叙述。

在移动设备的影响下，新闻的生产方式也发生了变化。记者开始利用智能手机进行现场报道，利用手机摄像头拍摄视频和照片，利用社交媒体进行即时更新。这不仅提高了报道的效率，也使得新闻内容更加真实和贴近现场。移动设备还使得新闻机构能够利用地理位置服务为观众提供定位相关的新闻内容，从而增加了新闻的个性化和相关性。然而，社交媒体和移动设备的普及也带来了挑战。其中之一是新闻的质量和准确性问题。在社交媒体上，谣言和不实信息的传播速度可能非常快，这对新闻机构来说是一个重大挑战。为了保持公信力和专业性，新闻机构必须加强对内容的审核和核实。另一个挑战是商业模式的转变。传统的广告收入模式在移动互联网时代受到了冲击，新闻机构不得不寻找新的盈利模式，如付费订阅、赞助内容等。

总体而言，这一时期的变化不仅反映了技术的发展，也映射了社会和文化的演变。随着技术的不断进步和用户需求的变化，媒体融合仍将继续推动新闻行业的发展和创新。

4. 创新阶段：技术驱动的媒体融合

这个时代的核心特征是技术驱动，它在根本上改变了新闻的采集、制作和分发方式。新兴技术如人工智能（AI）、大数据分析、虚拟现实（VR）和增强现实（AR）的应用，不仅为新闻行业带来了前所未有的机遇，也极大地丰富了媒体融合的内涵和外延。

人工智能和大数据技术正在重塑新闻行业的面貌。以人工智能为例，AI 的应用不仅限于新闻内容的自动化生产，如通过算法自动生成新闻稿件，还涉及新闻内容的个性化推荐和用户行为的深入分析。这种技术的运用，使得新闻机构能够更精准地满足用户的需求，提供与其兴趣相关的新闻内容。同时，大数据分析允许新闻机构从大量数据中挖掘出用户偏好、阅读习惯和参与模式，从而指导新闻制作和发布策略。

虚拟现实和增强现实技术则为新闻叙述带来了革命性的变化。通过 VR 和 AR 技术，新闻报道可以变得更加生动和沉浸式，使用户仿佛身临其境地体验新闻事件。这种新型的新闻体验不仅增强了受众的感知和情感参与，也为新闻故事的讲述提供了全新的视角和形式。举例来说，一些新闻机构已经开始利用 VR 技术制作战地报道或自然灾害现场的报道，使观众能够更直观地理解和感受事件的现场环境。新闻机构在媒体融合的过程中，越来越注重用户体验的个性化和交互性。新闻内容不再是单向传播的结果，而是成为一个互动的平台，观众可以通过评论、分享、参与投票或其他方式直接参与到新闻的传播和讨论中。这种参与不仅增加了用户的黏性，也为新闻机构提供了宝贵的信息反馈，有助于优化内容和提高服务质量。

技术的进步也使得新闻报道更加多元化和灵活。例如，利用移动设备和社交媒体平台的实时直播功能，新闻机构可以迅速响应事件，提供实时报道。同时，通过分析社交媒体上的趋势和用户反馈，新闻机构能够及时调整报道策略，更有效地把握公众的关注点。

在技术驱动的媒体融合时代，新闻内容的创作也变得更加开放和协作。不少新闻机构开始与科技公司、数据分析师和独立内容创作者等外部资源合作，共同开发新的报道形式和工具。这种跨界合作不仅丰富了新闻内容的类型和形式，也为传统新闻机构带来了新的思维和视角。

总之，技术驱动的媒体融合正在深刻影响新闻行业的各个方面。从新闻采集、制作到分发，每个环节都在经历着前所未有的变革。这种变革不仅体现在技术层面，更是对新闻行业整体运作模式和理念的更新。随着技术的不断进步和创新应用，未来的媒体融合将继续带来新的挑战和机遇。

5. 未来媒体融合的新趋势

未来的媒体融合将不可避免地超越传统框架，涉及更广泛的行业和领域，同时，持续的技术革新将为媒体融合带来新的发展机遇和形态。

跨界融合的可能性是未来媒体融合的一个重要趋势。随着不同行业之间边界的模糊，媒体融合将不再局限于传统的新闻报道和信息传播。例如，在教育领域，我们可以预见到更多的互动式和多媒体内容被用于教学和学习，这些内容将由新闻机构和教育机构共同开发，为学生提供更丰富、更具吸引力的学习材料。在娱乐领域，媒体融合将进一步推动电影、电视节目和网络视频内容的互动性和多元性，使得观众不仅仅是被动接受者，而是内容的共同创造者。

商业领域也将深受媒体融合的影响。随着广告行业的转型，传统的广告模式将被更加精准和个性化的营销策略所取代。媒体机构将利用大数据和人工智能技术来分析消费者行为，提供定制化的广告内容。品牌故事叙述也将成为营销的重要工具，结合多媒体和交互技术，为品牌和产品创造更深的情感连接。

技术革新是推动媒体融合发展的关键因素。随着人工智能、大数据、云计算和物联网等技术的成熟和普及，媒体内容的生产、分发和消费方式将发生根本性变化。人工智能将在新闻的采集、编辑和发布过程中发挥更大的作用，使得新闻内容更加精准、高效。同时，人工智能也将帮助新闻机构更好地理解和预测观众的偏好，提供更加个性化的内容。

云计算和物联网技术将使得新闻内容的存储和访问更加方便和高效。随着云技术的发展，媒体机构能够在全球范围内快速部署和调整其资源，更好地应对不同市场和观众的需求。物联网技术的应用，如智能家居和可穿戴设备，将为新闻内容的消费提供全新的平台和场景，使得新闻传播更加无处不在、更加贴近人们的日常生活。

未来的媒体融合还将见证更多的实验和创新。随着虚拟现实（VR）和增强现实（AR）技术的发展，我们将看到更多沉浸式和交互式的新闻体验。这些技术将使新闻报道不仅仅是传递信息，而是提供一种全方位的体验，使观众能够更深入地了解和感受新闻事件。

　　总之，未来的媒体融合将是一个多元化、交互式和技术驱动的过程。它将超越传统媒体的界限，融入我们生活的方方面面，创造出全新的新闻消费体验。同时，持续的技术革新将为媒体融合提供不断的动力和可能性，推动新闻行业向更加智能化、个性化和多元化的方向发展。

第二章　数据驱动的新闻报道

在当今这个大数据时代，数据驱动的新闻报道已成为新闻业的重要趋势和转型的关键点。数据，作为一种价值密集且信息丰富的资源，正在重新定义新闻行业的生产和传播方式。这一章节旨在深入探讨数据在新闻报道中的角色，从数据的获取与处理到其在新闻制作中的应用，再到数据安全和隐私保护的重要性，以及数据驱动新闻对整个行业带来的影响和挑战。

数据不仅仅是一堆数字和事实的简单堆砌，它是一种讲述故事的强有力的方式。通过数据，新闻记者可以揭示隐藏在表面现象之下的趋势和模式，提供更深层次的洞察和分析。例如，大规模的数据集可以帮助揭露社会经济问题的根源，或者解析政治选举中的复杂趋势。在这个意义上，数据不仅增强了新闻的深度和广度，而且提高了报道的准确性和可靠性。然而，数据的获取和处理并非无障碍。这一部分将讨论数据采集的途径，包括公开的数据集、社交媒体数据以及通过合作伙伴关系获得的数据。同时，这也涉及数据处理的各个方面，包括数据的清洗、整合和存储。有效的数据处理不仅确保数据的质量，也为后续的分析奠定基础。

在这个数字化时代，数据分析已经超越了传统的统计方法，涵盖了机器学习、人工智能、可视化技术等多个领域。这些先进的工具和技术使得新闻机构能够从大量复杂的数据中提取有价值的信息，创建引人入胜的故事和报告。但是，随着数据在新闻制作中的重要性日益增加，数据安全和隐私保护的问题也变得更加重要。这部分将讨论如何在收集和使用数据的过程中保护个人隐私，遵守相关法律法规，以及防止数据泄露和滥用的措施。

通过对这些关键领域的深入探讨，本章旨在提供一个全面的视角来理解数据驱动的新闻报道在当代新闻业中的重要性和应用。这不仅是对新闻报道技术和方法的转变，更是对新闻行业如何适应和利用这一数字化趋势的深刻反思。

第一节　数据在新闻报道中的作用

1. 数据驱动的报道：新闻工作的新范式

在现代新闻行业中，数据驱动的报道已经成为一种新的工作范式，对新闻的生产和传播方式产生了根本性的变革。这种变革不仅体现在新闻内容的呈现上，更体现在新闻故事的发掘和讲述方式上。

数据驱动的报道标志着新闻业的一次重大进步，它利用数据的力量来揭示和讲述故事。在这个过程中，数据不仅是支持论据的工具，更是发现新闻、讲述故事的源泉。随着技术的发展，记者和新闻机构能够获取和处理前所未有数量和类型的数据，包括社会、经济、政治、环境等各个领域的数据。这些数据的深入分析和应用为新闻报道提供了更多维度的视角，使新闻不再局限于表面的事件描述，而是能够深入探究事件背后的原因、影响和趋势。

数据驱动的报道在新闻故事的发掘上发挥着关键作用。传统的新闻报道往往依赖于记者的观察和采访，而数据驱动的报道则使记者能够通过数据分析揭示那些肉眼不易察觉的模式和趋势。例如，在处理大规模的公共数据时，记者可以发现政策变化、社会问题或经济发展的新动向。这种方法使得新闻报道不仅限于反映事实，更能深入挖掘并呈现社会的深层次变化。

在新闻故事的讲述方式上，数据驱动的报道也带来了创新。通过数据和事实的结合，新闻可以更加客观、全面地展示事件的全貌。数据的视觉化呈现，如图表、地图和信息图，不仅使得复杂的数据易于理解，还能吸引读者的注意力，提高新闻故事的吸引力。数据驱动的报道还允许新闻故事呈现更多维度的信息，例如通过时间线展示事件的发展过程，或通过地图展示事件的地理分布。

数据驱动的报道对记者的技能要求也带来了改变。在这个过程中，记者不仅要具备传统的采访和写作技能，还需要掌握数据分析、处理和可视化的技能。这意味着记者需要与数据分析师、图形设计师等专业人员密切合作，共同创造有深度和吸引力的新闻故事。这种跨学科的合作模式为新闻故事的创作带来了新的视角和灵感。

数据驱动的报道还改变了新闻机构与受众的互动方式。在这种报道模式下，新闻机构可以根据受众的阅读习惯和反馈来调整报道的内容和形式。例如，通过分析网站流量和社交媒体反馈，新闻机构可以了解哪些类型的故事更受欢迎，哪些数据可视化形式更能吸引读者。这种以数据为基础的受众分析不仅帮助新闻机构优化内容，也使得新闻更加贴近公众的需求和兴趣。

总之，数据驱动的报道作为新闻工作的新范式，为新闻业带来了深远的影响。它不仅提升了新闻报道的质量和深度，也推动了新闻行业向着更加科学、客观和多元化的方向发展。随着技术的不断进步和数据资源的日益丰富，我们可以预见，数据驱动的报道将在未来的新闻行业中扮演越来越重要的角色。

2. 增强报道的准确性和客观性

在当代新闻行业中，数据的重要性日益凸显，尤其在提高报道的准确性和客观性方面发挥着关键作用。随着信息技术的发展和大数据时代的到来，数据已成为新闻报道不可或缺的一部分。

首先，数据提供了一种强有力的工具来验证事实和陈述。在新闻报道中，事实的准确性是至关重要的。数据，作为一种量化的证据，可以帮助记者们验证信息的真实性，从而减少误报和偏差。例如，在报道经济、社会或科技相关的新闻时，统计数据、研究报告和历史数据等可以用来支撑报道的观点，确保信息的准确无误。通过这种方式，新闻不仅仅是故事的叙述，而是建立在坚实的数据基础之上的信息传播。其次，使用数据还可以帮助记者在报道中保持客观性。在处理有争议或者复杂的主题时，记者面临着保持报道不带个人或机构偏见的挑战。数据和统计可以作为一个中立的基础，帮助记者在不同观点之间提供平衡，减少主观性的影响。例如，在政治报道中，选举数据、民意调查和政策分析可以用来支持报道，确保各方观点得到公正呈现。这种基于数据的报道方法有助于建立新闻机构的公信力，增强公众对媒体报道的信任。此外，数据的使用还使得复杂的新闻话题变得更容易理解。复杂的问题往往涉及众多变量和细节，通过将这些信息转换成图表、图形和地图等可视化格式，可以使得这些复杂的信息更加易于消化和理解。这不仅提高了新闻的传播效果，也使得普通公众能够更好地理解和参与到社会重大议题的讨论中来。例如，在报道气候变化等全球性问题时，科学数据的可视化展示可以帮助公众理解这些复杂问题的本质和紧迫性。

在新闻行业中，数据的应用还在不断拓展新的边界。随着人工智能和机器学习技术的发展，数据分析的深度和广度正在不断增加。这些先进的技术可以帮助记者从大量的数据中挖掘出新闻故事，发现之前未被注意的模式和趋势。例如，在调查报道中，通过分析大量的公共记录和数据集，记者可以揭露社会问题和不正之风。这种基于数据的深度报道，不仅增强了新闻的影响力，也推动了社会的正义和进步。

总之，数据在新闻报道中发挥着至关重要的作用，特别是在提高报道的准确性和客观性方面。通过使用数据，新闻机构不仅可以提供更为准确和客观的报道，也可以增强公众对媒体的信任和依赖。在这个信息爆炸的时代，数据驱动的新闻报道是未来新闻行业发展的一个重要方向。通过不断探索和利用数据的潜力，新闻行业可以更好地履行其为公众提供准确、客观信息的使命。

3. 数据可视化：增强信息传递的效果

数据可视化在现代新闻报道中扮演着至关重要的角色。随着大数据和数字技术的迅速发展，新闻从业者正在寻找更有效的方法来呈现复杂的数据和统计信息。数据可视化，即通过图表、地图、信息图以及其他视觉工具将数据转化为图形表示，为新闻行业提供了一种强大的工具。它不仅帮助观众更容易地理解和消化大量信息，还增加了报道的吸引力，使得复杂的主题变得更加易于接近和理解。

3.1 数据可视化的目的与意义

数据可视化在新闻报道中的应用，正变得越来越重要。在一个以数据和信息为中心的时代，数据可视化不仅是简化信息传递过程的工具，它还扮演着塑造观众理解和参与度的关键角色。新闻机构利用数据可视化，能够将庞杂的数据集转化为直观、易于理解的视觉表现，从而极大地增强新闻故事的表达力和影响力。

数据可视化的意义在于其能够迅速而有效地传达关键信息。对于复杂和抽象的数据集来说，文本和数字往往难以直接传达其深层含义。数据可视化通过图表、图形、地图等形式，使得这些数据集变得直观。例如，在报道选举结果时，仅仅提供数字和文字可能难以让观众快速把握选举的总体趋势和地区差异。而一张精心设计的选举地图，不仅能清晰显示各区域的投票倾向，还能通过颜色的深浅直观表示候选人的支持率。同样，股市的波动历史如果通过复杂的数字表格展示，普通观众可能难以理解；但如果转化为趋势图，即便是非专业人士也能迅速把握其上升或下降的趋势。

数据可视化不仅是信息传递的工具，它还是一个强大的叙事工具。在新闻报道中，数据可视化能够构建故事框架，引导观众通过视觉化的数据来理解复杂的话题。例如，在报道有关气候变化的新闻时，通过显示过去几十年的全球温度变化图表，可以有效地传达气候变化的紧迫性和严重性。数据可视化在这里不仅仅是展示数据，更是通过视觉化的方式，让观众体会到问题的实质。数据可视化还具有增强观众参与度的作用。良好的数据可视化设计不仅仅传递信息，还能吸引观众的注意力，激发他们的兴趣。这种参与感是传统文本报道难以实现的。通过互动式的数据可视化，例如可点击的图表或动态变化的地图，观众可以深入探索数据，从多个角度理解新闻话题。

数据可视化在提升新闻报道的准确性和客观性方面也起着重要作用。良好的数据可视化能够准确无误地展示数据，减少误解的可能性。它提供了一种基于事实的、不带有偏见的信息传递方式，这对于增强新闻的可信度至关重要。

3.2 数据可视化的类型

数据可视化作为一种将复杂数据集转换为视觉表现形式的技术，对于新闻报道来说至关重要。它不仅帮助记者更有效地传达复杂信息，也使得观众能够快速理解和吸收数据。在新闻行业，数据可视化的类型多种多样，每种类型都有其独特的功能和优势，适用于呈现不同类型的数据。

条形图是最常见的数据可视化类型之一，它们通过条形的长度来展示数值大小，非常适合用于比较不同组别或时间点的数据。

折线图则在呈现时间序列数据方面显得尤为重要。通过折线图，我们可以追踪一段时间内数据的变化趋势，如经济增长率、股市指数或者气温变化。这种图表尤其适合展示数据随时间的波动，帮助读者理解长期趋势和模式。

饼图则是展示不同部分在整体中所占比例的理想选择。它通过切分圆饼的方式，直观地显示各部分之间的比例关系。

散点图主要用于揭示两个或多个变量之间的关系。通过在图表上表示数据点，散点图可以帮助读者发现变量间是否存在相关性。这种图表在经济、社会科学以及医学领域的报道中非常有用，例如分析 GDP 增长与教育水平之间的关系。

热力图则是一种表现复杂数据集密度或频率的有效方法。它通常通过颜色的深浅来表示数据的密集程度，经常用于展示人口分布、疾病发生率等数据。

地理信息系统（GIS）地图则为数据可视化提供了一个空间维度。它结合地理数据和其他类型的数据，以地图的形式展现，使得数据不仅仅是数字，还能与具体的地理位置相关联。在报道地理相关的新闻时，如气候变化、战争冲突或疫情蔓延，GIS 地图能够提供极为直观的视觉展示。

在总结各种数据可视化类型的特点时，我们可以看到，它们各自有着不同的功能和适用场景。选择合适的数据可视化类型不仅取决于要展示的数据种类和目的，也取决于目标观众的理解能力和需求。有效的数据可视化能够极大地增强新闻报道的清晰度和说服力，使复杂的数据变得易于理解，为公众提供更深入的洞见。

3.3 设计原则

设计数据可视化是一个精密且富有创造力的过程，它在新闻报道中的作用不容小觑。优秀的数据可视化能够使复杂的信息变得易于理解，同时增加故事的吸引力。为了创造有效的数据可视化，设计者需要遵循一系列关键原则，这些原则确保了可视化既美观又实用，既吸引人又信息丰富。

首先，清晰性是数据可视化的核心原则。信息的易读性是设计的首要目标。清晰性意味着观众可以迅速且准确地理解所呈现的数据。这要求设计者避免使用过于复杂或花哨的图形元素，这些元素可能会分散观众的注意力或混淆核心信息。清晰性还包括选择合适的图表类型来最有效地传达特定的数据类型和关系。例如，对于展示趋势数据，线图可能比饼图更适合。设计者应该始终记住，设计的最终目的是为了增强观众对新闻故事的理解。

其次，准确性是数据可视化设计的基石。每一个设计决策，从颜色选择到标签的放置，都应旨在忠实地反映数据。这意味着避免任何可能误导观众的设计元素，比如不成比例的图表尺寸或误导性的图形。准确性不仅关乎数据本身的正确表达，还关乎对数据含义的正确诠释。设计者需要确保他们的可视化不仅在技术上正确，而且在传达数据时是公正和客观的。

最后，相关性是设计数据可视化时的一个关键考量。一个有效的可视化应该集中于传达新闻故事的核心信息。这意味着必须在大量数据中甄选出最有意义和最相关的信息。设计者应该问自己，哪些数据对于理解新闻故事至关重要，哪些数据虽然有趣但并不增加故事的理解。通过聚焦于核心数据，设计不仅更加清晰，而且更有可能引起观众的兴趣和共鸣。

3.4 数据可视化在新闻报道中的应用

在现代新闻报道中，数据可视化已成为传达复杂信息的关键工具。它通过将大量的数据转化为直观、易于理解的图形，极大地提高了信息的可访问性和吸引力。数据可视化的应用贯穿于新闻报道的各个领域，从政治、经济、科学和健康，都在以这种形式提高报道的质量和观众的参与度。

经济报道中的数据可视化同样发挥着重要作用。股市走势图、经济指标的图表和信息图，使得复杂的市场数据变得容易理解。例如，对股市的波动进行可视化处理，可以清晰地显示市场趋势、高低点以及可能的模式。同样，将经济增长率、失业率等关键指标通过图表展示，不仅使信息更易于消化，也能帮助观众更好地理解经济环境的变化和其潜在影响。

在科学报道中，数据可视化用于展现复杂的科学概念和研究结果。在气候变化报道中，通过温度变化图、冰盖融化速度的图表以及极端天气事件的分布图，可以有效地传达气候变化的紧迫性和严重性。此外，疫情期间，数据可视化在传达病毒传播模式、感染率、疫苗接种进展等方面发挥了至关重要的作用。通过地图和曲线图,公众可以直观地看到疫情的发展趋势和地理分布,这对于提高公众意识和指导公共卫生政策具有重大意义。

总之,数据可视化在新闻报道中的应用,极大地提升了信息的传递效果。它不仅使得复杂的数据集更加生动和易于理解,也增加了报道的吸引力,使公众能够更有效地接收和处理信息。随着技术的不断发展和数据分析工具的日益完善,数据可视化将继续在新闻行业发挥重要的作用。

3.5 观众的参与

观众的参与在数据驱动的新闻报道中扮演了一个日益重要的角色,尤其是在数据可视化的领域。当今的新闻消费者不仅仅满足于被动地接收信息,他们渴望能够更深入地参与和理解报道的内容。在这一背景下,交互式数据可视化应运而生,它不仅提供了丰富的信息,还开辟了互动的新路径。

交互式数据可视化是一种让观众能够直接与新闻故事中的数据进行互动的技术。通过这种方式,观众可以根据自己的兴趣和需要,探索和分析数据集的不同部分。例如,一个关于国家经济数据的互动图表可能允许用户选择不同的时间范围、经济指标或地理区域,从而获得定制化的信息展示。这种深度参与不仅提高了用户的理解能力,还极大地增强了新闻内容的吸引力和实用性。

这种互动性的一个关键优势是它能够提供个性化的体验。每个用户都可以根据自己的兴趣,进行数据的筛选和分析,从而获得更加相关和有意义的洞见。这种个性化的探索过程使得新闻消费不再是一种单向的信息传递,而是变成了一个双向的学习和发现过程。用户不再是被动的接收者,而是成为积极的参与者,他们通过与数据的互动来构建自己的理解和观点。

交互式数据可视化还为新闻叙述提供了更多的层次和深度。它允许报道展现更复杂和详尽的故事,同时又不会使观众感到信息过载。用户可以根据自己的节奏和兴趣逐步深入,从而获得更全面和深刻的理解。这种逐步探索的过程,不仅提高了信息的可理解性,也使得新闻故事更加引人入胜。

在技术层面上,实现高质量的交互式数据可视化需要复杂的设计和编程工作。这通常涉及数据的准确收集、处理和呈现,以及用户界面的直观设计。但这些努力的回报是显而易见的：它们提供了一种全新的方式，让观众能够以前所未有的深度和活力来体验新闻故事。

总而言之，数据可视化在新闻报道中的应用越来越广泛，它通过将数据转化为视觉上引人入胜的形式，极大地提升了信息传递的效果。这种方法不仅使得复杂的数据更易于理解，也为新闻报道增加了新的维度，提高了观众的参与度和满意度。随着技术的不断进步，我们可以预期数据可视化在新闻行业中的作用将继续增长，为公众提供更丰富、更深入的信息体验。

4. 个性化新闻体验

在数字时代，新闻机构正在运用数据分析来打造更加个性化的新闻消费体验，这不仅改变了观众与新闻内容的互动方式，也重新定义了新闻产品的构成。

个性化新闻体验的核心在于使用数据来理解和预测用户的兴趣和偏好。这一过程通常开始于收集用户数据，包括他们的阅读历史、搜索习惯、互动和反馈。通过对这些数据的综合分析，新闻机构可以描绘出每位用户的独特兴趣图谱。例如，一些用户可能对政治新闻更感兴趣，而其他人可能更偏好体育或娱乐内容。基于这种理解，新闻提供者可以定制内容，以匹配每个用户的独特喜好。

个性化新闻的一个关键优势是它加深了用户的参与度。当用户接收到与他们的兴趣密切相关的新闻时，他们更可能深入阅读并与内容互动。这不仅提高了用户体验，也增加了用户在平台上花费的时间，从而为新闻机构带来了更高的用户留存率和广告收入。

除此之外，个性化新闻体验还增加了新闻内容的相关性。在信息过载的时代，用户经常感到不知从何处开始阅读。通过提供针对个人兴趣量身定制的新闻，新闻机构不仅帮助用户筛选出对他们最重要的信息，也提高了新闻消费的效率。这种相关性的提升对于保持用户的持续关注至关重要，尤其是在竞争激烈的媒体市场中。

个性化新闻体验还促进了用户与内容之间更深层次的互动。许多新闻平台现在提供互动式内容，如用户可以参与的民意调查或可以探索的数据可视化，这些都是基于对用户兴趣和行为的理解而设计的。这种互动不仅丰富了用户的阅读体验，还为新闻机构提供了宝贵的反馈，帮助他们进一步优化内容和服务。

个性化新闻也有助于新闻机构发现和推荐隐藏在大量内容中的珍贵故事。通过分析用户行为数据，算法可以识别出那些可能被广泛关注但尚未受到足够注意的话题。这不仅增加了新闻覆盖的多样性，也帮助新闻机构更好地服务于他们的受众。

在实施个性化新闻时，新闻机构通常依赖于先进的数据分析工具和算法。这些技术能够处理和分析海量的用户数据，识别出用户的行为模式和偏好。随着人工智能和机器学习技术的发展，这一过程变得更加精准和高效。个性化新闻体验的推广不仅提升了用户的满意度和参与度，也为新闻机构带来了新的增长机会。在用户定制化的新闻体验中，新闻不再是一种单向的信息传播，而是一种双向的、动态的互动过程。这种模式不仅促进了新闻内容的创新，也对整个新闻行业的商业模式和运营方式产生了深远的影响。

5. 促进调查性新闻的深度和广度

数据在调查性新闻中的运用正变得日益重要，它不仅增强了新闻的深度和广度，还为揭露社会问题和不正之风提供了强有力的工具。在这个过程中，大量数据的深入分析成为现代调查记者的重要武器。数据不仅帮助记者揭示和理解复杂的社会现象，也为他们提供了证据，以支持他们的调查结果。

调查性新闻的本质在于探究隐藏在表象之下的真相，而数据的运用在这一过程中扮演了至关重要的角色。数据分析能够揭示那些不为人知的模式和联系，使得看似随机或孤立的事件之间的关联变得清晰。

在经济领域，数据对于理解和报道市场趋势、企业行为和经济政策的影响至关重要。通过分析大规模的经济数据，如就业率、消费者支出和企业投资，记者能够揭示经济发展的深层趋势。此外，数据分析还可以揭露企业的不当行为，例如通过分析财务报表，记者可以发现公司的财务造假或逃税行为。

在社会问题方面，数据分析帮助记者揭露了许多重要问题，如社会不平等、环境污染和公共健康危机。例如，在分析公共卫生数据时，数据可以帮助记者追踪疾病的传播路径，揭示公共卫生体系的不足。同样，环境数据可以揭示污染的来源和其对人类健康的影响，从而为公众提供关于环境危机的深入理解。

除了提供对现象的深入理解，数据还增强了调查性报道的说服力。在现代社会，公众对事实和证据的要求越来越高，基于数据的报道能够以更加坚实的基础说服读者。这些报道通常伴随着详尽的数据分析和图表展示，使得复杂的信息更加易于理解和接受。

数据驱动的调查性新闻也推动了新的报道形式和技术的发展。例如，数据可视化和互动图表使得复杂的数据故事变得生动和引人入胜。此外，随着人工智能和机器学习技术的发展，数据分析的速度和深度都在不断提升。这些技术不仅加快了数据处理的速度，也使得从大量数据中发现模式和趋势变得更加容易。数据在提升调查性新闻的影响力方面发挥了关键作用。一篇深入的调查报道能够引起公众的关注，促使政策制定者和社会各界重视并采取行动。例如，通过数据揭露的社会不平等问题可以引发政策讨论和改变，而经济领域的调查可以促进市场监管和企业行为的改善。

综上所述，数据在调查性新闻中的运用极大地增强了新闻的深度和广度，为公众揭示了更多不为人知的真相。随着技术的不断进步和数据资源的不断丰富，我们可以预见，数据将在未来的调查性新闻中扮演更加重要的角色。

第二节　数据获取与处理

1. 数据来源的多样性

在新闻报道的领域中，数据来源的多样性是一项至关重要的特性。它不仅为新闻报道提供了一个坚实的基础，而且从根本上增强了报道的深度、广度和多维度视角。在这一部分，我们将深入探讨不同类型的数据来源以及它们对新闻内容丰富性的贡献。

公共记录作为数据的重要来源，包括政府发布的统计数据、公共政策、立法记录和法庭文件等。这些信息通常是公开透明的，为新闻报道提供了官方和权威的视角。通过深入分析公共记录，记者可以揭示政府决策的影响、法律变更的后果，或是社会问题的现状。例如，通过分析政府的环境保护记录，记者可以报告某地区的空气质量变化，或是一项新政策对减少污染的效果。

政府报告是另一种关键的数据来源。这些报告通常涉及经济、社会、健康、教育等多个领域，为新闻报道提供了详细的数据和深入的分析。例如，通过分析教育部门的年度报告，记者可以深入探讨国家的教育趋势、挑战和机遇。政府报告的数据通常被视为可靠和权威的，因此在报道政策分析或是社会研究时尤为重要。

社会调查，如民意调查和市场研究，为新闻报道提供了公众观点和行为趋势的数据。通过这些调查，记者可以了解社会的普遍看法和态度。

社交媒体作为数据来源，近年来在新闻报道中扮演着越来越重要的角色。社交媒体平台成为捕捉公众情绪、舆论趋势以及即时事件的重要渠道。例如，在一些突发事件中，社交媒体上的用户分享的现场视频和图片常常是最先获取的信息源。社交媒体数据还可以用来分析特定话题或事件的公众反应和讨论趋势。

开放数据集，如由政府机构、国际组织或研究机构提供的数据集，为新闻工作者提供了一个海量的数据资源。这些数据集通常涵盖广泛的主题，如气候变化、经济发展、公共卫生等。利用这些数据，记者可以进行深入的数据分析，提供基于事实的深度报道。例如，利用世界卫生组织提供的公共卫生数据，记者可以分析不同国家的健康指标，或是疾病的传播趋势。

数据的多样化来源也意味着新闻工作者需要具备相应的技能来理解和分析这些数据。从数据的收集、处理到最终的呈现，每一个步骤都需要精确和专业的处理。新闻工作者必须能够识别数据的有效性和限制，同时也需要掌握将复杂数据转化为易于理解和吸引读者的报道技巧。

在综合利用这些多样化的数据来源时，记者可以从更全面的角度报道新闻事件，提供更深入的分析和更丰富的视角。不同类型的数据来源相互补充，共同构建了一个立体的新闻报道框架。这不仅提高了报道的质量和深度，也增强了新闻机构在公众中的可信度和权威性。

总的来说，数据来源的多样性在现代新闻报道中起着不可或缺的作用。它为新闻工作者提供了广泛的视角和深入的分析能力，使得新闻报道不仅仅是事件的简单叙述，而是对事件背后更深层次原因和影响的探究。随着数据科技的不断进步，预计这些数据来源将在未来的新闻报道中发挥更加重要的作用。

2. 数据收集技术

随着技术的进步，新闻工作者现在可以利用各种工具和方法来高效、准确地收集所需数据。从网络爬虫、API 接口到在线调查，再到利用移动设备和社交媒体工具，每种技术都有其独特的优势，在新闻制作过程中发挥着不可或缺的作用。

网络爬虫是一种自动化工具，它可以在互联网上浏览和收集信息。对于新闻工作者而言，网络爬虫能够帮助他们快速获取大量的网络数据，这些数据可能包括新闻文章、论坛帖子、博客和社交媒体内容。例如，在对某个事件的舆论反应进行分析时，网络爬虫可以迅速搜集来自不同网络平台的公众评论，为新闻报道提供丰富的背景信息和观点多样性。网络爬虫在追踪和搜集长期数据方面也非常有效，例如监测某个话题随时间的发展趋势，或者收集特定领域的历史数据。

API 接口，则为新闻工作者提供了另一种获取数据的方式。许多政府机构、公司和组织会通过 API 接口公开他们的数据。新闻工作者可以通过这些 API 接口，直接访问和下载所需的数据集，这些数据可能包括统计数据、地理信息数据、经济数据等。这种方式的优势在于能够获取官方和权威的数据源，同时保证了数据的时效性和准确性。例如，在报道经济新闻时，记者可以通过金融机构的 API 接口直接获取最新的经济指标和市场数据，从而确保报道的准确性和权威性。

在线调查是一种收集原始数据的有效方法，尤其是在需要了解公众意见或行为模式时。新闻机构可以通过在线调查工具快速设计和发布调查问卷，收集来自广泛受众的反馈。这种方法对于获取即时的公众反应、意见和态度非常有用，尤其在涉及社会问题、政策变化或公共事件时。在线调查的一个关键优势是能够迅速获得大量数据，这对于在紧迫的新闻周期内做出反应非常重要。

利用移动设备和社交媒体工具来获取实时数据，在当今的新闻制作中尤其重要。随着智能手机和移动互联网的普及，记者现在可以随时随地访问和收集信息。社交媒体平台成为捕捉最新事件动态和公众情绪的重要渠道。记者可以利用这些平台监控重要事件的发展，收集眼见者的账户和实时更新。移动设备的普及也使得记者能够快速采集现场数据，如通过智能手机录制的视频和照片，这些直接来源的数据对于制作新闻报道至关重要。

总之，随着技术的发展，新闻工作者现在拥有了多种数据收集的工具和方法。从自动化的网络爬虫到实时的社交媒体监控，这些工具不仅提高了数据收集的效率，而且增强了新闻报道的深度和广度。通过有效地利用这些技术，新闻工作者可以更好地捕捉和呈现复杂世界中的故事，满足公众对高质量新闻内容的需求。

3. 数据清洗和预处理

数据清洗和预处理在新闻报道中扮演着至关重要的角色。随着大数据时代的到来，新闻机构越来越依赖于大量的数据来提供深度、准确且有洞察力的报道。然而，原始数据往往杂乱无章，包含错误、重复项、缺失值以及不一致性。因此，数据清洗和预处理不仅是一个技术性的步骤，更是提高新闻质量和可信度的必要过程。

首先，数据清洗和预处理的目的在于从原始数据中提取出有用的信息，并将其转换为更适合分析和报告的格式。这个过程通常包括几个关键步骤，如数据验证、清理、转换和整合等。数据验证是确保数据符合特定标准或质量要求的过程。例如，这可能涉及检查数据是否符合预定的格式，或者是否在合理的范围内。这是一个关键的步骤，因为它可以早期发现和排除可能导致分析错误的数据问题。

其次，数据清理涉及识别和修正（或删除）错误或不一致的记录。这可能包括去除重复项、修正明显的错误、解决数据不一致性问题等。去除重复项对于确保数据分析的准确性尤其重要，因为重复的数据记录可能会歪曲分析结果，导致错误的解释和结论。此外，修正数据中的错误也同样重要。这可能包括更正拼写错误、解决数据格式问题或调整不合逻辑的数据值。这些修正有助于提高数据集的整体质量，确保其更准确地反映所研究的现象或事件。

填补缺失值是另一个关键的数据清洗和预处理步骤。在实际情况中，数据集中常常存在缺失值。缺失值可能是由于数据收集过程中的错误、忽略或者其他因素造成的。处理缺失值的方法有很多，包括删除含有缺失值的记录、用平均数或中位数填充缺失值，或者使用更复杂的统计方法如回归分析来估计缺失值。选择哪种方法取决于缺失数据的性质以及数据分析的目标。在新闻报道中，选择合适的方法来处理缺失值尤为重要，因为这可能直接影响报道的准确性和可信度。

数据转换是将数据从原始格式转换为更适合分析的格式的过程。这可能包括规范化数据格式、创建新的数据属性（如从日期中提取年份或月份），或将非数值数据转换为数值格式等。例如，如果原始数据集包含不同格式的日期数据，数据转换可能涉及将所有日期统一为单一标准格式。这有助于后续的数据分析和报告。

数据整合是将来自不同来源的数据合并为一个一致的数据集的过程。在新闻报道中，数据往往来自多个不同的来源，每个来源可能有不同的格式和标准。数据整合需要仔细地处理这些差异，确保合并后的数据集是一致和可靠的。这可能涉及解决数据源之间的不一致性，如不同的度量单位或数据格式，或解决潜在的数据冲突。

总之，数据清洗和预处理是新闻数据报道的基石。它们不仅提高了数据的质量和可用性，而且对确保新闻报道的准确性和可信度至关重要。一个经过彻底清洗和预处理的数据集能够为新闻工作者提供一个坚实的基础，以构建深入、有洞察力且有影响力的新闻故事。通过这些过程，新闻工作者能够确保他们的报道不仅基于事实，而且能够经得起公众和专业同行的审查。在这个信息泛滥的时代，这种对数据质量的坚持不仅是新闻专业的要求，更是对公众责任的体现。

4. 数据分析方法

在当今的新闻行业中，数据分析方法起着至关重要的作用。随着技术的进步和信息的易得性，数据分析已经成为新闻报道不可或缺的一部分。通过利用各种数据分析方法，新闻工作者能够更深入地挖掘信息，揭示隐藏在数据背后的故事，并向公众传递更加准确、深刻的洞察。

描述性统计分析作为数据分析的基础，在新闻报道中扮演着至关重要的角色。这种分析方法的主要目的是通过基本的统计量，如平均数、中位数、众数以及标准差等，为新闻工作者提供一种直观的方式来理解和描述数据集的基本特征。通过应用描述性统计分析，新闻报道能够更加准确和全面地反映现实情况，从而为公众提供有价值的信息。以社会经济问题为例，描述性统计分析可以应用于各种数据集，如人口普查数据、经济调查报告或健康记录。通过计算这些数据集的平均收入水平、教育水平的分布情况或不同群体的健康状况等统计量，新闻工作者能够构建出一个清晰的、基于数据的社会经济现状图景。例如，通过比较不同地区或不同社会群体的平均收入，可以揭示经济不平等的现状；通过分析教育水平的分布，可以发现教育资源的差异；通过对健康数据的分析，可以揭示公共健康问题或医疗资源的分布不均。描述性统计分析还为新闻报道提供了一种可靠的方法来追踪和比较时间上的变化。例如，在报道有关环境变化的新闻时，通过比较不同年份的气候数据，可以揭示全球变暖的趋势。类似地，对经济数据的长期观察可以揭示经济增长或衰退的模式，为政策制定者和公众提供重要的决策参考。描述性统计不仅提供了数据的基本概览，而且还能帮助新闻工作者识别数据中的异常值或错误。这是确保报道准确性的关键步骤，尤其是在处理大量或复杂的数据集时。通过识别和处理异常值，新闻报道可以避免误导观众，确保信息的准确传达。在数据可视化方面，描述性统计分析同样发挥着重要作用。通过将统计结果转化为图表、图形或信息图，新闻工作者可以以更吸引人、易于理解的方式呈现复杂的数据。这不仅增强了报道的视觉吸引力，而且使得数据信息对于没有专业背景的普通观众也易于理解。

趋势分析在新闻工作中扮演着关键的角色，尤其在处理经济、环境和政治等领域的报道时。通过观察和解释数据随时间的变化，新闻工作者不仅能够揭示过去和现在的模式，还能够对未来进行合理的预测。这种深入的分析为公众提供了对重大社会和经济问题的深刻理解，并在很大程度上影响了公众对重要议题的认知和态度。以气候变化报道为例，长期的温度和降水数据分析不仅显示了全球变暖的现状，而且还揭示了其长期趋势和潜在影响。通过对过去几十年的气候数据进行详细分析，新闻工作者能够清楚地展示气温的升高趋势、冰川的消融速度以及海平面的上升情况。这些数据不仅增强了报道的说服力，也为公众提供了有力的证据，从而增强了对气候变化问题的认识和紧迫感。这种分析还有助于揭示不同地区和不同群体对气候变化的影响差异，从而促进更加针对性的政策制定和公共讨论。在经济报道方面，趋势分析同样发挥着重要作用。例如，通过分析 GDP 增长率、失业率、股市指数等经济指标的长期数据，新闻工作者可以清晰地展示经济的增长或衰退趋势。这些趋势不仅揭示了经济的整体健康状况，而且还可以反映出特定政策或全球事件（如金融危机或贸易战）对经济的影响。通过这种方式，新闻报道能够提供更为全面的经济分析，帮助公众理解复杂的经济问题，同时为决策者提供有价值的信息。除了经济和环境领域外，趋势分析也在政治报道中发挥着重要作用。例如，在选举期间，通过对历史投票数据、民意调查结果和社会经济指标的分析，新闻工作者能够提供对选民行为和政治倾向的深入洞察。这种分析不仅有助于预测选举结果，还能揭示公众关注的主要议题和候选人的支持基础。

相关性分析在新闻报道中的应用是数据驱动新闻的一个关键组成部分。它允许记者深入探究并展现不同变量之间的关系，提供了一种强有力的工具来解释和阐明复杂的社会现象。这种分析方法的价值在于其能够揭示事物之间看似隐蔽的联系，从而帮助公众更深刻地理解周围世界的运作方式。在实际应用中，新闻记者使用相关性分析探究各种社会、经济、环境和健康问题。例如，在探讨教育水平和犯罪率之间的关系时，相关性分析可以揭示两者之间是否存在显著联系。如果数据显示高教育水平的地区拥有更低的犯罪率，这种发现可能引导公众和政策制定者重新考虑教育投资的重要性，并可能导致针对教育和犯罪预防的新政策。同样，在探究烟草消费和肺癌发病率之间的关系时，相关性分析提供了一种量化的方法来展现这两个变量之间的联系。通过分析大量数据，记者可以展示烟草消费的增加与肺癌发病率提高之间的相关性。这种分析不仅强化了公众对吸烟危害的认识，也可能促进有关公共健康和烟草控制的政策讨论。相关性分析还能应用于环境问题，如探究空气污染和呼吸系统疾病之间的关联。通过展示空气质量指数与呼吸系统疾病发病率之间的关系，新闻报道可以提高公众对环境问题的关注，并推动更有效的环境保护政策。在进行相关性分析时，新闻记者面临的一个关键任务是确保数据的准确性和可靠性。这通常涉及大量数据的收集和处理，以及使用统计方法来确保分析结果的有效性。记者必须精确地解释分析结果，并在报道中清楚地区分相关性和因果关系。这是因为相关性分析虽然能揭示变量间的关联，但并不直接证明因果关系。通过这种方式，相关性分析成为新闻工作者手中的一把锐利工具，使他们能够向公众提供基于数据和事实的深入报道。这种报道不仅增强了新闻的信息价值和教育价值，也提高了公众对复杂问题的理解和认识。在长期来看，这有助于构建一个更加信息化、理性和基于证据的公共讨论空间。

在现代新闻报道中，数据可视化已成为一种关键的工具，它使复杂的数据集变得直观且易于理解。通过运用图表、地图和信息图，数据可视化为观众提供了一个清晰的视觉叙事，从而极大地增强了数据故事的传播力和说服力。数据可视化的主要优势在于它的直观性。复杂的数据和统计数字，当通过精心设计的视觉元素展现时，不仅能够快速抓住观众的注意力，而且能够更有效地传达信息。例如，对于涉及大量数据的报道，如经济增长、气候变化或人口统计，仅仅文字描述往往难以清晰表达。而将这些数据通过条形图、折线图或饼图等形式展示，可以让观众迅速把握关键信息，理解数据之间的相互关系。在某些情况下，数据可视化甚至可以揭露那些难以用文字描述的复杂模式和关系。

在新闻行业中，数据分析也正在迈向更高级的形式，例如使用机器学习和人工智能。这些高级技术可以处理大量的数据集，发现那些传统方法难以捕捉的模式和趋势。例如，在调查性新闻中，通过分析大量的文档和记录，可以揭露政治腐败或商业欺诈的模式。同样，在体育新闻中，通过分析大量的比赛数据，可以提供关于球队表现和策略的深入分析。

总之，数据分析方法在新闻报道中的应用是多方面的。它不仅提供了一种更加精确和深入的方式来理解和报道复杂的问题，还帮助新闻工作者以一种更加动态和吸引人的方式向公众传递信息。随着技术的发展，数据分析将继续在新闻行业中扮演着至关重要的角色，帮助公众更好地理解这个不断变化的世界。

5. 数据解读与整合

在这个信息时代，数据是无处不在的，但如何将这些数据转化为有意义且易于理解的新闻内容，是新闻从业者面临的主要任务。在这一过程中，数据不仅需要被准确解读，还需要与传统的新闻采访和报告相结合，以提供更全面、深入的报道。

5.1 数据解读的艺术

数据解读的艺术在新闻报道中占有至关重要的地位。这不仅仅是一个技术操作的过程，更是一种深刻的理解和解释数据的能力。在当今信息泛滥的时代，新闻从业者面临的最大挑战之一就是如何从大量数据中提取有价值的信息，并将其转化为有意义的新闻故事。数据解读首先要求记者对数据有一个全面的理解。这包括对数据的来源进行详尽的调查，了解数据的收集方法，以及背后可能存在的偏见或局限性。例如，在使用由政府机构提供的数据时，记者需要考虑到政策导向和统计方法可能对数据结果产生的影响。理解数据的性质是理解其真实含义的关键。比如，时间序列数据与横截面数据在分析方法和解释上有着本质的不同，这直接影响到数据故事的讲述方式。有效的数据解读还要求记者能够识别数据中的模式和趋势，并将这些模式和趋势与现实世界的复杂情境相联系。这种联系不仅基于数据本身，更基于对背后社会、经济、政治背景的深刻理解。例如，解读经济增长数据时，记者需要考虑到影响这些数据的多种因素，如货币政策、国际贸易状况和社会福利政策等。只有这样，才能确保报道不仅准确，而且深刻。数据解读同样是一个验证和质疑的过程。新闻从业者在面对数据时，应持续提出问题：这些数据是否可靠？它们是如何被收集和处理的？数据所展示的趋势是否有遗漏或偏差？这种批判性的思维方式对于避免盲目接收数据至关重要，有助于揭示数据背后可能隐藏的误解或偏见。在数据解读的过程中，记者需要运用他们的专业知识和经验，不断深入挖掘数据的深层含义。这可能包括与领域专家进行对话，使用先进的数据分析工具，或者将数据放在更大的历史和社会背景中进行比较分析。通过这些方法，记者可以更准确地揭示数据所代表的现象，提供更丰富、更具洞察力的报道。

5.2 将数据转化为故事

将数据转化为新闻故事是一项细腻而富有创造性的工作，它要求记者不仅仅是数据的分析者，更是故事的讲述者。在这个过程中，记者需要找到一种方式，将冷冰冰的数字和图表转化为具有情感共鸣和社会意义的叙述，使得普通观众能够感同身受。这种转化不仅仅是一种技术过程，更是一种艺术。

首先，个性化是将数据转化为故事的关键手段。记者可以通过挖掘数据中的人物故事，将抽象的数字联系到具体的个人或群体经历上。例如，在报道关于失业率的数据时，引入一个失业者的亲身经历，讲述他们面对失业的挑战和应对策略，能够让观众从一个个体的视角理解和感受到这个问题的深远影响。这种方法不仅使数据更有温度，也让观众更容易与报道产生共鸣。

其次，数据可视化是另一种重要的转化手段。图表、信息图和其他视觉工具可以将复杂的数据集转换为直观、易于理解的视觉形式。有效的数据可视化利用颜色、形状、排列和动态效果等元素，使信息的传达更加生动和引人入胜。例如，一张动态的地图可以展示某一疾病在不同地区的传播情况，或者一个互动的图表可以让观众自行探索不同经济指标的变化趋势。这些视觉工具不仅提高了信息的可接受性，也加强了故事的说服力。

此外，将数据转化为故事还涉及对数据的深入解读和情境化。记者需要不仅仅展示数据本身，更要探索和解释数据背后的原因、影响和潜在的社会意义。这需要记者具备跨学科的知识背景，能够从政治、经济、社会和文化等多个角度分析和解读数据。例如，在报道有关教育差距的数据时，可以深入探讨不同社会、经济和地域背景对教育机会的影响，以及这些差距可能对社会未来的长远影响。

总之，将数据转化为故事的过程是一种将科学性和创造性结合的艺术。它要求记者不仅要精通数据分析，更要具备深刻的社会洞察力和丰富的叙事技巧。通过这种转化，冷冰冰的数据被赋予生命和情感，成为可以触动人心的故事，从而增强新闻的影响力和价值。

5.3 数据与传统新闻的融合

数据与传统新闻的融合是现代新闻行业的一个重要发展趋势。这种融合不仅丰富了新闻报道的形式，还提高了报道的深度和广度。在这种融合中，数据和传统的新闻报道相互补充，共同构建了一个更为全面和深入的新闻叙事。

以环境污染报道为例，数据在揭示问题的规模和性质方面发挥着关键作用。通过对污染数据的详细分析，可以清晰地展示特定地区的污染水平、变化趋势以及与其他地区的比较。这些数据提供了一个坚实的事实基础，为读者描绘出一个客观的问题框架。然而，数据本身往往无法讲述完整的故事。这时，传统的新闻采访和报道就显得尤为重要。通过采访当地居民，我们可以了解污染是如何影响他们的日常生活的，这为报道增添了人文情感的层面。同样，与环保专家和政府官员的对话可以帮助解释数据背后的原因，如工业发展、政策调整等因素如何影响环境质量。这些深度采访不仅为数据提供了背景，也为整个故事增加了深度和复杂性。

将数据与传统新闻相结合还需要记者在叙述技巧上进行创新。一个有效的方法是使用叙事性的数据可视化，将复杂的数据以图表、地图或互动元素的形式呈现，使之更加生动和易于理解。例如，一个关于污染分布的互动地图可以让读者直观地看到污染最严重的区域，同时，配合上这些区域居民的真实故事，能够更好地引起读者的共鸣和关注。在报告中穿插数据分析也是一种有效的方法。记者可以在叙述中适时引入关键数据，如特定污染物的浓度变化，或者污染对健康的具体影响等，这些数据可以作为论证的支点，增强报道的说服力。

总之，数据解读与整合是新闻报道中一个复杂但至关重要的过程。它要求记者不仅要有技术上的能力来处理和分析数据，还要有创造力来将数据转化为引人入胜的故事。同时，记者还需要将数据与传统的新闻采访和报道相结合，以提供更全面、深入的新闻内容。在数字化和数据驱动的时代，数据解读与整合的能力将逐渐成为新闻从业者的核心竞争力。

第三节 数据分析技术与工具

数据分析技术和工具对于揭示数据背后的故事、洞察趋势和模式至关重要。

1. 统计分析软件

统计分析软件在数据新闻的制作过程中扮演着至关重要的角色。随着大数据时代的到来，新闻从业者越来越依赖于这些高效且强大的工具来处理和解读大量复杂的数据。在这一领域，R 和 Python 等软件因其卓越的数据处理能力、灵活的统计分析功能和高效的数据可视化能力而备受推崇。

R 和 Python 是当前数据分析和统计领域最受欢迎的编程语言。它们不仅为数据新闻的制作提供了强大的技术支持，还极大地扩展了新闻报道的深度和广度。R 语言最初被设计用于统计分析和图形表示，因此在处理大规模数据集时表现出色。它拥有丰富的包库，可用于进行各种统计测试、数据挖掘和可视化。例如，ggplot2 包在数据可视化领域广受赞誉，它可以帮助新闻工作者创建复杂而美观的图表，从而更有效地向公众传达信息。Python 则以其简洁易读的语法和强大的数据处理能力著称。它不仅在数据分析方面表现出色，还在机器学习和人工智能领域占据重要地位。Python 的 Pandas 库是数据处理的利器，它提供了高效处理和分析结构化数据的工具。同时，Python 的 Matplotlib 库和 Seaborn 库等则为数据可视化提供了强大支持。使用 R 和 Python 可以显著提高数据处理的效率。在数据新闻的制作过程中，新闻从业者常常需要处理来自不同来源的大量数据。这些数据可能包括文本、数字、时间序列等多种格式。R 和 Python 提供了读取、清洗、转换和分析这些数据的高效工具，大大减少了从数据处理到报道制作所需的时间。例如，使用 R 的 dplyr 包或 Python 的 Pandas 库，可以轻松地对数据集进行筛选、排序和汇总。这些操作对于快速提取数据中的关键信息至关重要。此外，这些语言还提供了强大的数据整合功能，使新闻从业者能够轻松地将来自不同来源的数据合并在一起，为深度报道提供更全面的数据支持。

在新闻报道中使用基于 R 和 Python 的统计分析可以显著提升报道的可信度。这些工具不仅能够进行常规的统计测试，如 t 检验和方差分析，还能构建复杂的统计模型，如回归分析和时间序列分析。这些高级分析方法使新闻从业者能够从数据中提取更深层次的洞见，并用科学的方法验证其假设。例如，在报道经济数据时，使用这些软件进行时间序列分析可以帮助新闻工作者识别和解释经济趋势和周期性变化。在进行社会科学报道时，回归分析可以揭示不同变量之间的关系，帮助解释复杂的社会现象。R 和 Python 在数据可视化方面的能力使其成为讲述引人入胜的数据故事的理想工具。一个有效的数据可视化不仅可以揭示数据背后的故事，还可以吸引观众的注意，提高他们对报道内容的理解和兴趣。R 的 ggplot2 库和 Python 的 Matplotlib 库提供了广泛的可视化选项，从基本的条形图和折线图到更复杂的散点图矩阵和热力图。这些工具使新闻从业者能够根据报道的内容和目的选择最合适的可视化形式。这些语言还支持创建交互式图表和动画，这些可以在网上发布，为在线观众提供更丰富的体验。

通过使用 R 和 Python 等统计分析软件，数据新闻从业者能够更有效地处理和解释数据，制作出既准确又引人入胜的新闻报道。这些工具不仅提升了新闻的质量，也为新闻行业带来了创新和变革。在数字化时代，掌握这些技能对于每一位新闻从业者来说都是必不可少的。

2. 数据可视化工具

在当今的新闻行业中，数据可视化工具的应用已成为增强报道吸引力和提升公众理解能力的关键手段。通过将复杂的数据集转换为易于理解和吸引人的视觉格式，这些工具不仅改善了信息的呈现方式，还极大地提升了新闻内容的互动性和教育价值。

数据可视化工具使新闻工作者能够创建交互式图表、地图和信息图表，将枯燥的数字和复杂的数据故事转化为直观、易于消化的视觉内容。这种转化不仅使得信息更加易于理解，还能激发观众的兴趣和好奇心。例如，一个关于气候变化的数据故事，通过使用温度变化的热力图或趋势线图，可以直观地展示过去几十年的气候变暖趋势，这种视觉呈现比单纯的数字更能引起公众的注意和关注。

交互式元素是数据可视化工具的另一个重要特点。通过允许用户与数据进行互动，例如点击图表中的某个部分以获取更多详细信息，新闻报道能够提供更深层次的用户体验。这种互动性不仅增加了用户的参与感，还能帮助他们更好地理解和探索复杂的数据。

在新闻报道中应用数据可视化工具时，创造力和创新是至关重要的。新闻工作者需要不仅关注数据的准确性，还要考虑如何以创造性的方式呈现这些数据，以吸引和保持观众的注意力。这可能涉及使用非传统的图表类型，或者结合使用多种可视化方法来讲述一个故事。

除了传统的图表和地图，一些更高级的数据可视化工具还提供了虚拟现实（VR）和增强现实（AR）技术的支持。这些技术能够创造更为沉浸式和互动式的新闻体验。例如，通过 VR 技术，观众可以"进入"一个三维的数据可视化环境，亲身体验数据故事。这种沉浸式体验使得复杂的数据更加生动和直观，能够更深入地影响和吸引观众。

数据可视化在处理和呈现大数据时尤为重要。在处理包含成千上万数据点的大数据集时，简单的文本或数字表示方法往往效果不佳。数据可视化工具可以帮助记者从大量数据中提取有意义的模式和趋势，以视觉的形式呈现这些发现。例如，使用散点图或热力图可以揭示人口分布、疾病暴发或犯罪活动的模式。数据可视化还有助于增强新闻报道的透明度和可信度。通过公开数据来源和呈现的方式，观众可以更好地理解数据的来龙去脉，评估其可靠性。此外，一些数据可视化工具还允许用户下载原始数据，提供了进一步验证和探索的机会。

总之，数据可视化工具在现代新闻报道中起着至关重要的作用。它们不仅使复杂的数据变得易于理解和吸引人，还通过提供交互式和沉浸式体验，极大地提升了新闻内容的教育价值和吸引力。随着技术的不断进步，我们可以预见数据可视化将继续在新闻行业中发挥越来越重要的作用，帮助公众以全新的方式理解和互动与他们周围的世界。

3. 大数据处理平台

在当今的数字化时代，大数据已经成为新闻行业不可或缺的组成部分，大数据处理平台则在这一进程中扮演着至关重要的角色。这些平台不仅处理和分析着日益增长的海量数据集，还为新闻机构提供了更深入的报道和调查的可能性。在这一部分中，我们将详细探讨大数据处理平台在现代新闻业中的作用，特别是它们如何帮助新闻机构有效地存储、处理和分析大量复杂的数据集，从而支持深度报道和调查。

在当今新闻行业中，大数据处理平台的应用已成为一个划时代的进步，极大地增强了新闻机构处理庞大数据量的能力。传统的数据处理方法面对日益增长的数据量和复杂性时，往往显得不足以应对挑战。相比之下，大数据平台以其强大的计算能力和高效的数据处理算法，为新闻报道提供了前所未有的深度和广度。这些大数据平台的核心在于它们的先进技术，特别是分布式计算技术。分布式计算允许数据处理任务在多台计算机之间分配，从而显著提高数据处理的速度和效率。这一技术的应用使得大规模数据集的处理不仅成为可能，而且变得更加快速和高效。例如，一些新闻机构利用这些平台来分析复杂的数据集，包括社交媒体数据、公共记录和大规模调查数据，以揭示公众行为的模式、趋势，甚至是预测未来的可能性。此外，大数据平台还支持高级的数据分析功能，如机器学习和人工智能算法。这些功能可以帮助新闻机构从大量数据中提取有价值的信息和洞见。通过这些先进的分析工具，新闻工作者能够识别和跟踪新闻故事的发展趋势，对复杂的社会经济现象进行深入分析，甚至能够在大量数据中发现前所未见的新闻线索。大数据平台的另一个关键优势是其能够处理和分析非结构化数据。在新闻报道中，大量的数据通常是非结构化的，如文本、视频、音频和图片。这些数据类型在传统的数据处理方法中很难被有效处理。大数据平台通过先进的数据挖掘和自然语言处理技术，可以对这些非结构化数据进行深入分析，从而挖掘出宝贵的信息和洞见。此外，大数据平台还为新闻机构提供了实时数据处理的能力。在紧急新闻事件发生时，能够迅速收集、处理和分析数据至关重要。大数据平台可以实时监测和分析社交媒体动态、网络流量和其他在线数据源，为新闻机构提供即时的数据支持。这种实时分析能力使新闻机构能够快速响应事件，及时更新报道，从而在新闻报道中保持领先地位。最后，大数据平台通过增强数据的交互性和可视化能力，也提高了数据的可理解性和吸引力。通过利用数据可视化工具，新闻机构可以将复杂的数据集转换为直观、易于理解的图表和图形。这不仅帮助公众更好地理解新闻故事背后的数据，也使得新闻报道更加生动和吸引人。

在当今的新闻行业中，大数据处理平台的作用已经变得不可或缺。这些平台的优势主要体现在数据存储的能力上，特别是在处理大量和多样化的数据方面。为了深入理解这一点，我们需要首先认识到新闻机构在其日常运作中面临的数据挑战。新闻报道通常涉及广泛的信息来源，包括政府公开数据、社会调查、个人采访、社交媒体动态、视频内容等。这些数据不仅量大，而且形式多样，从结构化的数据库表格到非结构化的文本和视频等。在这种情况下，传统的数据存储和处理方法往往显得力不从心。大数据处理平台的出现为这一挑战提供了解决方案。首先，这些平台具有高度灵活的存储系统，能够同时容纳结构化和非结构化数据。例如，结构化数据，像数据库中的表格，可以系统化地存储，便于进行标准化查询和分析；而非结构化数据，如文本、图片、视频和社交媒体帖子，尽管不符合传统数据库的严格格式，但在这些大数据平台上同样可以得到有效的管理和利用。更重要的是，这种存储系统的灵活性为新闻机构提供了更广泛的视角和更深入的洞察力。通过汇集和分析来自多种来源的数据，新闻工作者能够更全面地理解和报道复杂的新闻事件。例如，社交媒体的数据可以揭示公众对某一事件的反应和情绪，而政府数据则提供官方的信息和统计。这两者的结合可以让新闻报道更加全面和深入。除此之外，大数据平台的另一个关键优势在于其强大的数据索引和搜索功能。在大量数据的海洋中，找到相关和重要的信息往往是一项巨大的挑战。大数据平台的高效索引机制使得从大量数据中迅速检索和提取相关信息成为可能。这不仅提高了新闻报道的效率，也增强了报道的针对性和准确性。新闻工作者可以利用这些功能快速定位关键数据，从而加快报道的准备过程，并确保信息的准确性和及时性。这些平台还支持复杂的数据分析，包括趋势分析、模式识别和预测建模。这种分析能力使新闻机构能够不仅仅报道事实，而是深入探究背后的原因和潜在的趋势。

大数据处理平台在数据分析方面也具有显著的优势。这些平台通常配备了先进的分析工具和算法，可以进行各种复杂的数据分析，如模式识别、趋势预测、相关性分析等。这对于新闻工作者来说至关重要，因为这些分析可以揭示数据背后的故事和趋势，从而为报道提供深度和背景。例如，通过分析社交媒体数据，新闻机构可以了解公众对某个事件的反应，或者通过分析交通数据来报道城市的交通流量问题。

平台提供的定制化数据报告和可视化工具不仅使数据处理变得高效，还将复杂的数据集转换为易于理解的视觉表达形式，从而极大地增强了新闻故事的可访问性和吸引力。大数据处理平台的核心优势之一在于它们的强大数据处理能力。通过利用先进的算法和计算技术，这些平台能够快速地处理海量的数据集，提取出有价值的信息。这对于新闻机构来说至关重要，因为它们经常需要从庞大的数据源中迅速地筛选出关键信息。这种高效的数据处理不仅节约了时间，也使新闻工作者能够更快地响应时事，提供及时的报道。定制化的数据报告是另一个关键特性。这些报告根据新闻机构的具体需求定制，包括专注于特定主题或领域的数据分析。例如，一个关注环境变化的报告可能会集中分析气候数据、污染水平和政府政策的影响。这些定制化报告不仅为新闻机构提供了深入且具体的洞察，而且帮助它们在报道中提出独特且有见地的观点。

数据可视化工具的应用是大数据处理平台的另一大亮点。通过将数据转换为图表、图形和地图，这些工具使复杂的数据集变得直观和易于理解。这样的视觉表示不仅使得数据更加生动和具有故事性，而且使普通观众能够更容易地理解和吸收信息。交互式的数据可视化工具更是将新闻报道的吸引力提升到了一个新的水平。这些工具允许用户根据自己的兴趣和需求探索数据，例如通过点击图表中的某个部分来获取更详细的信息，或者调整参数来看不同情景下的数据变化。这种交互性不仅提高了观众的参与度，也为他们提供了一种更个性化的信息消费体验。这种参与性体验有助于加深观众对于报道主题的理解和兴趣。在整体上，大数据处理平台为新闻报道带来了一种全新的维度。通过高效的数据处理、定制化报告和创新的可视化手段，这些平台不仅提高了新闻的质量和深度，也增强了与观众的互动和连接。在信息爆炸和注意力稀缺的时代，这些工具和技术为新闻机构提供了宝贵的资源，帮助它们在竞争激烈的媒体环境中脱颖而出。

大数据处理平台还支持新闻机构进行深入的调查性报道。通过对大量数据的深入分析，新闻工作者可以揭露隐藏的模式和联系，从而揭开复杂问题的面纱。大数据处理平台在促进新闻机构内部协作方面也发挥着重要作用。这些平台通常具有协作功能，使得不同的新闻工作者可以共享数据和分析结果，从而促进团队合作。这对于处理复杂和多维度的新闻故事尤其重要，因为这些故事通常需要多个部门的专业知识和技能。

综上所述，大数据处理平台在现代新闻业中的作用不可小觑。它们不仅提高了数据处理的效率和能力，还为新闻报道提供了更深入的分析和更丰富的表现形式。通过这些平台，新闻机构能够更有效地处理和分析大规模数据集，从而支持深度报道和调查，最终为公众提供更高质量的新闻内容。

4. 人工智能与机器学习工具

人工智能和机器学习技术在新闻行业中的应用是当今技术发展的一个显著标志。这些技术不仅为新闻报道带来了新的工具和方法，而且还在根本上改变了新闻工作的方式。通过自动化数据分析过程，识别模式和趋势，甚至预测未来事件，人工智能和机器学习为新闻行业带来了前所未有的潜力。

在新闻行业中，人工智能和机器学习的应用可以分为几个方面。首先，这些技术能够帮助新闻工作者处理大量的数据，这在传统方法中是难以想象的。例如，通过机器学习算法，可以从海量的社交媒体帖子、公共记录和其他数据源中快速识别出有趣的模式和趋势。这种能力特别适用于调查性报道，可以帮助记者发现和跟踪潜在的新闻故事。

自然语言处理（NLP），作为人工智能的一个重要分支，在新闻采编中扮演着关键角色。NLP技术可以分析大量文本数据，提取关键信息，甚至识别情感倾向和主题趋势。例如，通过分析社交媒体上的公众讨论，NLP可以帮助记者捕捉到社会热点问题和公众关注的变化。NLP也被用于自动生成新闻摘要，这对于快速传播最新消息特别有效。

人工智能还在新闻内容的个性化推荐方面发挥着重要作用。通过分析用户的浏览历史和偏好，AI系统可以推荐与用户兴趣最相关的新闻内容。这不仅增强了用户体验，还提高了新闻网站的访问量和用户黏性。

在视觉新闻报道方面，人工智能也展现了其独特的优势。通过计算机视觉技术，AI可以自动识别图片和视频中的对象、场景和活动，为视觉报道提供更深的分析和解读。这在处理大量的图像和视频数据时尤为重要，如在重大事件或灾难报道中。预测性分析是人工智能在新闻行业的另一个重要应用。通过历史数据的分析，AI可以帮助预测未来的趋势和事件发展，这对于经济、天气和政治报道尤为有用。例如，通过分析过去的选举数据，AI可以通过分析气候数据预测自然灾害的可能性。人工智能和机器学习技术还可以帮助改进新闻报道的质量。通过自动检测假新闻和误导性信息，AI可以帮助确保新闻内容的准确性和可靠性。通过分析用户反馈，AI可以帮助新闻机构优化内容，提高报道的相关性和吸引力。

人工智能在新闻生产效率方面也发挥着重要作用。通过自动化重复性任务，如数据收集和初步分析，AI可以释放记者的时间，让他们专注于更深入的调查和故事叙述。例如，AI可以自动追踪并汇总新闻事件的发展，帮助记者快速获取最新信息。

总之，人工智能和机器学习技术正逐渐成为新闻行业不可或缺的一部分。它们不仅为新闻报道带来了新的工具和方法，而且还在根本上改变了新闻工作的方式。通过这些技术，新闻工作者可以更有效地处理和分析数据，发掘深层次的故事，并以更加个性化、精确和动态的方式向公众传递信息。随着技术的不断进步，我们可以期待人工智能和机器学习将在新闻行业中发挥更大的作用，带来更多的创新和变革。

5. 社交媒体分析工具

社交媒体分析工具在现代新闻报道中发挥着至关重要的作用，特别是在监测和分析社交媒体上的趋势和话题方面。这些工具不仅使新闻从业者能够实时追踪网民的讨论、情绪和反应，而且为他们提供了一种强大的手段来了解公众对某些事件或议题的看法。

随着社交媒体的快速发展，网民在平台上的互动成为获取公众意见和情绪的宝贵资源。社交媒体分析工具能够捕捉这些动态信息，提供即时的数据和见解。通过分析平台上的帖子、评论和共享，新闻从业者可以迅速了解某个话题或事件的公共感知。

这些工具的一个核心功能是实时监控。它们能够实时追踪关键词、话题和趋势，帮助新闻机构快速识别和反应社交媒体上的热点事件。例如，如果某个重大新闻事件发生，社交媒体分析工具可以立即捕捉到相关话题的上升趋势，并分析人们的反应和态度。这种实时监测能力对于新闻机构在报道突发事件时保持信息的及时性和相关性至关重要。

社交媒体分析工具还可以进行深入的情绪分析。通过使用自然语言处理和机器学习技术，这些工具能够分析社交媒体上的文字，识别和分类用户的情绪和态度。这可以帮助新闻从业者理解公众对某些议题的感情色彩，无论是积极、消极还是中立。这种情绪分析为报道提供了一个更深层次的维度，帮助新闻机构更准确地把握公众的看法和反应。

社交媒体分析工具还极大地促进了观众参与。通过监测哪些类型的内容获得更多的互动和分享，新闻机构可以调整其内容策略，以更好地满足观众的需求和兴趣。这不仅有助于提高新闻内容的吸引力和参与度，也能增加观众对新闻品牌的忠诚度。

在使用这些工具时，新闻机构还能够进行详细的趋势分析。通过长期追踪特定话题或议题，新闻机构可以发现和分析时间跨度内的趋势变化。这对于理解公众对某些长期议题的态度变化尤为重要。

社交媒体分析工具在新闻采编流程中也扮演了关键角色。它们可以帮助新闻机构识别值得报道的故事线索。在众多社交媒体帖子中，有时候会出现独特的观点或重要的信息，这些都可能成为深入报道的起点。通过这种方式，社交媒体分析不仅是一种信息收集工具，更是一种激发新闻创意和深度报道的源泉。

最后，社交媒体分析工具也是衡量新闻影响力的重要手段。通过分析新闻报道在社交媒体上的传播和互动情况，新闻机构可以评估其报道的影响力和受众的反应。这对于不断优化内容和提高新闻报道的影响力至关重要。

总之，社交媒体分析工具在现代新闻报道中扮演着多重角色。从实时监控到深度分析，从观众参与到趋势洞察，这些工具提供了一个全面的视角，帮助新闻机构在快速变化的信息时代中保持领先。通过有效利用社交媒体分析，新闻从业者可以更好地了解和反映公众的声音，同时也能不断提升其报道的质量和影响力。

第四节　数据安全与隐私保护

1. 隐私保护的原则

在新闻产业中，隐私保护的原则是构建信任和保持职业道德的关键。在数据驱动的新闻报道中，这一原则尤为重要。随着大数据和先进分析工具的广泛应用，新闻机构能够访问并利用前所未有的个人信息量。这些信息包括但不限于个人健康、财务状况、个人行为习惯，甚至社交互动模式。虽然这些数据可以极大地丰富报道的内容和深度，但同时也引发了一系列关于隐私保护的重要问题。

尊重个人信息的私密性是新闻行业的基本准则。这意味着在没有得到数据主体明确同意的情况下，使用其个人数据是不合适的，尤其是当这些数据涉及敏感领域，如健康、财务状况或个人生活细节时。尽管这些信息可能对于报道有着极大的价值，但在不违背个人隐私权的前提下进行报道则显得尤为重要。新闻机构需要建立明确的指导原则和操作流程，来确保在采集、处理和发布新闻内容时，不会侵犯到个人的隐私。

隐私保护的原则还要求新闻工作者在报道中进行适当的信息脱敏处理。例如，在处理涉及个人的数据时，应尽可能去除能够直接或间接识别个人身份的信息，如姓名、地址、电话号码等。这不仅是对个人隐私的保护，也是对新闻行业职业道德的坚守。脱敏处理应在数据收集的最初阶段进行，确保敏感信息在整个数据处理流程中始终得到保护。

在实践中，尊重隐私并不意味着牺牲新闻的质量和深度。事实上，合理地利用数据，同时保护个人隐私，可以帮助新闻工作者提供更加准确和全面的报道。例如，通过对大量脱敏数据的分析，可以发现社会现象的趋势和模式，而无须依赖于个别个人的详细信息。这种方法不仅遵守了隐私保护的原则，也提高了报道的整体质量。

隐私保护的原则也要求新闻机构在获取和使用个人数据时展现出最高程度的透明度。这意味着新闻机构应当向公众明确其数据收集、处理和使用的方式和目的。这种透明度不仅有助于建立公众对新闻机构的信任，也使得新闻报道更加公正和有责任感。透明度的实现可以通过多种方式，例如在报道中明确标注数据来源，或在网站上公布数据政策和隐私保护措施。新闻机构需要在内部建立严格的数据管理制度，确保所有工作人员都了解并遵守隐私保护的相关规定。这不仅包括记者和编辑，也包括那些参与数据处理和分析的技术人员。内部培训和持续的教育对于维护这一原则至关重要。通过这些措施，新闻机构可以确保其工作人员在处理敏感数据时能够做出合理的判断，并采取适当的措施来保护隐私。面对快速发展的技术和不断变化的数据环境，新闻机构应不断更新和完善其隐私保护策略。随着新技术的出现，新的隐私保护挑战也会随之而来。例如，人工智能和机器学习技术的应用可能会带来新的隐私风险。因此，新闻机构需要持续关注这些技术的发展，及时调整和更新其隐私保护措施，以应对新的挑战。

总之，隐私保护的原则在数据驱动的新闻报道中起着至关重要的作用。通过建立和实施一套全面的隐私保护策略，新闻机构不仅可以保护个人数据，也能够维护自身的信誉和公众的信任。随着技术的发展和数据使用的日益普及，对隐私保护原则的坚守将成为新闻行业不断进步和发展的关键。

2. 合法获取和使用数据

在现代新闻生产中，数据的合法获取与使用是一个极其重要的议题。随着技术的进步和信息时代的到来，数据已经成为新闻报道不可或缺的组成部分。然而，随之而来的是一系列关于数据合法性和道德使用的问题。这不仅是一个道德上的考量，更是一个法律上的要求。对于新闻机构而言，遵守数据保护法律和规定，合法地收集、存储、处理和发布数据，已经成为其核心职责之一。

首先，要理解为何合法获取和使用数据对新闻机构如此重要。数据，特别是个人数据，在新闻报道中可以提供独特的视角和深入的见解。然而，不当使用这些数据可能会侵犯个人隐私，甚至违反法律法规。因此，新闻机构必须在追求报道深度和广度的同时，确保其数据的使用是合法和道德的。

合法获取和使用数据的第一步是了解和遵守相关法律和规定。不同国家和地区对数据保护有着不同的法律框架，如欧盟的通用数据保护条例（GDPR）、美国的加州消费者隐私法案（CCPA）和中国的个人信息保护法（PIPL）等。这些法律规定了数据的收集、处理、存储和传播的标准和限制，确保个人数据的安全和隐私。新闻机构必须了解这些法律的要求，确保其操作符合当地的法律规定。

除了法律要求外，合法地获取和使用数据还涉及一系列的道德考量。例如，即使在公共领域收集到的数据，也应考虑是否会对个人或群体造成伤害或误解。新闻机构应建立严格的伦理审查流程，以评估数据使用可能产生的影响，确保报道的公正性和负责任。

在数据收集过程中，新闻机构应确保其方法合法和透明。这意味着在收集数据时，应明确告知数据来源，并在必要时获取同意。此外，机构应避免使用欺诈性或误导性的手段获取数据。例如，在进行调查或使用社交媒体数据时，必须确保这些活动符合相关法律和平台的使用条款。

数据的存储和处理也必须符合法律要求。这包括确保数据的安全，防止未经授权的访问和泄露。新闻机构应采取适当的技术措施，如使用加密技术和安全的网络连接，以保护存储的数据。同时，应定期审查和更新这些安全措施，以应对不断变化的安全威胁。

在发布数据时，新闻机构必须确保不会侵犯个人隐私。这意味着在报道中使用个人数据时，应仅限于对公众利益有重大意义的情况，并且在可能的情况下进行匿名处理。此外，应考虑到数据的背景和语境，避免产生误导性的解读或结论。

同时，新闻机构应提供透明的数据管理政策。这包括明确告知公众数据的收集、使用和共享方式，以及个人数据的权利和选择。通过提供这种透明度，新闻机构不仅能够建立公众的信任，也能够增强其报道的可信度。

综上所述，合法获取和使用数据对于新闻机构而言至关重要。它不仅关系到遵守法律和道德标准，也是建立和维护公众信任的基石。在数据驱动的新闻时代，新闻机构必须在追求深入报道的同时，确保其数据的使用既合法又负责任。

3. 数据加密和安全存储

在当前的数字化时代，数据成为新闻行业的重要资产。随着数据量的急剧增加，数据的安全性和保密性变得尤为重要。特别是对于新闻机构来说，保护源材料、采访记录和调查数据免受未经授权的访问和泄露，是确保新闻工作质量和维护其声誉的关键。在这个背景下，数据加密和安全存储成为保护新闻数据的核心策略。

数据加密是一种防止未授权访问的技术，它通过将数据转换成另一种形式或代码，来隐藏数据的实际内容。只有拥有正确密钥的人才能解密并访问原始数据。这对于新闻机构而言，意味着即使数据被非法访问或窃取，数据的内容也仍然是安全的，因为没有相应的解密密钥，这些数据就是无用的。

在现代新闻数据的处理和传输中，加密技术发挥着至关重要的作用。尤其是在保护敏感信息和确保数据安全传输方面，加密技术成为不可或缺的工具。对称加密和非对称加密是加密技术的两大主流形式，它们在新闻数据的加密中各有特点和应用场景。对称加密是一种较为传统的加密方法，它使用相同的密钥进行数据的加密和解密。这意味着同一个密钥既用于将原始数据转换为加密数据，也用于将加密数据还原为原始数据。对称加密的主要优点在于其加解密过程速度快，适合大量数据的处理。然而，对称加密的一个主要缺点在于密钥管理问题。因为使用同一个密钥，所以密钥的安全存储和传输成为一个挑战。如果密钥在传输过程中被截获，那么加密的数据就有可能被破解。

相较之下，非对称加密则提供了一种更安全的解决方案。非对称加密使用一对密钥：一个公钥和一个私钥。公钥用于加密数据，可以被公开，而私钥用于解密数据，需要严格保密。在这种机制下，即使公钥被公开，没有对应的私钥，数据也无法被解密。这种方法在保护数据传输过程中的安全性方面尤为重要。在新闻数据的加密中，非对称加密技术的应用尤为重要。例如，记者在采集敏感信息时，可以使用公钥对数据进行加密，然后将其安全地传输回新闻机构。只有拥有私钥的新闻机构才能解密这些数据，从而确保信息在传输过程中的安全。这在处理涉及隐私的新闻故事或在网络环境不安全的地区工作时尤为重要。

非对称加密还支持数字签名的功能。数字签名是一种验证文件或消息的完整性和来源的机制。在这种机制下，私钥被用于生成签名，而公钥则被用于验证签名。这对于确保新闻报道的真实性和来源的可信度非常重要。比如，当一个记者发送一个重要的报道给他们的编辑时，可以使用他们的私钥来签署这份报道。编辑则可以使用记者的公钥来验证报道确实是由该记者发送的，且内容自发送以来未被篡改。

尽管非对称加密在保护数据安全方面具有显著优势，它也有其局限性。非对称加密的一个主要缺点是相较于对称加密，其加解密过程更为耗时。这在处理大量数据时可能会成为一个问题。因此，在实际应用中，新闻机构通常会结合使用对称加密和非对称加密技术。例如，在数据传输过程中使用非对称加密来保护数据，而在数据存储时则使用对称加密以提高效率。

除了加密技术，安全的数据存储和备份系统也是保护新闻数据的关键组成部分。这意味着新闻机构需要建立健壮的数据存储设施，确保数据不仅被加密，还要防止物理损害、系统故障或网络攻击。例如，使用防火墙和入侵检测系统来保护数据中心，使用冗余系统来确保数据的持续可用性。定期备份数据并将备份存储在不同的地理位置，可以防止灾难性事件导致的数据丢失。

数据安全不仅仅是技术问题，还涉及组织管理和员工培训。这意味着新闻机构需要制定明确的数据安全政策和程序，确保所有员工都了解如何安全地处理和存储数据。这包括定期进行数据安全培训，教育员工识别和防范网络钓鱼、社会工程学等常见的数据安全威胁。在处理特别敏感或重要的新闻数据时，采用更高级别的安全措施是必要的。例如，对于涉及国家安全、严重犯罪或高度敏感的个人信息的数据，新闻机构可能需要使用军事级别的加密技术，或者将数据存储在物理隔离的、没有网络连接的系统中。

随着技术的不断进步，新的数据安全和加密技术不断涌现。例如，量子加密被认为是未来的趋势，因为它提供了理论上无法破解的安全性。此外，区块链技术也为确保数据的不可篡改性和透明性提供了新的可能性。尽管这些技术目前还未广泛应用于新闻行业，但它们展现了数据安全领域的未来发展方向。

总之，数据加密和安全存储对于保护新闻机构的数据安全至关重要。随着网络攻击和数据泄露事件的增加，新闻机构必须不断提高其数据安全水平，以保护其新闻来源、报道的完整性和公众的信任。通过使用先进的加密技术，建立强大的数据存储和备份系统，以及加强组织内的数据安全意识和管理，新闻机构可以有效地保护其宝贵的数据免遭未经授权的访问和滥用。

4. 数据使用的伦理考量

在新闻报道的过程中，数据的使用不仅仅是一个技术问题，更是一个重要的伦理问题。随着数据驱动的新闻报道日益普及，如何在揭露重要信息和保护个人隐私之间找到平衡，成为新闻行业必须面对的重要议题。在这一部分中，我们将深入探讨数据使用的伦理考量，包括对个人和群体的影响评估，以及如何建立严格的伦理审查流程来确保报道的公正性和责任性。

首先，新闻工作者在使用数据时必须认识到，每一条数据都可能与真实的人有关，这些数据的背后是个体的故事、隐私和生活。因此，处理和发布数据时最重要的原则之一就是尊重个体。这意味着新闻工作者在使用涉及个人信息的数据时，需要进行深思熟虑的考量，特别是在处理涉及敏感信息（如健康状况、财务信息或个人身份）的数据时。新闻机构需要建立一套标准，明确哪些信息是必须的，哪些是可以避免的。在可能的情况下，对数据进行匿名处理或去标识化，可以有效地减少对个人隐私的侵犯。

其次，新闻报道在使用数据时，需要考虑到数据的准确性和可靠性。错误的数据不仅可能误导公众，还可能对被报道的个人或群体造成负面影响。这就要求新闻工作者在获取和使用数据时，必须进行彻底的核实和验证。例如，在报道一项关于公共健康的研究时，除了引用数据外，还需要考虑研究的方法、样本大小、可能的偏差等因素。这种深入的审查和分析，不仅提高了报道的质量，也是对受众负责的表现。

此外，当新闻报道涉及能够影响公众观点的重要数据时，如社会问题、政治选举等，新闻工作者需要特别注意平衡报道。这就意味着在报道中需要公平地呈现数据，避免片面或选择性地使用数据来支持特定的观点。为此，新闻机构需要建立一套严格的伦理审查流程，确保报道在内容和形式上都保持公正和客观。这不仅涉及对数据的使用，还包括了解释和呈现数据的方式。例如，当使用图表或可视化工具展示数据时，需要确保这些工具的设计不会误导或偏离数据本身的含义。

在处理可能对群体产生影响的数据时，新闻工作者还需要考虑到报道的社会责任。这意味着在报道中需要考虑到数据对不同群体的影响，避免制造或加剧社会分歧。

最后，数据使用的伦理考量还包括了对数据源的透明度。这意味着新闻机构在报道中需要明确数据的来源，以及任何可能影响数据解读的背景信息。透明的数据源不仅提高了报道的可信度，也让公众能够更好地理解和评价报道的内容。

综上所述,数据使用的伦理考量是新闻行业在数据驱动时代不可或缺的一部分。它不仅涉及对个人隐私的保护,也关乎新闻报道的准确性、公正性和社会责任。通过建立严格的伦理审查流程,确保数据的合理和负责任的使用,新闻机构可以有效地平衡揭露重要信息和保护个人隐私之间的关系,同时提高报道的质量和公众的信任。

5. 面向未来的数据保护策略

在未来,数据保护策略的发展将是一个动态、不断演进的过程,特别是在新闻行业这一数据密集型领域。随着技术的不断进步和数据应用的日益普及,确保数据安全和个人隐私保护将成为新闻机构面临的首要任务之一。为此,面向未来的数据保护策略需要集中在几个核心领域:采用先进的数据保护技术、实施持续的员工培训和教育、建立强大的组织文化和伦理准则,以及积极参与政策和标准的制定。

首先,采用先进的数据保护技术是确保数据安全的关键。随着技术的发展,新的工具和方法不断出现,它们能够更有效地保护数据免受未授权访问、泄露或损坏。例如,加密技术正在不断发展,提供更为强大和可靠的数据保护。除了传统的加密方法,量子加密技术已经成为研究的热点,有望在未来提供几乎不可能被破解的数据安全保障。此外,区块链技术以其独特的去中心化和不可篡改性,为保护敏感数据提供了新的可能性。

其次,持续的员工培训和教育对于建立强大的数据安全文化至关重要。新闻机构的每一位员工都需要对数据保护有基本的了解和认识。这不仅涉及技术人员,还包括记者、编辑以及其他非技术员工。持续的教育和培训可以帮助员工了解最新的数据保护趋势和技术,同时也能提高他们对数据泄露风险的认识。例如,通过定期的培训课程和研讨会,员工可以学习如何识别钓鱼邮件、防止恶意软件攻击以及如何安全地处理和存储敏感数据。

建立强大的组织文化和伦理准则也是面向未来的数据保护策略的重要组成部分。新闻机构需要建立一套明确的数据管理和使用准则,确保所有员工都明白其在处理数据时的责任和义务。这些准则应包括数据收集、存储、使用和共享的标准操作程序，以及在数据泄露事件发生时的应急响应计划。强调数据保护的重要性，并将其融入组织的日常运作中，可以有效地提高整个机构对数据安全的认识和敏感度。

最后，积极参与政策和标准的制定也是保护数据安全的重要途径。随着数据使用的增加和新技术的出现，现有的法律法规可能无法完全涵盖所有新出现的情况和挑战。因此，新闻机构应该积极参与相关政策的讨论和制定过程，确保这些政策和标准能够反映行业的最新发展和需要。此外，通过与其他机构和组织的合作，可以共同推动行业标准的提升，共同应对数据安全和隐私保护方面的共同挑战。

总而言之，面向未来的数据保护策略需要新闻机构在多个层面上进行协调和创新。通过采用先进的技术、实施持续的员工培训和教育、建立强大的组织文化和伦理准则，以及积极参与政策和标准的制定，新闻机构可以更有效地保护其处理和使用的数据，同时确保遵守日益严格的数据保护法律和规定。在数据驱动的新闻时代，这些措施不仅是对技术和法规的应对，更是对新闻机构社会责任和伦理的体现。

第五节　数据驱动的新闻报道对新闻行业的影响和挑战

1. 数据驱动的新闻报道对新闻行业的影响

1.1 提升报道的深度与质量

数据驱动的新闻报道，作为当代新闻行业的一大趋势，正不断地推动着新闻报道质量和深度的提升。在这个信息爆炸的时代，传统的新闻报道方式已逐渐不能满足公众对深度、全面和准确信息的需求。数据驱动的新闻报道正是在这样的背景下应运而生，并迅速成为提升新闻报道质量的关键工具。

数据驱动的新闻报道首先改变了新闻故事的发掘方式。传统的新闻报道依赖于记者的直观感受和个人采访，而数据驱动的报道则通过分析大量数据来揭示潜在的故事线索和趋势。这种基于数据的报道方式能够揭示出那些传统报道方法可能忽视的细节和模式。例如，在社会动态、环境变化等领域，通过对历史数据的深入分析，记者可以发现不易察觉的变化趋势和关键因素，从而在报道中提供更为深入和全面的视角。

数据驱动的新闻报道还大大增强了报道的信息量和多样性。在数字化时代，我们可以获取到前所未有的大量数据，从政府公开数据到社交媒体动态，从经济指标到科学研究结果，这些数据成为新闻报道的宝贵资源。记者不再仅仅是传递事实的中介，而是成为能够深入挖掘、分析并解读这些数据的专家。通过对这些大量数据的分析和解读，新闻报道不仅信息量大大增加，而且能够提供更多角度和层次的分析，满足公众对高质量信息的需求。

数据驱动的报道还极大提升了新闻的可信度。在过去，新闻报道可能因为依赖于个别消息源或记者的主观判断而受到质疑。然而，当报道基于大数据分析时，其可信度得到了显著的提高。数据和事实的结合降低了新闻报道中的主观性，使得报道更加客观和公正。通过呈现数据支持下的事实和结论，新闻机构能够建立起更强的公信力。

除此之外，数据驱动的新闻报道也推动了新闻叙述方式的创新。通过数据可视化技术，复杂的数据和统计信息可以转化为易于理解的图表、图像和交互式展示，使得新闻故事更加生动和易于理解。这种创新的叙述方式不仅使得新闻内容更加吸引人，也让普通公众能够更容易地理解复杂的信息和数据。例如，在报道经济数据或科学研究时，通过图表和可视化工具，复杂的数据和概念可以被更直观地展现出来。

1.2 促进新闻个性化和定制化

数据驱动的新闻报道已经成为新闻行业革新的核心动力，特别是在促进新闻内容个性化和定制化方面，其作用变得愈发显著。在这个信息爆炸的时代，读者面临着海量新闻的冲击，因此，提供符合个人兴趣和需求的新闻内容变得尤为重要。数据驱动的方法在这方面发挥着关键作用，通过精准地分析用户行为和偏好，新闻机构能够提供更加贴合用户需求的新闻体验。

个性化新闻的实现源于对大量用户数据的收集和分析。这些数据可能包括用户在新闻平台上的阅读历史、搜索习惯、互动行为（如评论和分享）以及地理位置信息等。通过对这些数据的深入挖掘和分析，新闻机构能够洞察到用户的兴趣点、阅读偏好甚至是阅读时间的习惯。例如，一些用户可能对国际新闻更感兴趣，而另一些用户可能更关注体育或科技新闻。这种洞察使新闻机构能够为每位用户定制一个独特的新闻推荐列表。个性化新闻内容的提供，不仅限于推荐系统的应用。新闻机构还可以根据用户的兴趣和行为模式，调整内容的展示形式和叙事方式。例如，对于那些偏好视觉内容的用户，可以提供更多包含视频和图像的新闻内容；而对于喜欢深度阅读的用户，可以提供更多详细报道和深度分析的文章。通过这种方式，新闻不仅在内容上个性化，同时在呈现方式上也更加贴近用户的偏好。个性化新闻体验的提供，还有助于增强用户参与度和忠诚度。用户在发现新闻内容与自己的兴趣高度相关时，更可能深入阅读、积极互动甚至分享给他人。这种增加的参与度不仅能提升用户满意度，还能增加用户对新闻平台的黏性，从而提高用户留存率和忠诚度。对新闻机构而言，忠诚的用户群体意味着更稳定的流量来源和更高的广告收入潜力。个性化新闻内容的提供，也为新闻机构带来了更多的创新机会。新闻机构可以根据用户数据，探索新的内容形式和报道主题，甚至发掘尚未被充分报道的领域。这种基于用户数据的内容创新，不仅可以吸引新的用户群体，还可以巩固新闻机构在特定用户群体中的地位。个性化新闻服务的发展，也促进了新闻机构之间的合作。例如，新闻机构可以与数据分析公司、人工智能开发者合作，共同开发更先进的用户分析工具和推荐算法。这种跨界合作不仅能够提高个性化服务的质量，还可以拓宽新闻机构在技术和服务创新上的视野。

1.3 促进新闻故事的创新表达

数据驱动的报道在新闻故事的表达上带来了一场革命。随着数据可视化技术的日渐成熟，新闻报道的形式正在经历着前所未有的转变。这种转变不仅仅是技术层面的革新，更是一种对新闻叙述方式的全面重塑。数据可视化技术使得复杂的数据信息能够通过图表、地图、动画等形式生动呈现，从而使新闻故事变得更加引人入胜和易于理解。

在传统的新闻报道中，数据往往以数字和文字的形式出现，对于大多数观众来说，这些数据可能显得枯燥且难以理解。然而，数据可视化技术的运用彻底改变了这一现状。例如，复杂的经济数据可以通过动态的图表呈现，使观众能够直观地看到经济趋势的变化；环境变化的数据可以通过交互式的地图展示，让观众能够直接感受到变化的影响。

这种创新的表达方式不仅提高了数据的可读性，也极大地增强了新闻故事的吸引力。生动的视觉元素和动态的交互设计使得新闻内容更加引人注目，观众更容易被这些内容吸引并保持注意力。这种表达方式还使得复杂的信息更加易于被大众理解。通过将抽象的数据转化为直观的视觉呈现，数据可视化技术极大地降低了观众理解复杂信息的难度。

数据驱动的新闻报道还为新闻故事的叙述提供了更多的可能性。通过数据可视化，记者可以在报道中展示多个角度的信息，让观众能够从不同的视角理解新闻事件。例如，在报道一项社会调查时，不仅可以展示总体的统计结果，还可以通过细分数据展示不同群体的意见差异。这种多维度的展示方式使得新闻故事更加丰富和立体。数据驱动的新闻报道还使得新闻内容更加易于分享和传播。在社交媒体时代，视觉化的内容更容易获得用户的关注和分享。生动的图表和动画可以迅速吸引用户的眼球，增加内容的传播概率。这种易于分享的特性对于新闻机构来说极为重要，因为它可以帮助新闻内容在网络上获得更广泛的传播，吸引更多的观众。数据可视化技术的发展还推动了新闻报道手段的创新。随着技术的不断进步，新闻机构开始尝试使用更加高级的可视化技术，如增强现实（AR）和虚拟现实（VR），来呈现新闻故事。这些技术不仅提供了更为生动的视觉体验，还创造了沉浸式的新闻体验。观众可以通过这些技术更加深入地了解新闻事件，从而获得更为丰富的信息体验。

1.4 增强新闻机构的竞争力

在当前的信息爆炸时代，数据驱动的新闻报道已经成为提升新闻机构竞争力的关键。随着互联网和社交媒体的兴起，传统新闻行业面临着前所未有的挑战。观众对信息的获取渠道更为广泛，对新闻质量的要求也日益提高。在这样的背景下，数据驱动的新闻报道不仅是一个技术上的创新，更是新闻机构在激烈的市场竞争中保持领先地位的战略选择。

数据驱动的新闻报道使新闻机构能够利用大数据和高级分析工具来发掘和报道新闻。这种方法使得新闻机构能够更快速、更准确地捕捉到正在发生的重要事件。通过分析社交媒体趋势、网络搜索数据、甚至是手机定位数据，新闻机构可以在第一时间了解到哪些事件正在吸引公众的关注，从而迅速做出反应。这种对即时信息的快速响应是传统新闻报道所难以比拟的。

更重要的是，数据驱动的新闻报道能够提供独特的视角和深度分析。在处理大量的数据时，记者和分析师能够发现隐藏在表面事件背后的模式和趋势。

数据驱动的新闻报道还为新闻机构提供了更多的商业机会。在数字化时代，新闻机构不仅可以通过传统的广告收入获利，还可以利用数据分析来开发新的盈利模式。例如，通过分析用户的阅读习惯和偏好，新闻机构可以提供更加精准的广告定位，从而吸引更多广告商。此外，一些新闻机构还开发了基于订阅的模式，通过提供独家的深度报道和个性化内容来吸引付费用户。

数据驱动的新闻报道也促进了新闻内容的创新。在传统的新闻报道中，内容往往是围绕事件本身展开。然而，在数据驱动的新闻报道中，记者可以利用数据来探索和讲述更多层次的故事。例如，通过分析环境数据，新闻机构可以探讨气候变化对特定地区的具体影响，或者通过分析经济数据，深入探讨经济政策对普通民众生活的影响。这种基于数据的故事讲述方式使新闻内容更加丰富和有吸引力。

1.5 推动新闻业务模式的创新

在当今的数字化时代，数据驱动的新闻报道正在深刻地改变着新闻业的商业模式。在这一变革中，数据不仅作为报道的来源和工具，而且成为推动新闻业务创新的关键因素。

数据驱动的新闻报道使新闻机构能够通过精确的市场洞察和观众分析，制定更加有效的商业策略。在传统模式下，新闻机构主要依赖广告收入和订阅费用作为其主要的盈利方式。然而，随着互联网的普及和数字技术的发展，这一模式面临着日益增长的压力。观众的媒体消费习惯发生了变化，他们越来越倾向于在线平台获取信息和内容。在这种背景下，数据驱动的新闻报道为新闻机构提供了新的机遇来探索和实施创新的商业模式。通过深入分析用户数据，新闻机构能够更好地理解其目标观众群体的特征和偏好。这包括用户的阅读习惯、感兴趣的主题、互动方式以及消费行为等。这些信息对于新闻机构制定内容策略、优化用户体验以及提高用户参与度至关重要。例如，通过分析用户对不同新闻主题的关注度和反馈，新闻机构可以调整其内容生产的重点，以满足用户的需求，提高内容的吸引力和影响力。

数据驱动的新闻报道还为新闻机构提供了更精准的广告定位能力。传统的广告模式通常基于广泛的受众定位，而数据驱动的方法使得广告可以更加精确地定位到特定的用户群体。这不仅提高了广告的有效性，也为广告客户提供了更高的价值。通过展示与用户兴趣和行为更加相关的广告，新闻机构能够提高广告收入，同时为用户提供更加个性化的体验。此外，数据驱动的新闻报道还为新闻机构提供了开发新收入来源的可能性。例如，基于用户兴趣和行为数据，新闻机构可以开发定制化的内容服务，如专题报告、深度分析等，这些内容可以作为高价值的付费内容提供给用户。新闻机构还可以利用数据来开发新的产品和服务，如数据驱动的应用程序、个性化的新闻摘要等，这些都为新闻机构带来了新的收入机会。

数据驱动的新闻报道还促进了新闻机构与用户之间更深层次的互动。通过分析用户的反馈和参与情况，新闻机构可以不断优化其内容和服务，增强用户的忠诚度。通过建立基于数据的用户社区和讨论平台，新闻机构可以加强与用户的联系，提高用户对品牌的认同感和参与度。

1.6 加强与公众的互动

在当今数字化时代，数据驱动的新闻报道已成为加强新闻机构与公众互动的关键手段。这种互动不仅促进了新闻内容的丰富和多样化，也极大地增强了新闻在社会中的影响力和参与度。在这个过程中，社交媒体和在线调查等工具起到了至关重要的作用。

社交媒体作为数据驱动新闻的一个重要来源，为新闻机构提供了一个直接接触和了解公众意见的平台。通过对社交媒体上的讨论进行实时监控，新闻机构能够迅速捕捉到公众对当前事件的看法和情绪反应。这种即时的反馈信息对于新闻报道来说至关重要，它不仅可以指导记者更准确地把握报道的方向和重点，也能帮助他们在报道中更好地呈现公众关注的问题。社交媒体还为新闻机构提供了一个与公众直接互动的渠道。通过发布新闻更新、参与在线讨论和回应用户评论，新闻机构能够建立起与公众的直接联系。这种双向交流不仅加强了公众对新闻内容的参与和投入，也使新闻机构能够从公众的反馈中获得宝贵的见解和建议，从而持续改进其新闻内容和服务。

在线调查则是另一种重要的数据收集工具。通过在线调查，新闻机构能够收集到更系统和深入的公众意见。这些调查可以是关于特定新闻事件的态度调查，也可以是对新闻产品和服务的满意度调查。通过分析这些调查数据，新闻机构不仅能更深入地理解公众的需求和期望，还能发现新闻报道中可能忽略的视角和问题。

数据驱动的新闻报道还使得新闻机构能够根据公众的反馈和行为数据来优化其内容策略。例如，通过分析用户在社交媒体上的分享和评论数据，新闻机构可以了解哪些类型的新闻内容更受欢迎，哪些话题能够引起更多的公众讨论。基于这些数据，新闻机构可以调整其内容生产的重点，以更好地满足公众的兴趣和需求。数据驱动的新闻报道还促进了新闻机构和公众之间的互动成为一种持续的、动态的过程。新闻不再是单向的信息传递，而是一个包含反馈和调整的循环。公众的反馈和数据不断指导新闻机构优化其报道，而优化后的新闻内容又进一步激发公众的参与和反馈。这种持续的互动有助于建立起新闻机构与公众之间的信任和忠诚，同时也提高了新闻内容的相关性和影响力。

2. 数据驱动的新闻报道对新闻行业的挑战

2.1 数据质量和可靠性的挑战

在新闻行业内，数据质量和可靠性的确保始终是一项至关重要的挑战。随着数据驱动的新闻报道成为常态，这一挑战变得更加突出。数据，无论其形式或来源，是塑造公众观点和理解的关键。因此，任何对数据质量和可靠性的疏忽都可能导致误导公众，损害新闻机构的信誉甚至引发严重的社会后果。

数据的质量和可靠性直接关系到报道的准确性。新闻机构在处理从政府机构、社交媒体、民意调查或其他第三方来源获得的数据时，必须进行严格的审核。这种审核包括验证数据来源的可靠性、检查数据的时效性和相关性，以及评估数据是否经过了合理的采集和处理过程。例如，从社交媒体收集的数据可能受到用户偏见的影响，而政府发布的数据可能因政治原因而被操纵。因此，新闻机构需要具备区分和识别这些潜在问题的能力。数据的处理和解读也是确保新闻质量的关键环节。即使数据本身是准确的，错误的处理方法或误解数据意义也可能导致不准确的报道。例如，对统计数据的误解可能导致对某一社会现象的错误解读。新闻工作者需要具备足够的数据素养，能够正确处理和解释数据。这包括了解数据分析的基本方法，能够识别统计上的异常值，以及在报道中准确地传达数据所揭示的信息。新闻机构还面临着如何平衡数据的全面性与深入性的挑战。在追求全面报道的过程中，可能会忽视某些数据的深入分析；而在深入挖掘单个数据点时，则可能忽视更广泛的背景。因此，新闻工作者需要在这两者之间找到平衡，确保报道既全面又深入。在确保数据质量和可靠性的过程中，新闻机构还必须注意数据的伦理使用。这不仅仅是关于数据的准确性，还涉及数据收集和使用的道德问题。例如，使用个人隐私数据，即使是出于报道的目的，也可能引起公众的关注和反对。因此，新闻机构在使用数据时，需要考虑其对个人和社会的潜在影响。

2.2 数据解读和分析的技能挑战

在当今的新闻行业中，数据驱动的新闻报道已成为一种趋势，它要求记者不仅要精通传统的采访和写作技巧，还需要具备数据分析和解读的能力。这种能力的要求标志着新闻行业向数据时代的转型，同时也为记者的职业发展提出了新的挑战。

数据驱动的报道需要记者能够理解和应用统计学原理，以便准确地分析数据集，从中提取出有新闻价值的信息。这不仅仅是关于数字的处理，更是对数据背后隐藏的故事和模式的探索。记者需要能够识别数据中的趋势、异常点和相关性，并能够将这些统计学概念转化为易于公众理解的语言。这种能力的培养需要对数据分析工具和方法有深入的了解，例如如何使用数据可视化工具将复杂的数据集转换为直观的图表和图形，或者如何应用高级数据分析技术，如机器学习和人工智能，以提取和分析大数据集。

除了技术和工具的掌握，从数据中提炼故事也是一项重要的技能。这不仅要求记者具备分析能力，还要求他们有敏锐的新闻敏感性，能够从数据中识别新闻线索，构建引人入胜的故事。这种能力的培养需要记者能够将数据分析与传统的新闻采访和报道相结合，利用数据来支持和丰富他们的报道。然而，对于许多传统记者而言，这些技能的培养是一个挑战。首先，这要求记者学习和掌握新的技术和工具，这不仅需要时间和精力，还可能需要参加专门的培训课程。其次，数据分析与传统新闻工作的方式不同，这要求记者能够适应新的工作模式，学会如何结合数据分析和传统报道技巧。此外，记者还需要具备批判性思维能力，能够识别数据的局限性和潜在偏见，确保报道的准确性和公正性。

面对这些挑战，新闻机构需要为记者提供相应的支持和资源。这包括提供数据分析培训、引进数据分析工具和专业人员，以及创建一个鼓励学习和实验的工作环境。同时，新闻机构还需要认识到数据驱动的报道不仅仅是技术的应用，更是一种新的新闻工作方式，这需要在组织层面进行相应的改革和调整。

2.3 数据安全和隐私保护

在当今的新闻行业中，随着数据驱动的新闻报道日益增多，数据安全和隐私保护成为一个日益突出的问题。对于新闻机构而言，合法合规地处理大量个人和敏感数据，并确保个人隐私不被泄露，不仅是遵循法律的必要要求，更是维护公众信任的关键所在。

数据安全问题不仅涉及技术层面的数据保护，还包括对数据处理全过程的严格管理。这意味着新闻机构不仅需要投资于加强网络安全、防止数据泄露的技术手段，比如使用高级加密技术、安全的数据存储解决方案以及实时的安全监测系统，同时还需确保内部员工对数据安全的认识和操作符合最高标准。例如，员工需接受关于如何安全地处理和存储数据的培训，并且需要了解在数据泄露的情况下应采取的紧急措施。隐私保护在新闻报道中的重要性日益增加。随着个人信息的获取变得更加容易，如何在不侵犯个人隐私的前提下使用这些信息，成为一个严峻的挑战。新闻机构需要严格遵守相关的隐私保护法律和规定。这不仅意味着在收集和使用个人数据前需获得明确的同意，还包括在报道中对涉及的个人身份进行适当的匿名处理，确保不会无意中泄露个人敏感信息。数据安全和隐私保护还涉及新闻机构内部的数据治理和伦理问题。新闻机构需要建立明确的数据治理框架，确保数据的使用符合伦理标准和社会责任。这包括制定严格的数据使用政策，确保所有使用数据的新闻报道都是基于公共利益，避免对个人的不当影响。同时，新闻机构还应当建立一个独立的监督机构，负责监督数据的使用是否符合伦理和法律标准，并处理相关的投诉和纠纷。

在应对这些挑战的过程中，新闻机构必须在追求报道深度和广度的同时，坚守数据安全和隐私保护的原则。这不仅是对被报道对象负责，也是对整个社会负责。通过确保数据的安全和个人隐私的保护，新闻机构可以维护其作为可信赖信息源的地位，并保持公众的信任。总之，数据安全和隐私保护在数据驱动的新闻行业中是一个不断演变的挑战，需要新闻机构不断学习、适应并更新其策略和技术，以应对这一挑战。

2.4 技术资源和基础设施的限制

技术资源和基础设施的限制在数据驱动的新闻报道中扮演着一个非常重要的角色，尤其对于小型和地方媒体来说，这是一个显著的挑战。在当前的新闻环境中，对大数据的处理和分析已成为制作高质量新闻内容的一个关键因素。然而，并不是所有的新闻机构都具备处理这种数据所需的技术资源和基础设施。

大规模数据的处理和分析要求高级的技术工具和软件。这些工具往往价格昂贵，对于预算有限的小型和地方媒体来说，这是一个重大的财务负担。即使能够负担起这些工具的成本，他们还需要承担维护和更新这些系统的持续费用。此外，大数据分析通常需要高性能的计算机硬件和强大的服务器，这些都需要额外的投资。大数据分析不仅仅是关于拥有正确的工具，还需要具备相关的技能和知识。这意味着新闻机构不仅需要投入技术，还需要投入员工培训。记者和编辑需要学习如何使用这些工具，以及如何理解和解释数据。对于小型和地方媒体来说，为员工提供这样的培训可能是一个组织上的挑战，因为这不仅涉及直接的培训成本，还可能包括工作时间的调整以适应培训计划。数据安全和隐私保护是另一个关键考虑因素。随着数据量的增加，保护这些数据免受未经授权的访问变得更加重要。这要求新闻机构投入高级的安全系统和协议，以确保数据的安全性。然而，对于资源有限的机构来说，建立和维护这样的安全系统可能是一个挑战。在数据驱动的新闻报道中，及时获取和处理数据也是至关重要的。这需要新闻机构拥有足够的网络带宽和快速的数据处理能力。对于那些位于偏远地区或基础设施不发达的地方媒体来说，这可能是一个特别的挑战，因为他们可能无法访问高速互联网连接或其他必要的技术设施。除了上述的硬件和软件需求外，还有一个经常被忽视的方面是文化和组织上的适应。数据驱动的新闻报道要求从传统的新闻制作模式转变为更加依赖技术的模式。这不仅是技术上的转变，也是文化上的转变。新闻机构需要培养一种数据意识文化，鼓励员工利用数据来增强报道的深度和广度。对于一些固守传统的新闻机构来说，这种转变可能是一个挑战。

2.5 数据来源的局限性和偏见

数据来源的局限性和偏见对于数据驱动的新闻报道构成了一个重要且复杂的挑战。在这个信息时代，数据被广泛认为是揭示事实、支持观点和指导决策的关键工具。然而，数据本身并非始终中立或完全无偏的。数据来源的局限性和内在偏见可能导致新闻报道偏离客观真实，从而影响公众对于重要社会问题的理解和认知。

数据的局限性往往源于数据收集的范围和方式。例如，如果一项关于社会行为的研究仅仅基于某一特定地区或人群的数据，那么其结果可能无法准确反映整个群体的实际情况。这种情况在进行国际新闻报道时尤为常见，因为不同国家和文化背景下的数据收集标准和方法可能存在显著差异。对于一些边缘群体或小众话题，由于缺乏足够的数据支持，其真实情况可能被忽视或误解。

数据来源的偏见可能源于数据收集和处理过程中的主观选择。在进行数据采集时，研究者的个人偏好和预设立场可能影响哪些数据被收集，哪些被排除。此外，数据的解读和分析也可能受到主观偏见的影响。即使是大数据分析，也无法完全摆脱这种主观性，因为数据分析的算法和模型本身可能就包含了制定者的偏见。

数据的这些局限性和偏见对新闻报道的影响是多方面的。首先，它可能导致新闻报道在呈现时缺乏全面性和平衡性。当报道基于有限或有偏的数据时，公众可能仅从一个角度理解复杂的社会问题，从而形成片面或误导的认识。其次，依赖有偏见的数据可能加剧社会分裂，因为它可能强化已有的刻板印象或误解。对于新闻机构而言，过分依赖有局限性的数据可能损害其作为信息可靠来源的公信力。

因此，面对数据来源的局限性和偏见，新闻机构需要采取积极的措施。首先，新闻机构应从多个来源收集数据，并批判性地评估每个数据源的可靠性和代表性。其次，新闻工作者需要培养对数据的深刻理解和批判性思维能力，以识别和纠正可能的数据偏见。此外，透明度也至关重要。在报道中公开数据来源、收集方法和分析过程，可以帮助公众理解数据背后的复杂性，提高新闻报道的透明度和可信度。

2.6 数据伦理和法律责任

数据驱动的新闻报道在为新闻行业带来革新的同时，也引入了一系列关于数据伦理和法律责任的挑战。这些挑战不仅关乎技术的使用，更触及新闻行业的核心价值——公正性、透明度和责任感。

首先，数据伦理问题在数据驱动的新闻报道中占据着中心位置。新闻机构在使用数据时，必须仔细考虑数据的来源和应用方式，确保其使用不会侵犯个人隐私或损害公众利益。例如，使用涉及个人隐私的数据时，即便是公开可获得的，新闻工作者也应评估其使用对当事人可能产生的影响。这意味着，在公开报道中使用个人数据之前，需要权衡新闻价值与个人隐私权的关系。在处理敏感数据时，如健康记录或财务信息，更需小心谨慎。即使这些数据可能为新闻故事提供重要视角，也应谨慎考虑是否有足够的公共利益来支持其使用，并确保个人身份不被暴露。

其次，随着数据保护法规的不断强化，遵守这些法律成为新闻机构的必要责任。这些法规不仅要求新闻机构在处理数据时保护个人隐私，还要求他们在数据收集和使用上保持透明度，确保数据主体了解并同意其信息的使用方式。对新闻机构来说，这意味着需要建立更加严格的数据管理流程和隐私保护措施，以遵守这些法律要求。同时，数据伦理和法律责任的挑战也促使新闻机构对其数据驱动的报道实践进行自我反思和评估。这包括评估数据的收集、使用和发布是否符合道德标准，是否有可能误导公众或造成社会不公。例如，在报道涉及群体行为的数据时，新闻机构应避免制造或强化对特定群体的刻板印象。此外，随着人工智能和机器学习技术在新闻生产中的应用日益增多，数据伦理和法律责任的问题变得更加复杂。这些技术可能在分析和处理数据时引入新的偏见和误解，新闻机构需要认识到这些技术的局限性，并采取措施减少其潜在的负面影响。

总之，数据驱动的新闻报道要求新闻机构在追求报道深度和广度的同时，也必须负起保护数据安全、尊重个人隐私和遵守法律法规的责任。这不仅是对技术能力的挑战，更是对新闻伦理的考验，要求新闻工作者和机构在这个数据驱动的时代中保持清醒的头脑和坚定的道德立场。

第三章　用户参与与互动式新闻传播

在数字化时代，用户参与和互动式新闻传播已经成为新闻行业不可或缺的一部分。这一章节将深入探讨用户生成内容的重要性，用户意见反馈对新闻报道的改进作用，以及社交媒体平台对新闻传播的影响。我们生活在一个信息流动迅速、用户参与程度前所未有的时代，这些特点正在重塑新闻行业的面貌。

从社交媒体上的即时更新到在线评论，用户们不仅仅是被动的信息接收者，更是信息的创造者和传播者。用户生成内容的兴起改变了新闻的生产流程，打破了传统新闻与受众之间的界限。我们将探讨这种内容的产生如何为新闻行业带来新的视角和故事线，以及它是如何影响新闻的真实性和多样性。在过去，新闻的反馈渠道较为有限，通常是通过信件、电话或电子邮件。然而，随着数字技术的发展，读者现在可以通过评论、社交媒体和在线调查等方式，即时地对新闻内容提供反馈。这种直接的交流机制使得新闻机构能够更快速地响应公众的需求和关切，提高报道的质量和相关性。社交媒体不仅改变了信息的传播方式，还改变了人们获取新闻的途径。众多平台已成为重要的新闻来源，允许信息以前所未有的速度传播。社交媒体的这种特性不仅为新闻机构带来了新的传播渠道，也为公众提供了参与新闻制作和讨论的机会。本章将详细探讨社交媒体如何影响新闻的传播速度、范围和深度，以及它对新闻质量和公共对话的影响。从用户生成的内容到通过社交媒体的互动，这些因素共同塑造了一个更加动态、参与性更强的新闻传播环境。

第一节　用户生成内容的重要性

1. 增强新闻报道的实时性和地理覆盖

用户生成内容（UGC）在当今的新闻行业中扮演了极为重要的角色，特别是在增强新闻报道的实时性和地理覆盖方面。在这个数字时代，普通人通过社交媒体平台分享的照片、视频和文字，常常成为新闻报道的重要来源，尤其是在发生突发事件时。

这种通过普通用户直接贡献内容的方式，大大加速了新闻的传播速度。在过去，传统新闻机构可能需要数小时甚至更长的时间来收集信息、验证事实并发布新闻。而现在，通过社交媒体，事件发生后几分钟内，现场的图片和视频就可以被全球范围内的观众所看到。例如，在自然灾害、社会运动或重大公共事件发生时，现场目击者通过手机拍摄的视频和图片经常是最先被公众所见的信息。

这种实时性对新闻机构而言既是机遇也是挑战。它允许新闻机构迅速响应，提供最新的报道，但同时也要求他们在极短的时间内对信息进行核实和处理。新闻机构开始依赖于专门的社交媒体团队来监测和筛选 UGC，确保所发布的内容是可靠和准确的。这也要求记者和编辑具备良好的判断力，以分辨哪些内容是真实的，哪些可能是虚假或误导性的。

UGC 还大大扩展了新闻报道的地理覆盖范围。对于许多新闻机构来说，他们的记者无法覆盖每一个角落，尤其是在偏远或危险的地区。通过 UGC，这些地区的信息也能够迅速传播到全世界。普通人成为新闻报道中不可或缺的一部分，他们的贡献不仅仅局限于提供原始素材，还包括提供独特的视角和深入的当地见解。UGC 还赋予了普通公众更大的参与感。在社交媒体时代，每个人都有可能成为信息的传播者。普通人的参与不仅仅改变了信息的传播方式，也改变了新闻的生产过程。新闻机构开始鼓励观众分享他们的故事和经验，从而使得新闻内容更加多元和丰富。然而，使用UGC也给新闻机构带来了新的责任。在利用用户生成的内容时，必须确保尊重知识产权和个人隐私。新闻机构需要谨慎地处理这些内容，确保不侵犯个人权益。同时，也需要教育公众如何安全和负责任地分享信息。

总的来说，用户生成内容在增强新闻报道的实时性和地理覆盖方面发挥了巨大作用。它使得新闻报道更加快速、广泛，也更加贴近普通人的生活。然而，这也对新闻机构提出了新的要求，包括快速而准确地处理大量信息，尊重个人隐私和版权，以及培养公众的信息素养。随着技术的不断发展，UGC将继续塑造新闻行业的未来。

2. 提供多样化和个性化的视角

在现代新闻传播的背景下，用户生成内容已成为新闻报道中不可或缺的一部分，尤其是在为新闻故事提供多样化和个性化视角方面发挥着重要作用。这种内容的涌现，标志着传统新闻报道方式的显著转变，不仅丰富了新闻的内容和形式，还增强了新闻与受众之间的互动和参与感。

用户生成的内容提供了一种独特的、来自草根层面的视角。在传统新闻报道中，信息和观点通常来自官方渠道或经过专业记者的筛选和处理。而用户生成的内容，尤其是来自社交媒体的实时更新，为新闻故事带来了来自普通人的直接视角和声音。这些内容往往包含个人的见解和体验，为报道增加了更多的真实性和可信度。例如，在重大新闻事件，如自然灾害或社会运动中，普通人通过社交媒体分享的实时信息和个人见解，为外界提供了现场的第一手资料，这些在传统新闻渠道中很难立即获取。

用户生成内容的多样性和个性化，为新闻故事提供了更丰富的层次和维度。不同的人有不同的生活背景、文化认同和个人经历，他们的分享自然涵盖了广泛的主题和视角。这种内容的多样性，使得新闻报道更加全面，能够触及更多的受众群体。同时，个性化的内容更容易引起受众的共鸣，从而增强新闻的吸引力和影响力。用户生成内容还促进了新闻与受众之间的互动。在传统新闻模式中，受众通常是被动的信息接收者。然而，随着社交媒体和数字技术的发展，受众现在可以通过评论、分享、甚至自己制作内容来参与到新闻的生产和传播过程中。这种参与不仅使得受众感到自己的声音被听到和重视，也为新闻机构提供了即时反馈和互动的机会。通过分析受众的反应，新闻机构可以更好地了解他们的需求和兴趣，进而优化内容和提高服务质量。另外，用户生成内容还为新闻机构提供了一种成本效益较高的内容来源。在资源有限的情况下，新闻机构可以利用用户提供的内容来补充和丰富自己的报道，尤其是在那些难以直接到达的地区或事件。通过鼓励用户分享他们的经历和观点，新闻机构可以更快速地收集到多元化的信息，同时减少了在采集新闻过程中的时间和经济成本。然而，使用用户生成内容也需要新闻机构在确保内容质量和可信度方面做出努力。这包括验证用户提供信息的真实性，确保内容符合新闻伦理和标准，以及适当处理涉及隐私和敏感话题的内容。通过建立相应的审核和筛选机制，新闻机构可以有效地利用用户生成内容，同时维护报道的专业性和公信力。

3. 促进观众参与和互动

在当代的媒体环境中，用户生成内容已成为新闻行业的一个关键元素，特别是在促进观众参与和互动方面。UGC，指的是由用户而非传统新闻机构产生的内容，可以包括文本、图片、视频、评论等多种形式。这种内容的兴起标志着新闻传播模式的重大转变，它使得新闻不再是单向流动，而是成为一个多向的、互动性强的过程。

首先，用户生成的内容极大地丰富了新闻报道的多样性和深度。在过去，新闻报道主要依赖于记者和新闻机构的专业生产。而现在，普通用户也能通过智能手机等设备轻松捕捉和分享新闻事件，尤其是那些传统媒体可能无法及时到达的地区或事件。这样，观众不再是被动的信息接收者，而是成为新闻内容的积极贡献者。例如，在突发事件发生时，现场的目击者可以快速上传照片或视频，为新闻报道提供第一手资料。这不仅增加了新闻报道的即时性和真实性，也让观众能够从更多元的角度了解事件。用户生成内容的引入增强了新闻与观众之间的互动。在传统媒体时代，观众的参与通常限于收听、收看或阅读。而在数字媒体时代，观众可以通过评论、分享、点赞等方式直接与新闻内容互动，甚至通过社交媒体平台与新闻制作者或其他观众进行讨论和交流。这种互动不仅提高了观众的参与感，也让新闻机构能够直接获得观众的反馈，更好地了解观众的需求和兴趣。更重要的是，观众的参与和互动有助于构建观众与新闻品牌之间的联系。当观众发现他们的声音和观点能够被新闻机构所听见和重视时，他们更可能感受到与新闻品牌的联系。这种感觉不仅增强了观众对新闻品牌的忠诚度，也有助于构建一个积极、参与的公共讨论空间。例如，一些新闻网站设有"读者来信"或"读者专栏"，让观众分享自己的故事或观点，这不仅丰富了内容，也增强了观众的归属感。除此之外，用户生成内容还促进了新闻的社会化和个性化。在社交媒体时代，观众不仅消费新闻内容，还通过分享和推荐参与到新闻的传播中。他们的这些活动有助于将新闻内容推广给更广泛的受众，尤其是在年轻观众中更为有效。同时，新闻机构可以通过分析用户的互动数据来了解不同群体的兴趣和偏好，从而提供更加个性化的新闻内容。

4. 作为新闻来源和素材的重要性

用户生成内容（UGC）在现代新闻报道中扮演着日益重要的角色。随着数字技术的发展和社交媒体的普及，普通公众现在能够轻易地制作和分享新闻内容，从照片、视频到文字报道，这些内容常常成为新闻机构重要的信息源和素材。在很多情况下，用户上传的内容不仅提供了新闻故事的初步线索，还能作为补充证据，帮助新闻机构更全面、更深入地报道事件。

在传统新闻报道中，记者通常依赖于官方发布的信息、专业采访和自身调查来收集新闻素材。然而，这种方法在某些情况下可能受到限制。例如，在突发事件发生时，记者可能无法立即到达现场，或者在某些封闭或危险的地区，传统的新闻收集手段可能难以实施。在这些情况下，用户生成的内容成为宝贵的信息来源。通过社交媒体平台，目击者可以快速分享现场的照片和视频，提供第一手的信息，这对于新闻机构来说是非常宝贵的。

用户生成的内容不仅对突发事件报道至关重要，对于长期的调查性报道也同样重要。在这类报道中，用户的见证、个人经历和收集的信息可以帮助新闻机构揭露被忽视的问题，挖掘深层次的故事。例如，通过分析社交媒体上的用户讨论和分享，记者可以发现社会问题的新动向，从而引导更深入的报道。此外，用户生成的内容还能增加报道的多样性和深度。不同于新闻机构可能有的固有视角，普通用户提供的内容可以呈现更多元化的观点和经历，从而使报道更加丰富和全面。这种内容多样性尤其在涉及文化、社会习俗和地方特色的报道中显得尤为重要。用户生成的内容也可以作为验证官方信息的手段。在一些情况下，官方发布的信息可能不完整或有偏差，用户上传的内容可以提供独立的视角，帮助核实和补充官方信息。这种独立的信息源对于保持新闻报道的客观性和真实性至关重要。在数字化时代，用户生成内容的重要性不仅在于它提供了额外的新闻素材，还在于它改变了新闻机构与受众之间的互动方式。过去，新闻的传播通常是单向的，从新闻机构到公众。而现在，用户生成的内容让公众也成为信息的生产者，这种双向互动极大地丰富了新闻内容，也使新闻报道更加贴近公众的需求。

5. 挑战和改变传统新闻的生产模式

在数字化和互联网的背景下，用户不再是被动的信息接收者，而是变成了信息的共同创造者。通过社交媒体、博客、在线论坛等平台，普通用户现在可以轻松地分享他们的观点、经历和信息，这些内容常常能够提供新闻故事的第一手资料和独特视角。例如，在重大事件发生时，现场的目击者通过社交媒体分享的视频和图片，往往比传统新闻机构更快地把信息传播到公众中。

对于新闻机构来说，这种趋势意味着他们不再是信息的唯一制造者。传统新闻的生产模式需要适应这种新的信息生态，开始更多地依赖于用户生成内容的筛选、验证和编辑。新闻机构必须开发新的工具和技能，来识别、分析和利用用户生成的内容。这不仅包括技术上的挑战，如使用先进的搜索工具和算法来追踪和聚合社交媒体上的内容，还包括伦理上的挑战，如确保内容的真实性和尊重内容创作者的版权。

用户生成内容的另一个影响是它改变了新闻故事的叙述方式。在这个多元化的信息源时代，新闻故事不再只是单向的叙述，而是成为多声部的对话。新闻机构开始利用用户的内容来构建更加丰富和动态的故事，让新闻报道更加生动、贴近真实情况。例如，通过整合用户的视频、评论和社交媒体动态，可以为新闻故事添加不同的视角和声音，使其更加全面和深入。用户生成内容还促使新闻机构更加关注与观众的互动。在传统模式下，新闻是从上到下的单向传播。而现在，新闻机构开始鼓励观众参与讨论和分享，甚至在新闻制作过程中直接参与。这种互动不仅增加了观众的参与感，也使得新闻内容更加贴近公众的兴趣和需求。用户生成内容的崛起也促使新闻机构重视数字化转型。为了有效地管理和利用用户内容，新闻机构需要投资于新的技术和平台，比如社交媒体监听工具、内容管理系统等。同时，他们还需要培养新的技能，比如数据分析、社交媒体管理和数字化故事叙述。

6. 提高社会事件的可见度

用户生成内容（UGC）在提高社会事件的可见度方面发挥着日益重要的作用，尤其是对于那些可能被主流媒体忽视的议题。在这个数字化、互联网普及的时代，普通人现在有更多机会分享他们的故事和观点，这种直接、未经过滤的信息传播方式为推动社会对话和改变提供了新的可能性。

在过去，新闻和信息的传播往往受限于传统媒体的选择和框架。这意味着许多重要但不具"新闻价值"的社会事件常常未能获得足够的关注。然而，随着社交媒体和网络平台的兴起，普通人现在可以直接发布内容，绕过传统媒体的过滤机制。这种现象使得UGC成为揭露和讨论那些被忽视或边缘化社会问题的重要渠道。

UGC的一个显著优势是它的多样性和包容性。社交媒体上的内容来自不同背景、不同经历的人们，这些内容反映了社会的多元声音。例如，某个地区的环境问题、某个群体的权益争取、甚至是日常生活中的小故事，都可以通过UGC获得关注。这种来自草根层面的报道不仅丰富了公共话题的维度，也使得那些传统新闻框架下可能被忽略的声音得以被听见。

UGC还提供了一种更为直接和真实的信息交流方式。传统媒体在报道时往往会经过编辑和加工，而 UGC 往往更加原始和真实。这种原始性使得人们可以更直接地体验和感受事件，从而促进了对事件的深入理解和共鸣。例如，在某些社会运动或自然灾害中，普通人通过手机拍摄的现场视频往往比官方报道更能引发观众的情感共鸣。

同时，UGC 还促进了社会对话和民主参与。人们不仅可以分享自己的故事，还可以对他人的内容进行评论、分享和讨论。这种互动性使得社会话题可以迅速传播并引发广泛讨论，有时甚至能够影响政策制定。在一些案例中，UGC 在推动社会正义和改变方面发挥了关键作用，如在一些社会运动中，网络上的视频和图片成为推动社会关注和政策改变的重要力量。

综上所述，用户生成内容在新闻行业中的重要性不仅体现在其对新闻报道的即时性、多样性和深度的增强，还体现在其对新闻生产方式的影响和社会对话的促进。随着数字技术的发展，用户生成内容将继续在新闻领域扮演着越来越重要的角色。

第二节　用户意见反馈与新闻报道的改进

1. 用户意见反馈的意义

在新闻行业中，用户意见反馈对于新闻报道的改进至关重要。这种反馈机制不仅为新闻机构提供了宝贵的洞察，还帮助它们更好地满足受众的需求和期望。在这个信息时代，受众的反馈渠道变得更加多样化和即时，包括社交媒体评论、在线调查、直接邮件反馈等。这些反馈形式为新闻行业提供了前所未有的机会，去深入了解受众的反馈，并据此改进报道。

用户意见反馈在新闻产业中的作用正在逐渐得到重视。在信息爆炸的时代，观众的反馈不仅是新闻机构衡量报道成功与否的关键指标，更是塑造新闻内容和形式的重要因素。现代新闻机构正在越来越多地依赖于观众的反馈来指导和优化他们的报道。用户意见反馈提供了对受众兴趣和需求的深刻洞见。

新闻机构通过分析用户评论、社交媒体上的互动、点击率和分享数据，可以获得有关受众偏好的丰富信息。这种直接来自受众的反馈是评估新闻内容受欢迎程度的宝贵资源。例如，如果某篇关于环境保护的文章获得了大量的正面反馈和高度参与，这可能表明受众对此类话题有较高的兴趣。新闻机构可以利用这一信息，增加相关话题的报道深度和广度，从而更好地服务于观众的兴趣。用户反馈还可以揭示受众对新闻报道的不同解读。观众的评论和讨论往往能提供不同的视角和见解，有时甚至能指出报道中的漏洞和偏差。这对于新闻机构来说是一种宝贵的自我纠错机制，有助于提高报道的准确性和公正性。通过关注和分析受众的反馈，新闻机构能够更好地理解和反映社会的多样性和复杂性。用户反馈还为新闻机构提供了创新报道形式和内容的灵感。例如，如果观众对某种互动式或视觉报道形式反应热烈，新闻机构可以探索并发展这些格式，使报道更加吸引人和易于理解。同样，通过分析用户对特定报道的反应，新闻机构可以发现新的、未被充分报道的话题，从而填补信息空白。进一步地，用户意见反馈对于新闻机构的品牌建设和忠诚度提升也至关重要。当新闻机构积极响应并融合受众反馈时，可以增强与观众之间的连接，构建起一种互动的社区感。这种持续的交流和参与有助于培养受众的忠诚度，同时提高新闻品牌的影响力和可信度。

2. 用户意见反馈对新闻报道的改进作用

在当今新闻行业的发展中，用户反馈成为一个不可忽视的重要环节。随着信息技术的进步和社交媒体的普及，受众不再是被动的信息接收者，而是活跃的参与者，他们的反馈对新闻机构的内容质量和准确性起着至关重要的作用。用户反馈的价值首先体现在它提供了即时的、直接的对新闻报道的评价。受众可以通过评论、社交媒体、电子邮件等多种渠道表达他们对新闻报道的看法。这些反馈可以是对报道内容的肯定，也可以是对可能出现的错误或偏见的指正。在这个过程中，新闻机构能够获得宝贵的第一手信息，了解他们的报道在公众中是如何被理解和接受的。更重要的是，用户的反馈有助于新闻机构及时发现并纠正报道中的错误。在新闻报道的快速循环中，即便是最专业的新闻机构也难免出现错误。用户的反馈可以作为一种有效的监督机制，帮助新闻机构快速识别并更正错误，从而提高新闻内容的准确性。例如，读者指出的事实错误、数据不准确或者语境误解等，都可以通过用户的反馈被及时修正。用户反馈还能揭示新闻报道中的潜在偏见。在多元化的社会中，不同的观众群体可能对同一新闻事件有着不同的理解和感受。用户的反馈可以帮助新闻机构识别并意识到这些潜在的偏见，从而努力提供更加平衡和全面的报道。通过认真对待和分析用户的反馈，新闻机构可以更好地理解多元化受众的需求和期望，进而提升新闻报道的全面性和客观性。在与受众的互动中，新闻机构还有机会建立起更加透明和负责任的形象。当新闻机构对用户的反馈持开放态度，积极响应并采取行动时，它们不仅能改进自身的新闻质量，还能在公众中树立良好的信誉。这种透明度和责任感对于在竞争激烈的媒体市场中保持可信度和吸引力是至关重要的。

用户意见反馈在塑造新闻内容和提供报道灵感方面扮演着越来越重要的角色。在数字化和社交媒体的时代，受众不再是被动地接收信息的对象，而是新闻制作过程中的重要一环。通过社交媒体和其他互动平台，用户们的讨论和反馈成为新闻机构获取故事灵感和新视角的宝贵资源。社交媒体上的用户讨论往往覆盖了广泛的话题和多样的观点，提供了一个观察社会各种现象和趋势的独特窗口。这些平台上的讨论不仅反映了公众对当前事件的关注点，还常常揭示了那些被主流媒体忽视的话题。此外，用户反馈还能为新闻机构提供对现有报道的即时反馈，帮助他们更好地了解报道的接受度和影响力。观众的评论、分享、点赞或批评等，都是评估新闻影响和指导未来报道方向的重要指标。这种反馈机制使得新闻内容更加贴近观众的需求和兴趣，同时也提高了新闻报道的质量和相关性。通过密切关注社交媒体上的讨论和用户反馈，记者和编辑可以迅速发现并响应社会中的热点话题。这种即时的反馈机制对于新闻机构来说，不仅是一种信息收集的手段，更是一种与受众进行互动和沟通的方式。在这种模式下，新闻报道更加动态，能够及时调整和改进，以更好地服务于公众。举例来说，当某个政策变动引发社交媒体上的广泛讨论时，新闻机构可以立即派出记者深入调查，从而快速制作出反映公众关切的深度报道。或者在面对突发事件时，用户在社交媒体上的第一手信息和反馈可以帮助新闻机构更准确地报道事件，并提供多角度的观点。在这个过程中，新闻机构不仅是信息的传播者，更成为社会对话的促进者。通过整合用户意见反馈，新闻机构不仅能够提供更全面和多元的报道，还能促进公众对重要社会问题的深入讨论和思考。这种以受众为中心的报道方式，不仅提高了新闻内容的吸引力，还加强了新闻机构在公众中的影响力和信誉。

在当今数字化时代，新闻机构面临的最大挑战之一就是如何适应并满足日益变化的新闻消费行为。随着数字媒体和社交平台的兴起，受众的新闻消费习惯和偏好正在发生深刻的变化。在这种背景下，用户反馈成为新闻机构理解受众需求、优化内容和分发策略的关键。用户反馈提供了对受众偏好的直接见解。在过去，新闻机构可能依赖于传统的市场调研或收视率数据来判断内容的受欢迎程度。而现在，社交媒体和网站上的互动数据（如点赞、评论、分享和观看时间）可以提供即时且详细的反馈。这些数据反映了受众对不同类型内容的反应，帮助新闻机构了解哪些主题或报道形式最能吸引观众。用户反馈还助于新闻机构跟踪和适应新闻消费行为的变化趋势。例如，随着移动设备的普及，许多用户更倾向于在移动设备上通过短视频或图文形式消费新闻。这一趋势促使新闻机构重视移动平台上的内容优化和格式创新。他们可能需要生产更多适合移动浏览的短视频内容，或者开发易于在手机上阅读的图文报道。用户反馈还可以揭示受众对新闻深度和质量的需求。在信息泛滥的时代，受众可能更加渴望深度报道和质量内容，而不是表面的新闻快餐。通过分析评论和用户参与度，新闻机构可以了解到哪些深度报道受到欢迎，哪些表面报道被忽视。这可以帮助他们调整报道的深度和角度，更好地满足受众的需求。除此之外，用户反馈对于新闻机构的内容创新也至关重要。通过分析受众对特定报道形式或技术的反应，新闻机构可以探索新的故事讲述方式。例如，如果发现受众对互动式新闻或增强现实内容反应积极，新闻机构可以进一步开发这类创新内容，以增强用户体验和参与度。有效利用用户反馈还可以帮助新闻机构在竞争激烈的市场中保持领先。通过及时调整内容策略以适应受众变化的需求，新闻机构可以提高其内容的吸引力和市场份额。这不仅有助于吸引和留住观众，也对广告收入和品牌声誉有积极影响。

3.用户意见反馈对新闻报道的多元作用

受众对新闻内容的反馈不仅仅局限于内容本身，它还涵盖了对新闻产品和服务的整体体验。这些来自观众的直接反馈，无论是通过社交媒体的互动、在线调查，还是通过更传统的意见反馈渠道，都为新闻机构提供了宝贵的洞见，帮助他们适应不断变化的市场需求，引领媒体行业的创新和发展。用户反馈的重要性在于它提供了实时的、具体的观点和建议。例如，受众可能对某个新闻故事的表达方式提出看法，或对使用的多媒体元素（如视频、图表或互动图）给出反馈。这些反馈不仅帮助新闻机构理解哪些内容更能吸引观众，也指明了改善报道的具体方向。此外，受众对新闻平台的使用体验，如应用程序的用户界面、网站的导航设计等方面的反馈，同样至关重要。这些反馈有助于新闻机构优化其产品，提供更流畅、更吸引人的用户体验。在这个过程中，新闻机构可以利用用户反馈来引导其技术和方法论的创新。举例来说，如果受众对于某个复杂话题的传统报道方式表达了难以理解的观点，新闻机构可能会考虑使用增强现实（AR）或虚拟现实（VR）技术来增强故事的可视性和互动性。通过这些先进的技术，复杂的数据或抽象的概念可以变得更加生动和易于理解。同样，如果用户反馈显示对移动端的访问体验不佳，新闻机构可能会开发更加用户友好的移动应用，优化界面设计和内容布局，使新闻内容的获取和分享变得更加便捷。用户反馈还可以促进新闻内容形式的创新。随着新媒体技术的发展，受众对新闻内容的期望也在不断变化。用户可能更偏好图像丰富、互动性强的报道，或者对短视频和播客等新型媒体形式有更高的兴趣。对于新闻机构而言，理解并适应这些变化不仅意味着吸引和保持更多的观众，也意味着在激烈的市场竞争中保持领先。

总之，用户意见反馈在新闻报道的改进过程中发挥着至关重要的作用。它不仅帮助新闻机构更好地了解和满足受众的需求，还促进了内容质量的提升、故事线索的发现、新闻消费行为的理解，以及创新的激发。在这个多元化和互联的时代，有效地利用用户反馈，对于新闻机构来说是一个不断发展和保持相关性的关键。

第三节　社交媒体平台对新闻传播的影响

1. 新闻传播的加速与扩散

社交媒体平台的兴起和普及在新闻传播领域产生了革命性的影响，特别是在加速新闻传播的速度和扩大其范围方面。这种影响是多方面的，不仅改变了新闻的传播方式，也极大地扩展了新闻观众的范围。

社交媒体平台的即时性是其最显著的特点之一。在传统媒体时代，新闻的发布通常需要经历采集、编辑、排版等一系列流程，这意味着从发生事件到公众得知新闻往往有一定的时间延迟。然而，在社交媒体时代，这个过程被大大缩短。新闻机构和个人都可以在事件发生后立即通过社交媒体平台发布消息，实现几乎实时的新闻传播。这种快速传播不仅让公众能够及时获取最新信息，也使得新闻的时效性得到了前所未有的提升。除了速度的提升，社交媒体还改变了新闻的传播范围。在传统媒体时代，新闻的传播往往受限于地理位置和媒体覆盖范围。然而，社交媒体打破了这些限制。通过互联网，新闻可以迅速传播到全球任何一个角落，只要那里可以访问社交媒体。这意味着，无论是在世界的哪个地方发生的事件，都有可能在很短的时间内被全世界的人所知晓。这种全球范围内的信息共享和传播，让新闻报道不再局限于特定的地区或受众。社交媒体平台的另一个重要特点是其网络效应。在社交媒体上，每个用户都是信息的潜在传播者。当一个用户分享或转发一条新闻时，他们的朋友和追随者就会看到这条新闻，然后这些人中的一部分可能会继续分享或转发，如此形成了一个连锁反应。这种通过用户分享和转发实现的新闻传播方式，极大地扩展了新闻的观众范围。这不仅使得新闻能够迅速传播到更广泛的受众，也使得新闻传播更加民主化。在社交媒体时代，每个用户都有可能成为新闻传播的一部分，他们的行为对新闻的传播有着直接的影响。

社交媒体平台上的新闻传播还具有一定的自组织特性。在传统媒体时代，新闻的传播路径相对固定，由媒体机构控制。然而，在社交媒体上，新闻的传播路径更加多样和复杂。用户可以根据自己的兴趣和网络关系，选择性地分享和转发新闻，从而形成了多种多样的传播路径。这种自组织的传播方式使得新闻传播更加多元和灵活。

2. 新闻的个性化和定制化

在当今的数字化时代，新闻的个性化和定制化已成为一种重要趋势，特别是在社交媒体平台上。这一趋势的核心在于提供符合个别用户偏好和兴趣的新闻内容，从而创造更加丰富和满足个性需求的新闻消费体验。社交媒体平台在这个过程中扮演着至关重要的角色。

社交媒体平台能够通过高级算法分析用户的行为模式，包括他们的点赞、分享、评论以及浏览历史。这种分析允许平台理解用户的兴趣和偏好，从而提供更加定制化的新闻内容。例如，如果一个用户经常查看和互动与环境保护相关的内容，社交媒体平台会根据这些信息，推荐更多关于气候变化、可持续发展等相关主题的新闻。这种个性化的推荐系统使得用户能够接触到他们真正关心的话题，增加了新闻的吸引力和参与度。社交媒体平台的个性化新闻推荐还能够根据用户的地理位置、社交网络，甚至阅读习惯进行调整。例如，对于居住在特定城市的用户，社交媒体可能会优先显示该地区的新闻和事件。同样地，如果用户在社交网络上与某个话题相关的群体有较多的互动，系统也可能会提高这类话题新闻的曝光率。这种个性化的内容不仅使得新闻更加贴近用户的日常生活，也加强了新闻内容与用户之间的相关性。个性化新闻推荐的另一个重要方面是它能够根据用户的反馈进行自我优化。社交媒体平台通常会根据用户的互动（如点赞、评论或不喜欢的标记）来调整未来的新闻推荐。这意味着新闻推荐系统是动态的，能够随着用户偏好的变化而适应调整。这种适应性确保了用户始终能够获得最符合其当前兴趣的新闻内容。

社交媒体平台上的个性化新闻推荐也为新闻机构提供了更多机会来接触和

吸引新的受众。新闻机构可以利用社交媒体的数据分析工具，更好地理解其受众群体，并据此优化内容策略。例如，通过分析用户对不同类型新闻的响应，新闻机构可以调整其内容生产的重点，从而更有效地吸引和维持受众的注意力。社交媒体平台的个性化新闻推荐也对新闻产业的商业模式产生了影响。通过提供个性化的内容，新闻机构能够增加用户的参与度和忠诚度，这对于广告收入和订阅模式至关重要。个性化内容使得广告可以更精准地定位目标受众，从而提高广告效果和收入。同时，用户对个性化内容的高参与度也为新闻机构提供了更多将免费用户转化为付费订阅用户的机会。

3. 促进受众参与和互动

社交媒体平台的崛起，无疑为新闻行业带来了一场革命，特别是在促进受众参与和互动方面的影响尤为显著。在传统媒体时代，新闻的传播是单向的，从新闻机构到读者。然而，社交媒体改变了这一格局，创造了一个双向沟通的环境，其中受众不再是被动的信息接收者，而是积极的参与者和贡献者。

在社交媒体的世界里，新闻的生命周期不再是线性的，而是一个动态的、互动的过程。当一则新闻被发布到社交媒体平台时，它就进入了一个由用户驱动的生态系统。用户可以通过点赞、评论、分享等方式与新闻内容互动。这种互动性不仅让用户感到更加投入，也大大扩展了新闻的影响范围。评论区成为新闻的一个重要组成部分。在这里，用户可以表达他们对新闻话题的看法、感受和见解。这些评论不仅丰富了新闻内容，也为其他用户提供了不同的视角和思考。在某些情况下，用户的评论甚至可以启发新闻机构对某个话题进行更深入的探讨和报道。

点赞和分享功能使得用户能够将他们感兴趣的新闻推荐给他们的社交圈。这种通过个人网络进行的新闻传播，不仅加速了信息的流通，也增加了新闻内容的信任度。人们往往更倾向于信任他们朋友或家人推荐的新闻，而不是直接来自新闻机构的报道。社交媒体平台上的新闻传播还特别适合于促进对话和讨论。用户可以在新闻下方直接发起讨论，或在他们自己的社交媒体页面上引发讨论。这种对话和讨论不仅有助于建立社区，也使得新闻话题的讨论更加深入和多元。社交媒体还为新闻机构提供了一种强有力的反馈机制。通过监控用户的互动（如评论、点赞和分享数量），新闻机构可以了解哪些类型的新闻更受欢迎，哪些话题引起了较多的互动。这些数据对于新闻机构调整内容策略、改进报道方式至关重要。

在社交媒体时代，新闻不再是一个静态的产品，而是一个动态的、参与式的过程。新闻的传播、解读和讨论在社交媒体平台上实时发生，这使得新闻更加活跃和多元。受众的积极参与不仅丰富了新闻内容，也加强了新闻与公众之间的联系。

4. 新闻来源的多元化

在当今的新闻传播领域中，社交媒体的兴起已经极大地改变了新闻的采集和分发方式。传统的新闻来源如政府公报、新闻发布会和现场报道，虽然仍然重要，但社交媒体的崛起为新闻机构提供了一个全新的、丰富的新闻来源渠道。特别是用户生成的内容（UGC），它已成为新闻机构在报道突发事件和即时新闻时不可或缺的重要资源。

首先，用户生成的内容，简而言之，就是由非专业记者、普通公众在社交媒体平台上发布的内容。这些内容可能包括文本、图片、视频和音频等形式，涵盖了从日常生活点滴到重大社会事件的各种主题。在新闻报道方面，社交媒体上的 UGC 具有几个显著优势。首先，它为新闻提供了即时性。在发生重大新闻事件时，普通人通过手机就可以立即捕捉到现场的第一手信息并快速上传至社交媒体。这种速度是传统新闻采集方式难以比拟的，特别是在那些新闻记者难以立刻到达的地区或情况下。

其次，UGC 提供了新闻报道的多样性和真实性。社交媒体上的内容来自广泛的用户群体，这意味着它能够展示多元的视角和声音，尤其是那些可能被主流媒体忽视的少数群体的观点。这些内容往往更加贴近普通人的生活实际，为新闻报道增加了一种真实感和生动性。社交媒体上的 UGC 在一定程度上也助力于新闻的深度和背景调查。记者可以通过分析社交媒体上的趋势和话题，对某个事件的社会反响和公众情绪有一个更全面的了解。在处理复杂议题时，社交媒体提供的大量用户反馈和观点可以帮助新闻工作者更深入地分析和理解事件的多个方面。社交媒体上的 UGC 还为新闻机构提供了与受众互动的新途径。在报道某个事件时，新闻机构可以直接引用社交媒体用户的评论和反馈，从而使报道更加生动和互动。同时，这也促使新闻机构更加关注受众的声音，更好地满足他们的需求和兴趣。

在现代新闻报道中，社交媒体已经从一个辅助工具转变为一个关键的新闻来源。通过 UGC，新闻机构能够迅速反应，获取丰富多样的内容，从而提高报道的及时性、真实性和深度。当然，这也要求新闻工作者必须具备验证社交媒体内容真实性的能力，以确保报道的准确性和可靠性。在这个快速变化的媒体环境中，社交媒体已经成为现代新闻报道不可或缺的一部分。

5. 改变新闻消费者的行为

社交媒体已经深刻地改变了新闻消费者的行为，这一变化不仅是形式上的转变，更是新闻传播和接收方式的根本性改变。传统的新闻接收方式，如通过电视和报纸，正在逐渐向社交媒体平台转移，这一转变的背后是技术进步、消费者偏好和社会互动模式的共同作用。

在社交媒体时代，新闻的消费变得更加即时和便捷。不同于以往需要等待固定时间的电视新闻播报或第二天的报纸，社交媒体上的新闻是实时更新的。消费者随时可以通过智能手机、平板电脑或电脑访问最新的新闻内容，不论是国内外的大事、突发事件还是日常的社会动态。这种即时性极大地满足了现代社会对速度和效率的需求，使得人们能够更快地获取新闻，及时了解世界发生的变化。

此外，社交媒体还为新闻消费带来了前所未有的便捷性。用户可以在一个平台上浏览来自多个新闻源的内容，无须切换应用或更换阅读媒介。社交媒体的算法还能根据用户的兴趣和历史行为推荐相关新闻，使得新闻的获取更加个性化和符合个人喜好。这种便捷性不仅节省了用户寻找信息的时间，也提高了阅读或观看新闻的舒适度和愉悦感。

更为重要的是，社交媒体改变了新闻的互动模式。在传统媒体时代，新闻的传播是单向的，从媒体到观众。然而，在社交媒体平台上，新闻的传播成为双向互动。用户不仅仅是被动接收信息，他们还可以通过点赞、评论和分享参与到新闻的传播和讨论中。这种互动性极大地增强了新闻的吸引力，同时也使得新闻消费成为一种社交活动，人们可以在评论区交流观点，分享感想，甚至与新闻制作者直接互动。社交媒体还促进了新闻内容形式的多样化。为了适应社交媒体用户的阅读习惯，许多新闻机构开始创新内容形式，例如制作短视频、动图、互动故事等。这些形式更加生动、直观，易于在社交媒体上被观看和分享。这不仅丰富了新闻的表现形式，也让新闻内容更加贴近年轻一代的消费习惯。

另一个值得注意的方面是，社交媒体使得新闻的覆盖面更广，信息的来源更多元。用户不仅可以接收到传统新闻机构的内容，还能看到来自博客作者、行业专家、甚至普通网民的原创内容。这种多元化的信息来源为用户提供了更广泛的视角，帮助他们从不同角度理解和分析新闻事件。

6. 促进新闻的创新和多样性

社交媒体的崛起为新闻行业带来了一场创新革命，尤其是在新闻内容和形式的创新方面。在这个数字化和网络化的时代，新闻机构正在不断适应并利用社交媒体的特性，以创造更具吸引力和参与性的新闻体验。

社交媒体平台的特点 —— 即时性、互动性和可视化 —— 成为推动新闻创新的主要动力。在这些平台上，用户期待快速获取信息，同时享受视觉吸引力强且易于分享的内容。为了满足这些需求，新闻机构开始探索更加多样化和创新的内容形式。

首先，短视频成为社交媒体上的一大亮点。与传统的长篇报道相比，短视频以其简洁、直观和易于消化的特点迅速赢得了用户的喜爱。许多新闻机构开始制作短视频新闻，涵盖从快速新闻摘要到深入报道的各种主题。这些视频通常具有高度的视觉冲击力，通过引人入胜的视觉元素和紧凑的叙事结构，有效地吸引观众的注意力。动态图像（动图）也在新闻传播中扮演了重要角色。动图能够以简洁有力的方式展示复杂信息，特别适合用于显示数据变化、解释复杂概念或快速概括故事。在社交媒体上，这种轻量级的内容形式易于分享，能够迅速吸引用户的眼球，增加新闻故事的传播和影响力。

此外，互动故事的形式也在社交媒体上流行起来。这种新闻形式通常结合文本、图像、视频和交互元素，提供一种沉浸式的阅读体验。用户可以通过点击、滑动或其他互动方式参与到故事中，从而更深入地理解新闻内容。这种多元化的叙事方式不仅使新闻报道更具吸引力，也使得用户能够更主动地探索和理解复杂的新闻事件。在社交媒体的推动下，新闻机构还开始利用增强现实（AR）和虚拟现实（VR）技术来创造独特的新闻体验。例如，通过VR技术，用户可以"身临其境"地体验新闻事件，从而获得更加真实和深刻的理解。这些技术的应用不仅增强了新闻的沉浸感，也为讲述复杂和深刻的故事提供了新的可能性。

在内容创新的同时，社交媒体还促使新闻机构重新思考其叙事策略。为了适应社交媒体用户的阅读习惯，新闻故事往往需要更加直接和简洁。同时，互动和参与性成为重要的考虑因素，新闻机构开始寻找方法使用户更加积极地参与到新闻故事的创建和传播中。

7. 增强新闻机构的品牌影响力

社交媒体作为当今时代最具影响力的传播平台之一，为新闻机构提供了前所未有的机遇来增强其品牌影响力。在这个数字化和信息化的时代，社交媒体不仅是一个信息传播的渠道，更是新闻机构与受众互动、建立品牌形象的关键战场。

社交媒体的特性使其成为建立品牌影响力的理想场所。这些平台的互动性允许新闻机构直接与受众进行沟通和交流。通过评论、点赞、分享等互动功能，新闻机构可以即时获取受众的反馈，更深入地了解他们的需求和偏好。这种双向沟通的模式极大地提高了受众的参与度和对品牌的忠诚度。社交媒体使新闻机构能够更加灵活和创新地展现其内容。与传统的新闻媒体相比，社交媒体上的内容形式更加多样化和富有创意。新闻机构可以利用短视频、直播、图文并茂的帖子等多种形式来呈现新闻内容，吸引更多用户的注意。这种内容的多样化不仅丰富了受众的体验，也有助于提高内容的传播效率和吸引力。

在社交媒体上，高质量的内容是建立和维护品牌声誉的关键。优质的新闻报道能够展现新闻机构的专业性和权威性，有助于在受众中建立一种信任感。通过持续提供准确、深入、及时的新闻内容，新闻机构可以在社交媒体上树立其作为可靠信息源的形象。这种信任感是增强品牌影响力的重要因素。社交媒体还为新闻机构提供了一个展示其品牌个性和价值观的平台。每个新闻机构都有其独特的声音和风格，社交媒体使得这些特点能够更明显地呈现给公众。无论是通过幽默、严肃、启发性或者是批判性的内容，新闻机构都可以在社交媒体上塑造独特的品牌形象，与受众建立情感联系。

在社交媒体上建立品牌影响力还涉及对数据和分析的运用。通过分析社交媒体数据，新闻机构可以了解哪些类型的内容更受欢迎，什么时间发布内容最有效，以及受众的地理分布等信息。这些数据对于指导内容策略、优化发布时间和提高用户参与度都至关重要。

社交媒体为新闻机构提供了一种方式，可以使其品牌与时俱进、灵活应对社会变化。在社会事件、公共危机等重大事件发生时，新闻机构可以通过社交媒体快速响应，提供及时的报道和分析。这不仅体现了新闻机构的社会责任感，也增强了其在公众心目中的领导地位。

第四章　媒体融合背景下的新闻生产模式的转变

媒体融合时代的到来，标志着新闻行业面临着前所未有的变革。新技术的应用、新平台的出现以及新受众的崛起共同推动了新闻生产模式的深刻转变。这一转变不仅仅是技术层面的升级，更是新闻思维和策略的全面重构。

传统的新闻生产模式，如线性的工作流程和单一的内容输出形式，正逐渐让位于更加灵活和互动的模式。在媒体融合的背景下，新闻机构开始采用跨平台发布策略，以适应不同平台的特性和受众群体的需求。这种多元化的内容生产和发布方式，不仅拓宽了新闻的受众群体，也增加了内容的影响力和覆盖范围。

同时，随着数字技术的发展，新闻的采集、编辑和发布过程都发生了显著变化。数字工具和平台使得新闻从采集到发布的周期大大缩短，同时也提高了工作效率。新技术如人工智能和大数据分析的应用，正在改变新闻选题、内容生产和用户分析等方面。通过精准的数据分析，新闻机构能够更好地理解和预测受众的兴趣和需求，进而生产更具吸引力和相关性的内容。技术的创新不仅带来了新的报道工具和平台，也为新闻叙事提供了新的可能性。例如，虚拟现实（VR）和增强现实（AR）技术的运用，为新闻报道带来了沉浸式的体验。同时，社交媒体和移动互联网的兴起，也为新闻的即时传播和受众互动提供了全新的平台。这些技术创新不仅改变了新闻的生产方式，也重塑了新闻与受众之间的关系。

第一节 媒体融合对新闻生产模式的影响

1. 新闻内容生产的多样化

在媒体融合的背景下，新闻内容生产的多样化是一个显著的趋势，它深刻地影响着新闻行业的发展方向和受众的消费习惯。传统上，新闻生产模式通常依赖于单一媒介，如报纸、电视或广播，每种媒介都有其特定的叙事风格和传播方式。然而，随着互联网和数字技术的快速发展，新闻机构开始逐渐融合使用多种媒介形式，包括文本、图片、视频、音频等，以创造出更丰富、更互动的新闻内容。

这种多样化首先体现在内容形式上。传统的文字报道仍然是新闻内容的核心，但现在它常常与图片、视频和音频相结合，形成更为丰富的多媒体新闻。例如，一个重大新闻事件的报道可能包括文字描述、现场视频、相关人物的音频采访以及信息图表等。这种多媒体集成不仅使新闻更具吸引力，也让受众能够从不同角度和格式中获得信息，提供了更全面的理解。此外，新闻内容的制作也变得更为动态和互动。社交媒体的兴起让新闻机构能够及时发布更新，并且与受众进行互动。例如，新闻机构可以在社交媒体上发布实时更新，邀请受众评论和分享，甚至通过在线调查或问答的形式参与到新闻内容的生成中。这种互动性不仅加深了受众的参与感，也使新闻内容更加贴近受众的需求和兴趣。

在内容主题上，媒体融合也推动了新闻话题的多元化。传统媒体可能会因为版面或播出时间的限制而对新闻主题有所选择，但在数字媒体时代，新闻机构可以覆盖更广泛的话题，包括那些在传统媒体中较少被关注的领域。同时，新闻机构也开始更多地关注受众的兴趣，利用数据分析来挖掘受众关心的问题，从而制作出更符合受众需求的内容。

在新闻内容的分发上，媒体融合也使得新闻机构能够通过多种渠道和平台传播内容。除了传统的印刷媒体和电视广播，新闻内容现在也通过网站、社交媒体、移动应用等数字平台传播。这不仅使得新闻内容能够更快速地到达受众，也为新闻机构带来了更大的覆盖面和更高的可及性。

总之，媒体融合对新闻内容生产的影响是多方面的。它不仅改变了新闻内容的形式和制作方式，也影响了新闻的主题选择、受众互动和内容分发。这种多样化不仅丰富了受众的阅读体验，也为新闻传播提供了更多的可能性和机会。在未来，随着技术的进一步发展和受众需求的不断变化，媒体融合将继续引领新闻内容生产的创新和变革。

2. 新闻生产流程的整合

媒体融合对新闻生产流程的整合是现代新闻行业的一个显著特点，这种整合在很大程度上改变了新闻的采集、编辑、制作和发布方式。在媒体融合的环境中，新闻故事的生产不再依赖于单一的媒介，而是通过多种平台和形式共同实现，这不仅提高了新闻生产的效率，也增强了新闻内容的深度和广度。

在媒体融合的背景下，新闻故事的生产过程变得更加流动和灵活。以往，新闻的生产通常是线性的，从采集到编辑，再到发布，每个步骤都有明确的界限和顺序。但在媒体融合的环境中，这些界限变得模糊，新闻的每一个环节可以在不同的平台和媒介中相互渗透和互动。例如，一条新闻故事可能首先在社交媒体上以短消息的形式出现，提供即时的信息更新。社交媒体的这种即时性和互动性使其成为新闻快速传播的重要渠道。随后，这条新闻故事会在网站上以更详细的报道形式呈现，包含更深入的分析和背景信息。在这一阶段，新闻不仅仅是简单地转述事实，而是通过整合不同的数据、专家意见和背景信息，提供更全面的视角。此时，新闻工作者需要具备跨媒体的编辑技能，能够在不同的平台上有效地呈现新闻内容。最终，这条新闻故事可能在电视新闻中播出，提供视觉和听觉上的深度报道。电视作为一种传统媒介，在呈现深度报道和分析方面仍具有独特优势。在电视上，新闻故事可以通过视觉元素和声音的结合，为观众提供更为生动和直观的新闻体验。电视新闻的这种表现形式，尤其在处理复杂和重大新闻事件时，能够有效地吸引观众的注意力，增强新闻的影响力。

在这整个流程中，新闻的生产不再是一个封闭的系统，而是一个开放和动态的网络。不同的媒介和平台相互补充，共同参与新闻故事的创建和传播。这种整合不仅提高了新闻生产的效率，也使新闻内容更加丰富和多元化。同时，新闻工作者能够更快速地响应事件，及时更新信息，确保新闻的及时性和准确性。

媒体融合也促进了新闻工作者之间的协作。在融合媒体的环境中，记者、编辑、摄影师和设计师等需要紧密合作，共同创造出跨媒体的新闻内容。这种跨职能团队的协作，不仅提高了工作效率，也激发了更多创新的新闻报道方式。

3. 新闻制作技术的创新

媒体融合在新闻制作技术上的创新，正引领着新闻行业进入一个前所未有的互动和沉浸式体验的时代。这种创新不仅仅局限于技术层面的升级，更是一种全新的叙事方式的探索，它在重新定义新闻内容的呈现和受众的参与方式上起着至关重要的作用。

在媒体融合的推动下，增强现实（AR）和虚拟现实（VR）技术的应用在新闻制作中愈发普及。这些技术的使用，使得新闻故事不再是单向的信息传递，而是成为一种可以与观众进行交互的体验。例如，通过 VR 技术，观众可以置身于新闻事件的现场，从而获得更加真实和深入的体验。这种沉浸式的体验使得新闻故事更加生动，增强了观众的情感投入和记忆印象。

AR 技术的运用，则为新闻增添了一个额外的信息层。通过智能手机或平板电脑，观众可以看到现实世界中的场景上叠加的数字信息。这种技术使得新闻故事变得更加动态和互动，观众可以通过自己的动作来探索更多的信息，从而获得更加个性化和丰富的新闻体验。数据可视化技术的应用也是媒体融合带来的重要创新之一。在大数据时代，新闻故事往往涉及大量复杂的数据和统计信息。数据可视化技术通过图表、地图和互动图形等形式，将这些复杂的数据转化为直观易懂的视觉表示。这不仅使得信息更易于理解，也使得新闻故事更加吸引人。

数据可视化不仅仅是简单的信息呈现，它还是一种叙事方式。通过不同的视觉设计和交互元素，数据可视化可以讲述一个故事，揭示数据背后的模式和联系。例如，一张动态的热力图可以展示一个城市随时间变化的人口流动，一个互动的图表可以让观众探索不同国家的经济发展数据。这种故事讲述方式使得新闻不仅仅是冷冰冰的事实陈述，而是成为一种探索和发现的过程。随着技术的不断发展和创新，新闻制作技术也在不断进步。人工智能（AI）技术在新闻制作中的应用，比如自动生成的新闻摘要和基于算法的新闻推荐，都是媒体融合带来的新趋势。这些技术不仅提高了新闻制作的效率，也为新闻内容的个性化和定制化提供了可能。

在媒体融合的影响下，新闻制作技术的创新不仅改变了新闻的呈现方式，也在深刻影响着新闻行业的未来发展。这些技术创新使得新闻故事变得更加生动和互动，为受众提供了前所未有的新闻体验。同时，它们也为新闻工作者提供了新的工具和手段，帮助他们以更有效和创新的方式讲述故事。随着技术的不断进步和应用，我们可以预见，未来的新闻将会更加多元化、个性化和互动化。

4. 新闻工作者角色的转变

在媒体融合的环境中，新闻工作者的角色经历了显著的转变。传统上，记者的主要职责是收集信息、撰写报道和进行采访。然而，随着数字技术的发展和媒体形式的多样化，记者的角色已经不再局限于传统的文字报道。在现代新闻行业中，记者需要具备一系列新的技能和能力，以适应不断变化的媒体环境。

首先，记者现在需要具备跨媒介的工作能力。这不仅意味着他们需要能够在不同的平台上工作，如纸质媒体、电视、广播和在线媒体，还意味着他们需要能够创造适合各种媒介的内容。例如，一位记者可能需要在撰写一篇文字报道的同时，为在线媒体制作相关的视频内容，或者为社交媒体制作图像和短视频。这种多样化的内容创作不仅增加了记者工作的复杂性，也要求他们具备更广泛的技能，包括视频编辑、图像处理和网络发布等。其次，数据分析和数字技术的运用已成为现代新闻工作者不可或缺的技能。随着大数据和社交媒体在新闻采集和报道中的重要性日益增加，记者需要能够有效地收集、分析和解读数据。这不仅涉及统计学和数据分析的基本技能，还包括能够使用各种数据采集和分析工具。通过对数据的深入分析，记者可以揭示隐藏在表面现象下的趋势和模式，为公众提供更深入、更全面的报道。其次，社交媒体的管理和运用也成为新闻工作者的关键技能之一。在数字时代，社交媒体不仅是信息获取和新闻发布的重要平台，也是与受众互动和建立个人品牌的重要渠道。记者需要了解如何有效地使用社交媒体来推广他们的工作，与受众建立联系，并通过社交媒体收集新闻线索和观点。此外，社交媒体还为记者提供了实时反馈的机会，使他们能够更快地了解受众的兴趣和需求。

最后，在媒体融合的环境中，新闻工作者还需要具备更强的适应能力和灵活性。媒体行业的快速变化要求记者能够迅速适应新技术和新趋势，不断学习新技能，并能够在多样化的工作环境中有效工作。这不仅涉及技术技能的提升，也包括对新闻行业和受众需求的持续关注和理解。

总之，媒体融合对新闻工作者的影响是深远和全面的。它不仅改变了他们的工作内容和方法，还要求他们不断学习和适应。在这个多媒介、多技能的新时代，记者不再仅仅是信息的收集者和报道的撰写者，而是成为多面手，能够在多种媒介和平台上创造、分享和传播新闻内容。

5. 内容分发策略的多元化

在媒体融合的背景下，内容分发策略的多元化成为新闻行业的一大趋势。这种变革不仅改变了新闻的发布方式，也重新定义了受众与新闻的互动模式。在这种环境下，新闻机构开始利用多种平台和渠道来分发内容，从而更有效地触及不同的受众群体。

传统媒体时代，新闻内容的发布通常依赖于固定的时间和渠道，如每天的报纸发行或电视新闻时段。这种方式虽然稳定，但在信息传播速度和受众覆盖面上存在局限性。而媒体融合带来的变化，使得新闻机构能够突破这些局限，通过多样化的渠道和方式传播新闻内容。

社交媒体的兴起为新闻内容的分发提供了一个强大的平台。通过社交网络，新闻机构可以即时发布新闻，快速传播重要信息。社交媒体不仅加快了新闻的传播速度，也让新闻更加接近日常生活，更易于被受众接受和分享。社交媒体还为新闻机构提供了一个与受众互动的渠道，通过评论、点赞和转发等功能，增强了受众的参与感。新闻应用和网站也成为新闻分发的重要渠道。许多新闻机构开发了自己的应用程序，提供个性化的新闻阅读体验，如根据用户的兴趣推荐相关新闻。这种方式不仅提高了受众的阅读便利性，也让新闻机构能够更准确地分析受众的阅读习惯和偏好，从而优化内容生产。

除此之外，电子邮件订阅也是新闻分发的一个有效渠道。通过定期发送新闻简报，新闻机构能够直接将内容送达到受众的邮箱，这种方式特别适合那些对特定主题或领域感兴趣的受众。电子邮件订阅也提供了一种更为个性化和深入的新闻体验，如专题报道、深度分析等。

多媒体内容的融合也是新闻分发策略多元化的一个重要方面。随着技术的发展，新闻机构开始融合视频、音频、图文等不同格式的内容，创造更丰富的用户体验。例如，通过视频新闻故事的分享，新闻机构可以在社交媒体上吸引更多年轻受众；通过播客和音频新闻，为那些在通勤或运动时希望接收新闻的受众提供了便利。在媒体融合的背景下，内容分发的多元化不仅提高了新闻机构的可见度和影响力，也给受众带来了更为丰富和个性化的新闻体验。新闻机构能够通过多渠道分发策略，覆盖更广泛的受众，满足不同受众群体的需求。同时，这种多元化的分发策略也使新闻内容的传播更为灵活和高效，提高了新闻传播的时效性和针对性。

第二节 媒体融合背景下的新闻生产流程改进

1. 整合采集与处理流程

在媒体融合的背景下，新闻采集和处理流程的整合成为新闻行业发展的关键动力。这种整合的核心在于利用数字技术和多平台资源，以创造更加高效、深入且全面的新闻报道。

传统上，新闻的采集和处理是分散进行的，各自依赖于单一的媒介或渠道。例如，报纸记者重视文字信息，电视记者侧重视觉素材。然而，在媒体融合的环境中，这种分割的局面正在改变。记者和编辑现在可以通过多种数字工具和平台采集新闻素材，从而跨越了传统媒体的界限。社交媒体成为重要的新闻源，提供即时的、多角度的信息。移动应用则允许记者在现场迅速采集和上传新闻素材，包括文本、图片和视频。这种多渠道、多格式的信息收集，不仅加快了新闻的采集速度，也使得报道更加丰富和深入。

这种媒体融合还意味着新闻内容的处理方式也在发生变化。借助先进的内容管理系统（CMS），新闻机构能够有效地整合来自不同来源的信息。无论是来自社交媒体的即时更新，还是来自现场记者的深度报道，都可以在 CMS 中得到统一的管理和处理。这种系统不仅提高了工作效率，也使得内容的编辑和发布更加灵活。例如，编辑可以快速筛选和整合社交媒体上的信息，结合现场报道，快速制作出反映最新动态的新闻内容。

媒体融合还带来了对新闻素材的重新思考。在多媒介环境中，文字、图像、声音和视频等不再是孤立的元素，而是相互补充、相互融合的部分。记者在采集新闻时，需要考虑如何结合这些不同的元素来讲述一个故事。例如，在报道一场重大事件时，文字可能用于传递详细信息，视频用于展现现场氛围，而图表和数据可视化则用于解释复杂的背景信息。这种多元素的结合，不仅增加了报道的吸引力，也提高了信息传递的效率和效果。

在这个过程中，新闻工作者的角色也发生了变化。记者和编辑需要具备多媒体处理的能力，不仅要会写作，还要懂得如何编辑视频、处理图片和使用各种数字工具。这要求新闻行业的从业者不断学习和适应新技术，以跟上媒体融合的步伐。

综上所述，媒体融合背景下的新闻采集与处理流程的整合，为新闻行业带来了深远的影响。它不仅改变了新闻内容的收集和制作方式，还推动了新闻报道形式的创新，为现代新闻传播打开了新的可能性。这种整合不仅是技术上的进步，更是对新闻行业工作方式的根本改变，它要求新闻从业者具备更加广泛的技能和更加开放的思维方式，以适应不断的发展变化。

2. 跨平台内容生产

在媒体融合的背景下，跨平台内容生产成为新闻行业的一项重要变革。这一变革不仅是技术上的进步，更是对新闻传播理念和实践的深刻洞察。跨平台内容生产意味着新闻故事需要被设计和制作成适合多种传播媒介的形式，从而确保无论在纸质媒体、电视、网站还是社交媒体上，都能有效传达信息并吸引受众。

跨平台内容生产要求新闻工作者对各种传播平台的特性有深入的了解。例如，社交媒体平台更适合快速、简短且互动性强的内容；而纸质媒体则更适合深度报道和详细分析。电视作为一种视觉媒介，强调视觉冲击力和故事性；而网站则能够提供更为丰富和互动的用户体验。新闻工作者需要根据这些平台的特性来调整内容的风格、长度、视觉效果和交互设计。跨平台内容生产还意味着新闻故事的叙述方式需要更加灵活和创新。例如，一个新闻事件可能需要通过视频剪辑的形式在电视和网站上呈现，同时，通过图文并茂的方式在社交媒体上分享，并以更加详尽的文章形式在纸质媒体上发布。这种多样化的叙述方式不仅可以满足不同平台受众的需求，也可以增强新闻故事的影响力和覆盖面。在这一过程中，内容的质量始终是关键考量因素。无论是哪种平台，高质量的内容都是吸引和保持受众关注的根本。这要求新闻工作者在保证内容准确性和深度的同时，还需要关注其创意性和吸引力。例如，可以通过引人入胜的故事叙述、吸引眼球的视觉设计和及时更新的信息来吸引受众。跨平台内容生产还强调对受众反馈的重视。在社交媒体等互动平台上，受众的反馈可以直接影响新闻内容的传播效果。新闻工作者可以通过分析受众反馈来调整内容策略，例如通过受众评论了解哪些方面的报道最受欢迎，或者在哪些方面需要改进。

3. 加强视觉和互动元素

在媒体融合的趋势下，视觉元素和互动性的加强已成为新闻生产不可忽视的一部分。这种转变不仅反映了技术的进步，也体现了观众需求的变化和新闻行业对这些变化的响应。

视觉元素的增强使得新闻报道更具吸引力和表现力。随着数字技术的进步，视频、动画、信息图表等视觉工具得到不断发展。视频内容能够提供更丰富的情境和细节，使得新闻故事更加生动和具有说服力。动画则用于解释复杂的概念或展示数据，使得难以理解的主题变得更加易于消化。同时，信息图表通过视觉化复杂的数据，不仅增强了信息的可读性，还使得数据解读变得更加直观。这些视觉元素不仅提高了新闻内容的吸引力，还帮助观众更好地理解和记住信息。在信息过载的时代，人们越来越依赖视觉化内容来快速获取和处理信息。因此，丰富的视觉元素成为吸引和维持观众注意力的重要手段。

除了视觉元素的加强，互动性的提升也是媒体融合下新闻生产的一个关键方面。互动性的提高主要体现在观众能够直接参与到新闻的讨论和扩散中。例如，在线投票和评论功能使得观众能够表达自己的观点和反应，从而成为新闻故事的一部分。社交媒体的互动功能，如分享、点赞和转发，不仅使新闻内容更容易传播，也让观众在传播过程中发挥了重要作用。

通过这些互动功能，新闻不再是单向的信息传播，而是变成了一种双向的沟通。观众的反馈和参与可以为新闻机构提供宝贵的信息，帮助他们更好地理解观众的需求和偏好。同时，这种互动也使得新闻故事更加丰富和多元，因为它们包含了来自不同观众的视角和解读。互动性的提高还有助于建立观众与新闻品牌之间的关系。当观众参与到新闻故事的创建和传播过程中时，他们更可能感觉到与新闻机构的联系。这种联系不仅提高了观众的忠诚度，也增强了新闻品牌的影响力。

4. 实时更新与动态报道

在媒体融合的背景下，实时更新与动态报道已经成为新闻生产的关键特征之一。这种报道方式充分利用了数字技术和平台的优势，以迅速响应并报告不断变化的新闻事件。

在传统新闻生产模式中，新闻的报道往往受限于出版或播放的固定时间表。例如，印刷报纸只能在第二天展现前一天的新闻，而电视新闻也需要等待固定的新闻时段。然而，在数字技术高度发展的今天，这种模式已经逐渐被打破。媒体融合环境下的新闻机构，通过网络、社交媒体和移动应用等数字平台，可以实时发布和更新新闻内容。

实时更新的新闻报道方式特别适用于快速发展的新闻事件，如突发事件、体育赛事等，情况可能会迅速变化，传统的新闻报道方式难以跟上事件的发展速度。而利用数字平台，新闻机构可以快速发布最新消息，随着事件的发展持续更新报道，为受众提供最新的信息和分析。

这种动态报道方式不仅确保了新闻内容的及时性，也满足了现代受众对即时信息的需求。现代受众习惯于通过智能手机或其他移动设备随时获取信息，他们期望新闻能够实时反映世界的最新变化。因此，实时更新的报道方式与现代受众的信息消费习惯高度契合。

此外，实时更新和动态报道还为新闻故事增加了一个持续发展的维度。在这种报道模式下，一个新闻故事不再是一个固定完结的叙述，而是一个随时间发展和变化的过程。这使得受众可以跟踪一个事件的全过程，从最初的发生到随后的发展和结果。这种持续的故事叙述方式，使新闻内容更加生动和吸引人。

为了有效实施实时更新和动态报道，新闻机构需要具备快速反应的能力和高效的新闻生产流程。这通常要求新闻工作者具备多任务处理的能力，能够在紧张的时间线内迅速收集、验证和发布信息。同时，新闻机构也需要强大的技术支持，包括可靠的内容管理系统和强大的网络基础设施，以支持大量数据和信息的快速处理和发布。

在媒体融合的环境中，实时更新和动态报道代表了新闻生产模式的重大转变。这种转变不仅改善了新闻内容的及时性和相关性，也更好地满足了现代受众的需求和期待。随着技术的不断发展，我们可以预见，实时更新和动态报道将继续影响着新闻行业的未来。

5. 多媒体团队的协作

在媒体融合的背景下，多媒体团队的协作成为新闻制作的核心。这种跨职能团队的合作方式改变了传统新闻行业的工作模式，为新闻内容的创造和传播带来了新的活力和效率。

在多媒体环境中，记者、编辑、视觉设计师和技术人员之间的界限变得模糊。记者不再仅仅是文字报道的撰写者，而需要具备一定的多媒体制作能力，比如视频拍摄和剪辑、音频处理等。编辑的角色也不再限于文字内容的审核，而是需要具备对多种媒介内容的整合能力，确保不同格式的内容能够协调一致，共同讲述一个连贯的故事。视觉设计师在这个团队中的作用变得更加重要，他们不仅负责静态图像的设计，还需要处理动态图形、交互元素等，使得新闻故事更加生动、吸引人。技术人员则是支持整个团队的技术基础，他们负责确保所有技术平台的顺畅运行，包括网站、移动应用和社交媒体平台等。

在媒体融合环境下，多媒体团队的协作是一个动态的、创造性的过程。团队成员需要不断地交流想法，协同工作，以确保新闻故事在各种媒介上都能有效地呈现。这种协作不仅提高了工作效率，还促进了创意的碰撞和创新的产生。比如，在报道一个重大新闻事件时，记者可能在现场采集第一手资料，同时拍摄视频和录制音频；编辑和视觉设计师则在后台处理这些素材，制作成图文并茂、富有视觉冲击力的内容；技术人员则确保这些内容能够在不同的平台上顺畅发布。

此外，多媒体团队的协作也使得新闻内容更加贴近现代受众的消费习惯。现代受众更倾向于通过多种渠道接收信息，比如社交媒体、移动应用等，而多媒体团队能够创造出适合这些渠道的内容。这种内容不仅格式多样，更加互动和参与性强，还能够及时更新，满足受众对即时新闻的需求。

综上所述，媒体融合背景下的多媒体团队协作，不仅是技术和工作流程的融合，更是思维和文化的融合。这种协作模式要求新闻工作者拥有跨领域的知识和技能，以及开放和创新的思维方式。通过团队成员之间的紧密合作，可以产生更有深度、更具吸引力、更符合现代传播趋势的新闻内容，为新闻行业带来新的生机和活力。

第三节　媒体技术创新对新闻生产的影响

1. 增强现实（AR）和虚拟现实（VR）在新闻叙述中的应用

增强现实（AR）和虚拟现实（VR）技术在新闻叙述中的运用标志着新闻传播方式的一次重大飞跃。这些技术提供了一种全新的手段，使新闻故事变得更加生动和具有沉浸感，极大地增强了受众的体验。通过这些先进的技术，新闻报道不再局限于传统的文字和图像，而是变成了一个可以让观众深入体验的多维空间。

以虚拟现实技术为例，它允许观众置身于新闻事件发生的环境之中。这种"身临其境"的体验让观众能够从第一人称视角感受事件，从而带来更深层次的情感共鸣和理解。例如，在报道战区或灾难现场时，VR技术可以使观众仿佛亲身在现场，感受到现场的紧张气氛和复杂情绪。这种体验远远超越了传统新闻媒体能提供的感官体验。

增强现实（AR）技术则在现实世界中叠加虚拟信息，为新闻叙述增添了一层互动性。通过AR技术，新闻内容可以与现实世界相结合，为观众提供更为丰富的信息和视觉效果。例如，在报道一项体育赛事时，AR技术可以在现场直播中叠加球员的统计数据、历史表现等信息，让观众在观看比赛的同时，获得更多背景信息和数据分析。这种方式使新闻不仅仅是传递信息，更是一种互动体验。

AR 和 VR 技术在讲述复杂和抽象的新闻主题时尤为有效。在处理如全球变暖、经济危机等抽象主题时，这些技术可以帮助新闻工作者以更直观的方式展现复杂的概念和数据。例如，通过 VR 技术，观众可以在虚拟环境中直观地看到气候变化对地球的影响，或者通过 AR 技术直观地理解复杂的经济数据和趋势。

这些技术的应用不仅使新闻报道更加吸引人，还拓宽了新闻叙述的边界。它们使新闻机构能够以全新的方式讲述故事，从而吸引更广泛的观众群体，尤其是年轻一代，他们对于新技术更为敏感和接受。通过吸引这些观众，新闻机构不仅能够扩大其观众基础，还能在传统媒体和数字媒体之间架起一座桥梁。

2. 人工智能（AI）在新闻生产中的作用

人工智能（AI）在新闻行业的应用已经成为推动这个行业进入新时代的关键力量。AI 技术，尤其是自然语言处理（NLP）和机器学习，正在重塑新闻内容的创造、编辑和分发方式，为新闻机构和受众带来前所未有的体验。

AI 技术在自动化新闻报道的编写方面发挥着重要作用。在处理大量数据和生成标准化报告方面，如财经新闻、体育赛事和天气预报，AI 可以快速准确地执行。这些领域通常包含大量的数据和统计信息，AI 能够迅速分析这些数据，生成清晰、准确的报告。例如，AI 系统可以分析股市的变动并迅速生成关于市场趋势的报告，或者根据最新的体育比赛结果生成赛事摘要。这种自动化不仅提高了新闻生产的效率，还保证了信息的准确性和及时性，特别是在对即时数据更新有高需求的领域。除了自动生成新闻内容，AI 还在新闻的编辑过程中起着关键作用。利用 NLP 技术，AI 可以帮助编辑识别内容中的错误，提供语言风格和语法的建议，甚至可以协助进行事实核查。这对于提高新闻质量、减少错误和偏见尤为重要。随着技术的发展，AI 还有潜力参与更复杂的编辑任务，比如分析报道的整体调性，确保内容的公正性和客观性。AI 在新闻内容推荐系统中的应用也越来越广泛。通过分析用户的浏览历史、阅读习惯和偏好，AI 可以向用户推荐他们可能感兴趣的新闻文章或视频。这种个性化的内容推荐不仅提高了用户的参与度和满意度，还有助于新闻机构增加用户停留时间和忠诚度。个性化推荐系统使得新闻消费更加便捷和符合个人偏好，从而吸引了更广泛的受众。此外，AI 在新闻分发方面也发挥着越来越重要的作用。利用机器学习算法，新闻机构可以更有效地分析受众数据，理解不同平台上受众的偏好和行为模式。这使得新闻机构可以更精准地制定内容分发策略，选择最合适的平台和时间发布新闻，以最大化观众的覆盖和参与。

AI 技术在新闻生产中的应用还远远不止于此。随着技术的不断进步和新闻机构对 AI 应用的深入探索，未来 AI 有望在新闻生成的每个环节发挥更大的作用。从自动生成高质量的新闻内容到为受众提供个性化的阅读体验，从提高编辑效率到优化内容分发，AI 正成为新闻行业创新和转型的重要驱动力。

3. 社交媒体和移动技术在新闻采集和分发中的影响

社交媒体和移动技术的兴起与发展已经彻底改变了新闻行业的面貌，尤其在新闻的采集和分发方面产生了革命性的影响。这些变化不仅提高了新闻报道的速度和覆盖范围，而且也改变了公众获取新闻的方式和记者进行新闻工作的方法。

社交媒体平台已成为新闻采集的重要工具。对于记者来说，社交媒体提供了一个获取即时信息和公众反应的途径，尤其在突发事件发生时。这些平台上用户分享的内容，包括文字、图片、视频等，往往能够提供关于事件的第一手信息，这对于快速报道新闻事件至关重要。例如，在自然灾害或突发公共事件发生时，社交媒体上的实时更新成为新闻来源的重要组成部分，记者可以通过跟踪相关话题或标签来收集信息。此外，社交媒体也使得记者能够更容易地接触到事件目击者或相关人物，从而获取更多角度的报道素材。移动技术的进步也极大地增强了新闻采集的灵活性和时效性。智能手机和平板电脑等移动设备使记者能够在几乎任何地点采集新闻，而不再受限于传统的工作环境。这些设备不仅可以用于撰写和编辑新闻，还可以用于拍摄高质量的照片和视频，甚至进行现场直播。因此，记者能够快速响应各种新闻事件，提供更及时、更全面的报道。同时，随着移动互联网技术的发展，记者可以随时随地上传报道，实现新闻的即时发布。

在新闻的分发方面，社交媒体和移动应用成为重要的渠道。新闻机构不再仅仅依赖于传统的媒体平台如电视、广播和报纸进行内容分发，而是通过社交媒体和自己的移动应用来快速传播新闻。这种方式使得新闻内容可以迅速传播至广泛的受众，而且更易于被受众接收。例如，许多新闻机构在其社交媒体账号上发布新闻摘要和链接，引导用户前往他们的网站或应用以获取完整报道。此外，社交媒体的分享功能还允许受众参与到新闻的传播中，通过转发、评论等形式将新闻内容扩散到更广泛的网络。社交媒体和移动技术的结合还催生了新的新闻传播模式。例如，通过直播功能，记者可以实时报道新闻事件，让观众能够即时了解事件的最新进展。这种直播方式不仅增加了报道的时效性，也提高了受众的参与感和互动性。

综上所述，社交媒体和移动技术对新闻的采集和分发产生了深远的影响。这些技术的应用不仅提高了新闻报道的速度和灵活性，还增强了受众参与度和互动性，同时也为新闻机构带来了新的传播渠道和模式。随着这些技术的不断发展和普及，预计它们将继续推动新闻行业的变革和发展。

第五章　媒体融合背景下的新闻传播渠道多元化

在媒体融合的背景下，传统媒体渠道如报纸、电视和广播面临前所未有的挑战。随着数字技术的发展和互联网的普及，传统媒体被迫重新思考其在新闻生态中的定位和作用。这不仅仅是技术层面的升级，更是对内容、受众定位和商业模式的全面革新。本章将详细分析这些转型策略的实施过程，以及它们对新闻行业的长远影响。与此同时，新兴媒体渠道的崛起正重塑着新闻传播的格局。社交媒体、在线视频平台等新兴渠道以其独特的互动性和便捷性迅速吸引了大量用户。这些渠道不仅改变了新闻的传播速度和范围，也为新闻内容的创新和多样化提供了新的可能性。我们将探讨这些新兴渠道在新闻传播中的角色，以及它们如何影响新闻内容的生产和消费。

此外，媒体融合时代的一个显著特点是跨平台传播的普及。在这个多渠道、多平台的时代，单一渠道的新闻传播策略已不再适用。新闻机构需要开发有效的跨平台传播策略，以最大化新闻内容的影响力和覆盖范围。本章将深入分析跨平台传播策略的关键要素，如内容的适配性、用户参与的促进以及数据驱动的决策过程。通过对这些关键领域的分析，本章旨在提供一个全面的视角，帮助读者理解媒体融合背景下新闻传播渠道多元化的内涵和重要性。在这个快速变化的媒体环境中，了解并适应这些变化对于新闻从业者、媒体管理者乃至普通受众都至关重要。

第一节　媒体融合背景下的传统媒体渠道转型

1. 数字化和在线平台的整合

在媒体融合的背景下，传统媒体的数字化和在线平台的整合代表了新闻行业的一次重大转型。这种转型不仅仅是技术上的革新，更是对新闻传播方式和观众接收习惯的深刻理解和适应。在这个过程中，传统媒体机构如报纸和电视台迅速拥抱了数字化的潮流，并成功地整合了在线平台，从而实现了内容传播的多样化和观众接触点的增加。

首先，这种转型实现了新闻内容的多渠道分发。过去，新闻的传播主要依赖于物理媒介，如印刷的报纸和电视广播。然而，随着互联网和移动设备的普及，传统媒体开始通过数字平台发布内容，包括网站、社交媒体和移动应用。这不仅意味着新闻可以更快地到达受众，也意味着观众可以根据自己的喜好和方便选择多种获取新闻的方式。这种转型也带来了内容格式的创新。在数字化和在线平台的背景下，新闻内容不再局限于文字和静态图像。视频新闻、播客、动画和互动图表等形式开始普及。这些新的内容格式不仅使新闻更加生动和吸引人，也使得复杂的信息更易于被观众理解和记忆。例如，一个复杂的政治事件可以通过交互式图表来展示，使得观众能够通过直观的视觉元素来理解事件的背景和发展。

其次，数字化和在线平台的整合使得新闻机构能够更有效地触及观众。通过搜索引擎优化和社交媒体推广，新闻内容能够达到更广泛的受众。这种方式不仅提高了新闻内容的可见度，也使得新闻机构能够接触到传统媒介难以触及的受众群体。在受众互动方面，数字化和在线平台的整合为观众提供了参与新闻制作和传播过程的机会。观众可以通过评论、分享和点赞等方式参与到新闻的讨论中，甚至可以通过社交媒体直接与新闻制作者互动。这种双向的交流不仅增加了受众的参与度，也使得新闻内容更加贴近观众的需求和兴趣。

最后，数字化和在线平台的整合为传统媒体带来了新的商业模式和收入来源。随着传统广告收入的下滑，许多传统媒体机构开始探索包括内容付费、会员服务和在线广告在内的新收入模式。这些新的商业模式不仅帮助传统媒体适应数字化时代的经济环境，也促进了新闻内容和服务的创新。

2. 内容多样化与定制化

在媒体融合的背景下，传统媒体机构正经历着一场关于内容生产方式的重大转变，这一转变主要体现在内容多样化与定制化的趋势上。这种转型是对当今信息时代受众需求多样化和个性化的直接回应。在这个过程中，传统媒体不再局限于提供一般性、面向大众的新闻报道，而是开始关注如何为特定的受众群体制作更加贴合其兴趣和需求的内容。

内容多样化体现在传统媒体开始扩展其报道的范围和深度，涵盖更广泛的主题和领域。这不仅包括传统的政治、经济和社会新闻，还包括科技、娱乐、体育、文化等领域。例如，针对科技感兴趣的年轻受众，传统媒体可能会增加关于最新科技趋势、创新产品和科技公司的报道。对于娱乐爱好者，可能会提供更多关于电影、音乐、电视节目和名人动态的内容。这种多元化的内容策略使得媒体能够吸引和满足不同兴趣和需求的观众。

而内容定制化则是指传统媒体开始使用先进的数据分析工具来理解其受众的具体偏好，并据此定制内容。这种定制化可以基于用户的浏览历史、互动反馈和个人喜好来实现。例如，如果一个用户频繁阅读关于环境保护的文章，媒体平台可能会向其推荐更多相关主题的深度报道或专题。通过定制化内容，媒体不仅能提供更相关和吸引人的阅读体验，也能建立更紧密的用户关系，提高受众的忠诚度。

此外，这种多样化和定制化的内容策略还体现在不同媒体形式的创新上。传统媒体机构开始通过视频、播客、互动图表和多媒体故事来讲述新闻，这些形式往往更能吸引年轻受众和适应数字媒体消费的趋势。例如，通过制作视频报道，媒体不仅能够提供视觉上更丰富的内容，还能通过吸引力强的视觉元素和故事叙述方式来提高观众的参与度。

在进行内容多样化与定制化的同时，传统媒体还开始注重社交媒体平台的力量。通过在社交媒体上分享定制化和多样化的内容，媒体可以更直接地与受众互动，了解他们的反馈和意见，从而进一步优化内容生产策略。社交媒体的互动性也为传统媒体提供了一种新的方式来增强受众的参与感和社区归属感。

3. 交互性与受众参与的增强

在媒体融合的背景下，交互性和受众参与成为传统媒体渠道转型和创新的重要方面。这种转变不仅体现在技术层面，更深刻地影响着媒体与受众之间的关系，以及新闻制作和传播的方式。

传统媒体的互动转型首先表现在其对受众参与方式的重视。过去，受众的角色主要是被动接收者，他们通过报纸、电视或广播获取信息，但很少有机会直接参与或影响内容的生产。然而，在数字化和网络技术的推动下，这一局面发生了根本性的变化。现在，通过在线评论区、社交媒体互动、在线投票等方式，受众可以直接参与到新闻内容的创建和讨论中。

在线评论区为受众提供了表达意见和反馈的空间，使得他们可以对新闻内容发表看法，提供不同的视角和补充信息。这种互动不仅丰富了新闻故事，也帮助新闻机构更好地了解受众的需求和兴趣。评论区成为新闻故事的一个重要组成部分，为新闻增加了多样性和深度。

社交媒体的互动则更为广泛和动态。在平台上，新闻机构不仅发布新闻内容，还积极与受众进行互动。受众可以通过点赞、分享、评论等方式参与到新闻传播中，使得新闻故事在社交网络上迅速传播。此外，社交媒体还为新闻机构提供了即时反馈的渠道，帮助他们迅速了解受众的反应，调整报道策略。

在线投票和调查则为受众提供了影响新闻议题和内容的机会。通过参与投票，受众可以对新闻机构提出的问题或议题表达自己的看法，这些数据又可以被媒体用来指导未来的报道方向。这种方式不仅使受众感到自己的声音被听到，也使新闻内容更加贴近公众的兴趣和需求。

在媒体融合的背景下，这种双向的、互动的沟通模式不仅加深了受众与媒体之间的联系，也为新闻机构提供了宝贵的观众洞察。受众的参与和反馈成为新闻内容创作的重要参考，有助于新闻机构制做出更贴近受众、更有吸引力的内容。同时，这种互动性也为传统媒体带来了更广阔的受众群体，特别是年轻一代的受众，他们更习惯于在数字平台上进行交流和获取信息。

4. 品牌多元化和新业务模式的探索

在媒体融合的大背景下，传统媒体的转型已经迫在眉睫。这不仅仅是技术层面的变革，更是一场商业模式和品牌战略的全面革新。传统媒体机构，如报纸、杂志、电视台等，在面对数字化浪潮的冲击时，开始积极探索多元化的品牌战略和新的业务模式，以适应不断变化的市场和消费者需求。这种转型不仅有助于它们在数字时代维持财务的健康和可持续发展，而且为内容和服务的创新提供了新的机遇。

内容付费系统开始成为越来越多传统媒体的新尝试。随着数字化时代的到来，信息免费获取的渠道大大增加，传统媒体的广告收入受到严重冲击。在这样的背景下，越来越多的媒体机构开始建立内容付费墙，只有订阅者才能访问特定的高质量内容，如深度报道、专家分析或独家访谈等。这种模式既确保了内容生产的质量和专业性，也为媒体机构提供了稳定的收入来源。会员服务模式也被广泛采纳。与内容付费不同，会员服务更多地关注提升用户体验和建立社区。订阅者不仅能获得内容访问权限，还能享受其他额外福利，如参与专家问答、接收定制化通讯、参加线下活动等。这种模式有助于建立起受众与媒体品牌之间更为紧密的关系，同时也提升了用户的忠诚度。

除此之外，品牌合作和跨界合作成为传统媒体拓宽收入渠道的重要手段。通过与其他品牌的合作，传统媒体可以开发新的产品和服务，如联合出版特别杂志、举办品牌活动、开展内容联合制作等。这些合作不仅可以为传统媒体带来额外的收入，也能提高其品牌的可见度和市场影响力。此外，传统媒体还开始通过数字技术创新来探索新的商业模式。例如，利用大数据分析用户行为，为广告客户提供更精准的广告定位服务；开发移动应用，提供个性化的新闻推送服务；甚至探索利用虚拟现实和增强现实技术，提供沉浸式的新闻体验。这些技术的应用不仅提升了用户体验，也为媒体机构打开了新的商业可能性。这个过程中，传统媒体的品牌形象也在悄然发生变化。他们不再仅仅是信息的提供者，而是成为多元化内容和服务的创造者。通过多渠道、多平台的内容分发和服务提供，传统媒体能够触及更广泛的受众群体，满足他们多样化的信息需求。

5. 技术驱动的新闻生产和分发

在当今媒体融合的时代，技术创新已成为推动新闻生产和分发变革的关键力量。特别是人工智能（AI）、数据分析和机器学习等前沿技术，它们正在根本性地改变新闻行业的运作方式。

人工智能在新闻生产中的应用正在开辟新的可能性。AI技术，如自然语言处理和机器学习，现在可以帮助自动撰写简单的新闻报道，特别是那些基于数据和统计的报道，如体育赛事结果和财经新闻更新。这种自动化的新闻制作不仅提高了工作效率，也释放了记者的时间，让他们可以专注于更深入的调查性报道和分析性工作。此外，AI技术也被应用于编辑工作，它可以协助检测事实错误和偏见，保证报道的准确性和公正性。

数据分析正变得对新闻机构日益重要。通过大数据技术，新闻机构现在可以分析大量的用户数据，以了解观众的阅读偏好和行为模式。这些洞察帮助新闻机构更精准地定位受众，量身定制内容，以满足不同用户群体的需求。例如，基于用户历史的阅读行为，新闻平台可以推荐相关文章，提高用户参与度和网站黏性。此外，通过分析社交媒体趋势和在线讨论，新闻机构可以快速捕捉到新兴的新闻话题和公众关注点，从而及时调整报道策略。

机器学习技术也在新闻行业发挥着重要作用。通过学习过去的数据和趋势，机器学习算法能够预测特定类型的新闻内容在特定受众中的受欢迎程度，从而帮助新闻机构在发布之前优化内容。同时，机器学习技术也被用于提升新闻推荐引擎的精准度，确保用户能够接收到最相关和有价值的内容。

技术创新还推动了新闻分发方式的多样化。传统的新闻机构不再仅限于纸质和电视媒体，而是开始利用数字平台，如社交媒体、网站和移动应用，来传播新闻内容。这种多平台传播策略不仅扩大了新闻内容的触及范围，也使得新闻机构能够更快速地响应事件，提供即时更新。同时，通过数字渠道，新闻内容可以更加灵活地呈现，例如通过视频、播客和互动图表等形式，提高受众的参与度和体验。

第二节　新兴媒体渠道在新闻传播中的作用

1. 社交媒体：促进即时和互动式新闻传播

社交媒体的崛起彻底改变了新闻传播的格局，它不仅促进了即时和互动式的新闻传播，还极大地拓宽了新闻的影响和覆盖范围。在社交媒体的世界里，新闻不再是单向流动的信息，而是一个活跃的、互动的过程，它允许用户不仅作为信息的接收者，还能作为参与者和传播者。

社交媒体平台上，新闻以前所未有的速度传播。信息的即时更新使得用户能够几乎实时地获取到最新新闻，这对于快速发展的事件尤其重要。例如，在重大事件或紧急情况下，社交媒体常常是最快传播信息的渠道。这种即时性不仅满足了公众对快速获取信息的需求，也使新闻机构能够迅速响应社会变化，及时报道最新发展。

此外，社交媒体赋予了新闻以前所未有的互动性。用户可以通过评论、分享或点赞等方式直接参与新闻内容的传播和讨论。这种互动性不仅加深了用户对新闻主题的理解和兴趣，也为新闻机构提供了宝贵的观众反馈。用户生成的内容和反馈成为新闻故事的一部分，有时甚至可以影响新闻的后续报道。

社交媒体还促进了新闻的个性化推送和定制。借助先进的算法，社交平台可以根据用户的浏览和互动历史，推荐相关的新闻内容。这不仅提高了内容的相关性和用户的满意度，也使新闻机构能够更有效地触及目标受众。

在社交媒体的帮助下，新闻的传播更加民主化和去中心化。普通用户、社会名人和新闻机构在这些平台上拥有几乎同等的声音，每个人都可以成为信息的传播者。这种去中心化的传播方式极大地提高了新闻信息的传播效率和范围，同时也让更多元和多样的声音得以被听见。

总而言之，社交媒体作为新兴媒体渠道，极大地丰富了新闻传播的方式。它通过促进即时和互动式的传播，不仅加速了新闻的流通，还增强了新闻内容的吸引力和参与度，为新闻行业带来了前所未有的变革和机遇。

2. 移动应用：提供个性化和便捷的新闻体验

移动应用在当前的新闻传播领域中扮演着至关重要的角色，为用户提供了前所未有的个性化和便捷的新闻体验。随着智能手机和平板电脑的普及，移动应用已成为新闻消费的主要渠道之一。用户可以通过这些应用随时随地访问最新的新闻内容，不论是国际大事、地方新闻，还是特定领域的专业报道。

新闻机构为了适应这种趋势，开发了各自的移动应用，提供了从实时新闻更新到深度分析，甚至个性化的内容推荐等一系列服务。这些应用利用数据分析和用户行为跟踪技术，能够学习并理解用户的阅读偏好，从而提供定制化的新闻推送服务。例如，如果一个用户频繁阅读科技和体育新闻，应用会自动向他推送这两个领域的最新内容。

移动应用通常拥有用户友好的界面设计，使得用户浏览新闻的体验既直观又愉悦。这些应用通常设计有简洁清晰的布局，易于导航的菜单，以及适合在移动设备上阅读的内容格式。许多应用还提供夜间模式、调整字体大小等功能，进一步增强了用户的阅读体验。

互动性也是移动应用的一个重要特点。用户不仅可以阅读新闻，还可以在应用内参与评论、分享新闻到社交网络，甚至参与在线投票或调查。这种互动性不仅提高了用户的参与感，也使得新闻传播更具有动态性和多样性。一些新闻应用还融入了视频和播客内容，为用户提供了多样的内容形式。通过视频新闻，用户可以获得更为生动和直观的信息展示；而播客则提供了一种可以在多任务处理时收听的新闻体验，非常适合忙碌的现代生活节奏。

综上所述，移动应用不仅仅是新闻传播的一个渠道，它们已经成为塑造现代新闻消费习惯和体验的重要力量。随着技术的不断进步和用户需求的不断变化，移动应用在新闻行业的作用将持续增长，为用户带来更加丰富、便捷和个性化的新闻阅读体验。

3. 在线视频平台：丰富新闻内容的表现形式

在线视频平台，已经成为新闻内容传播的重要渠道，它们为新闻报道提供了更加生动和直观的表现形式。这些平台通过视频新闻，使得信息的呈现变得更加丰富和吸引人。相较于传统的文字报道，视频新闻可以更有效地传达情感和氛围，尤其在展示复杂或视觉驱动的故事时，视频的优势更为明显。视频新闻通常结合了动态影像、声音、图表、动画等多种元素，使得新闻内容更加多维和易于理解。

在线视频平台的另一个显著特点是支持直播功能。这一功能使得观众能够实时跟进重大新闻事件的最新发展。直播新闻提供了一种即时性和参与感，让观众仿佛亲临现场，这在传统的新闻媒体中是难以实现的。

此外，在线视频平台还为自由记者和独立内容创作者提供了展示作品的空间，从而使新闻报道的来源更加多样化。这些平台上的用户生成内容（UGC）为新闻报道提供了新的视角和素材，特别是在传统媒体难以快速到达的地区或事件中。通过在线视频平台，记者和内容创作者可以直接与观众互动，获取反馈，这不仅增强了报道的互动性，也有助于构建社区和观众群体。

总的来说，在线视频平台在新闻内容的表现和传播中发挥着越来越重要的作用。它们不仅丰富了新闻故事的呈现方式，也提供了一个互动和实时性兼备的新闻传播环境。随着视频技术的不断进步和观众需求的多样化，预期这些平台将继续影响和塑造未来的新闻报道方式。

第三节　媒体融合背景下的跨平台传播策略

1. 内容的适应性和定制化

在媒体融合的背景下，跨平台传播策略的核心在于内容的适应性和定制化。这一策略的关键是理解并利用各个媒体平台的独特性，以及它们各自的受众特点和消费习惯。实现这一目标，意味着新闻机构必须在内容创作和展示上展现出极大的灵活性和创新性。

考虑到不同平台的受众群体和他们的消费习惯，新闻内容的形式和深度需要有所不同。例如，在社交媒体平台上，受众通常期望快速消费信息，因此新闻内容需要更加精炼和引人注目。这可能意味着使用引人入胜的标题、醒目的图像或视频以及简短的文字来吸引观众的注意力。社交媒体的新闻内容还需要具备高度的分享性，鼓励用户将内容传播给他们的网络。相比之下，新闻网站或专门的新闻应用则可以提供更为深入和详尽的报道。在这些平台上，受众通常寻求全面理解一个新闻话题，因此新闻机构可以提供包含详细背景信息、数据分析和专家意见的综合报道。这些平台还可以利用互动图表、长篇深度报道和多媒体元素来丰富新闻内容，满足受众对深度信息的需求。

对于视频平台，新闻机构可以创作形式多样的视频内容，从简短的新闻摘要到深度的纪录片。视频内容需要考虑到视觉效果和叙事节奏，以吸引并保持观众的注意力。同时，这些视频也可以通过引人入胜的叙述和高质量的制作值，增加新闻机构在视觉媒体领域的影响力。随着播客和音频平台的兴起，新闻机构还可以探索通过这些渠道传播新闻的可能性。播客和音频新闻为受众提供了一种便利的获取信息方式，尤其是在通勤或做家务等活动中。在这些平台上，重点可以放在讲故事和深入讨论上，提供不同于视觉媒体的新闻体验。

所以，跨平台传播策略的核心在于内容的适应性和定制化。通过理解并利用每个平台的独特特点和受众需求，新闻机构可以有效地在各个平台上传播内容，不仅增强了信息的覆盖范围，也提高了新闻内容的吸引力和影响力。在媒体融合的时代，这种灵活和创新的内容策略是新闻机构成功的关键。

2. 一体化的内容管理和发布

在媒体融合的环境下，一体化的内容管理系统（CMS）成为有效跨平台传播策略的核心。这种系统的实施不仅优化了新闻内容的管理和发布流程，而且为媒体机构在多样化的传播渠道中保持信息一致性和时效性提供了强有力的支持。

一体化的 CMS 首先提供了一个集中化的平台，使新闻机构能够统一管理其内容。在这个系统中，无论内容是文字、图片、视频还是音频，都可以在同一平台上进行编辑和存储。这种集中化管理的优势在于，新闻机构可以确保所有平台上发布的内容保持一致性，避免了信息的重复工作和潜在的错误传播。例如，对于一条重大新闻，通过 CMS 系统，编辑可以确保无论是在社交媒体、网站还是移动应用上，所有受众接收到的信息都是统一和一致的。

一体化的 CMS 在提高新闻发布的效率方面发挥着关键作用。传统上，新闻机构可能需要使用不同的系统来处理不同媒体形式的内容，这不仅增加了工作量，还可能导致发布的延迟。而有了一体化的 CMS，新闻制作团队可以在同一个系统中完成从内容创建到发布的所有步骤，大大简化了工作流程。例如，编辑可以直接在 CMS 中编辑视频，然后快速将其部署到各个平台，从而确保了新闻的及时发布。

一体化的 CMS 还支持新闻内容在不同平台间的无缝转换。在多平台环境中，不同的平台可能需要不同格式和风格的内容。例如，社交媒体可能更适合快速、视觉驱动的内容，而网站可能需要更详细、深入的报道。一体化的 CMS 可以支持内容的快速调整和适配，使得同一新闻故事可以快速转化为适合各个平台的格式，无须进行烦琐的手动调整。

在这个系统中，数据分析和用户反馈也能被有效利用来指导内容制作和发布。通过集成的分析工具，新闻机构可以实时跟踪内容在不同平台上的表现，了解哪些类型的内容更受欢迎，何时发布能获得更好的观众反响。这种基于数据的洞察可以帮助新闻机构优化其内容策略，确保内容不仅吸引受众，而且与受众的需求和兴趣紧密相连。一体化的 CMS 支持了新闻机构在多平台环境中的品牌建设和形象维护。通过确保所有平台上的内容质量和风格一致，新闻机构可以构建和维护一个强大、一致的品牌形象。这对于在竞争激烈的媒体市场中脱颖而出，建立可信赖和专业的声誉至关重要。

3. 互动性和参与度的提升

在媒体融合的环境中，互动性和参与度的提升成为跨平台传播策略的核心组成部分。这种策略的目的是让受众不仅仅作为信息的接收者，而是作为内容互动和传播的积极参与者。在这个框架下，新闻内容不再是单向的信息流，而是一个多维的互动体验。

互动元素的嵌入能够显著提高受众的参与度。例如，通过在新闻故事中加入调查问卷或投票，新闻机构可以有效地吸引受众参与到新闻话题的讨论中。这种方式不仅增加了受众对新闻内容的兴趣，也为新闻机构提供了宝贵的受众反馈和观点。调查问卷结果不仅能够丰富报道内容，还可以作为后续报道的依据，从而形成一种互动的循环。评论区的设置也是提高互动性的重要手段。它为受众提供了表达意见和观点的空间，从而增加了新闻内容的讨论度和传播范围。当受众在评论区中积极讨论时，新闻故事的生命力得以延续，甚至可以引发更广泛的社会讨论。新闻机构可以利用评论区的反馈，调整报道的焦点和角度，甚至产生新的报道思路。

社交媒体分享按钮的整合也极大地促进了新闻内容的传播。当受众通过自己的社交媒体网络分享新闻时，不仅增加了新闻的可见度，也将个人网络中的其他用户引入到新闻话题中。这种形式的传播不仅是量的增加，更是质的提升，因为来自个人推荐的新闻内容往往具有更高的信任度和影响力。此外，为了进一步提升互动性，新闻机构可以探索更多创新形式的互动，如通过社交媒体进行实时问答、设置新闻故事中的互动环节（如互动图表和模拟体验），甚至利用增强现实（AR）和虚拟现实（VR）技术创造沉浸式新闻体验。这些创新形式不仅能够吸引受众的注意力，还能够增强受众对新闻故事的记忆和理解。

4. 利用数据分析优化传播策略

利用数据分析优化跨平台传播策略在当今媒体融合的背景下显得尤为重要。在这个信息爆炸的时代，新闻机构面临着如何在各种媒体渠道上有效传播内容的巨大挑战。数据分析提供了一种系统性的方法来解决这一问题，它使得新闻机构能够基于实证数据做出更精准的决策，从而提高新闻内容的传播效果和受众覆盖率。

数据分析可以帮助新闻机构深入了解受众的行为和偏好。通过分析不同平台上的用户互动（如点击率、阅读时间、分享和评论数量等），可以识别出哪些类型的内容最能吸引受众的注意。这些洞察有助于新闻机构在创建新内容时做出更有针对性的选择，确保内容的相关性和吸引力。例如，如果数据显示视频内容在某个平台上的表现远超过文本，那么新闻机构可能会倾向于增加该平台上视频内容的比重。数据分析还可以揭示内容发布的最佳时机。通过监测不同时间段受众的活跃程度，新闻机构可以确定何时发布内容能够获得最大的曝光率。例如，分析可能表明早晨是发布重要新闻的最佳时间，而晚间则更适合发布深度分析类的文章。这种对时机的把握不仅增加了内容的可见度，还有助于提高受众的参与度。数据分析还助力于内容的个性化推荐。通过分析用户的历史行为和偏好，新闻机构可以为用户提供定制化的内容推荐，从而提升用户体验和忠诚度。个性化的内容推荐不仅可以增加单个用户的阅读量，还能增强用户对品牌的黏性。

数据分析也对社交媒体策略的优化起到关键作用。社交媒体平台上的数据分析可以帮助新闻机构了解哪些类型的内容最有可能被用户分享和讨论。这对于提高内容的社交传播力至关重要。例如，分析可能显示某种类型的新闻故事或特定主题的帖子在社交媒体上获得的互动更多。基于这一信息，新闻机构可以调整其社交媒体策略，以增加内容的病毒式传播潜力。数据分析还支持新闻机构在各个平台上进行精准营销和广告定位。通过分析用户数据，新闻机构可以更精准地定位广告受众，从而提高广告的有效性和收入潜力。这种基于数据的广告策略对于新闻机构的商业模式至关重要，特别是在数字媒体领域竞争激烈的当下。

5. 品牌一致性和形象建设

在媒体融合的时代，品牌一致性和形象建设成为新闻机构在多平台传播中的关键考量。在不同的媒体平台上，虽然新闻内容的形式和风格需要根据各自的特性进行适应性调整，但保持整体品牌的声音和形象一致性是至关重要的。这种一致性是品牌识别的基石，它不仅帮助受众在不同平台上识别和信任该品牌，还能增强新闻机构的整体影响力和市场竞争力。

品牌一致性意味着在所有平台上传达相同的核心价值和使命。无论是在传统媒体如电视和报纸上，还是在数字平台如社交媒体、博客和播客上，新闻机构都应该清晰地表达其新闻报道的基本原则和价值观。这包括对事实的承诺、公正性和独立性等。当受众在不同的平台上接触到一致的价值主张时，他们会逐渐建立起对品牌的信任和忠诚。视觉标识的一致性也非常重要。这包括使用统一的色彩方案、logo 设计和字体风格等。视觉元素作为品牌识别的重要组成部分，能够在不同的平台上为受众提供即时的品牌识别。例如，无论是在社交媒体上的帖子、应用程序的界面，还是在传统的新闻广播中，相同的视觉标识都能够强化品牌形象，提升品牌在受众心中的印象。传播语调和风格的一致性也同样重要。即使在不同的平台上，新闻内容的呈现方式可能因受众群体和平台特性的不同而有所变化，但整体上应保持一致的沟通风格和语调。这种一致性可以通过编辑准则和内容策略来保持，确保所有平台上的内容都符合品牌的语调和风格。

品牌一致性的维护还需要内部团队的紧密合作和协调。新闻机构应确保不同平台的团队之间有良好的沟通和一致的目标。通过定期的会议、内部通信和培训，可以确保所有团队成员都理解并致力于维护品牌一致性的重要性。品牌一致性的维护是一个持续的过程。随着市场环境的变化和新技术的出现，新闻机构需要不断调整和更新其传播策略，但核心的品牌价值和形象应保持稳定。通过定期的品牌审查和市场研究，新闻机构可以确保其品牌策略与时俱进，同时保持一致性。

综上所述，媒体融合背景下的跨平台传播策略关键在于内容的适应性、一体化管理、增强互动性、利用数据分析优化策略，以及维护品牌一致性。通过这些策略，新闻机构可以有效地在不同平台上传播内容，满足更广泛受众的需求，同时提高自身的影响力和竞争力。

第六章　媒体融合背景下的多媒体新闻报道创新

在信息爆炸的时代，传统的单一形式新闻报道已难以满足观众日益增长的需求。多媒体新闻以其综合性和互动性，提供了一种更为丰富和动态的信息传播方式。它不仅增强了消息的表达力和感染力，而且通过提供多维度的信息，帮助观众更全面地理解新闻事件。多媒体新闻也在一定程度上改变了受众的角色，使他们从被动接收者转变为主动参与者，这一转变极大地提高了新闻的吸引力和影响力。新媒体技术对多媒体新闻报道的影响是不可忽视的。随着互联网技术的发展，尤其是移动互联网的普及，多媒体新闻得以快速发展。智能手机和平板电脑等移动设备的普及，为多媒体新闻提供了更为广阔的播放平台。此外，新兴的技术为多媒体新闻的创作和展示提供了全新的可能性。这些技术不仅使新闻报道更加生动和沉浸式，也促进了新闻故事叙述方式的创新。

本章将通过对多媒体报道创新案例的分析，展现多媒体新闻的实际应用和创新发展。这些案例将涵盖从全球不同新闻机构的成功实践，包括如何有效地融合视频、音频、图形和交互元素来讲述复杂的新闻故事。这些案例不仅展示了技术和创意的结合，也体现了在媒体融合背景下，新闻行业对于创新的不懈追求。

第一节　多媒体报道在新闻传播中的作用

1. 丰富新闻内容的表现形式

在当今多媒体时代，新闻内容的呈现方式正在经历一场革命性的变革。多媒体报道，通过综合运用文本、图片、视频、音频和动画等多种媒介，极大地丰富了新闻内容的表现形式，为新闻故事注入了新的生命力。这种丰富性不仅使新闻故事更加生动吸引人，还能够更有效地捕捉受众的注意力，使复杂的新闻话题变得更加易于理解和传播。

多媒体报道的强大之处在于其能够通过不同媒介的结合，创造出更为全面和立体的新闻体验。文本作为新闻报道的传统形式，依然承担着提供详细信息和深入分析的重要角色。然而，当文本与其他媒介如图片和视频相结合时，新闻故事的表现力得到了显著提升。图片能够捕捉事件的瞬间，带给观众直观的视觉冲击；视频则能够展现事件的动态过程，加强故事的情感投入；音频和动画增加了叙述的多样性，使内容更具吸引力和可访问性。例如，对于复杂的社会政治事件或科学技术主题，单纯的文字描述往往难以全面传达信息。此时，数据可视化工具和动画演示可以更直观地展示复杂数据和概念，帮助受众更好地理解和记忆信息。互动图表和模拟演示使受众能够主动探索信息，提高了受众的参与度和学习效果。

在新闻故事的呈现上，多媒体报道也突破了传统线性叙事的局限，允许受众根据自己的兴趣选择不同的内容路径。例如，一个复杂的新闻故事可以通过互动时间线、地图或信息图表的形式呈现，让受众自主探索不同方面的内容。这种非线性的叙事方式不仅使新闻内容变得更加个性化，也满足了不同受众对信息深度和形式的不同需求。多媒体报道通过融合不同的媒介形式，也为叙述不同类型的新闻故事提供了更广泛的可能性。例如，在报道文化艺术和娱乐事件时，视频和音频能够传达更丰富的情感和氛围；而在报道科学研究和技术创新时，动画和图形能够有效地揭示复杂的概念和过程。

2. 提高受众的参与度和互动性

多媒体报道在提高受众参与度和互动性方面发挥着重要作用。这一变化对新闻行业意义重大，它标志着从传统的单向信息流向更为动态和参与性的新闻体验的转变。

多媒体报道通过结合不同的媒介和技术，如互动图表、视频、音频和动画，创造出更加丰富和吸引人的新闻故事。传统的文字报道虽然能够提供详细的信息，但在某些情况下可能无法完全吸引受众的注意。相比之下，多媒体报道利用视觉和听觉元素，使得信息呈现更为生动和直观。例如，复杂的经济数据通过动态图表展示，可以使得受众更容易理解和记住重要信息。视频和音频元素则通过讲述故事的方式，增加了新闻的情感深度，使受众能够更为直观地感受到报道事件的现场氛围。互动元素的加入更是显著提高了受众的参与度。在线调查和投票使得受众可以直接对新闻话题发表意见，成为新闻故事的一部分。这种直接的参与感使得受众更加投入于新闻内容，从而增加了他们对信息的关注度和记忆。此外，评论区提供了一个平台，让受众可以分享自己的观点和见解，与其他人进行交流和讨论。这不仅增强了社区感，也使得新闻内容更加多元和深入。

多媒体报道还通过提供不同的内容选择和路径，增加了受众的互动性。例如，一个深度报道可能包含多个分支故事或视角，受众可以根据自己的兴趣选择不同的内容进行探索。这种非线性的内容呈现方式赋予了受众更大的控制权，使他们可以根据自己的节奏和兴趣浏览新闻，从而提高了个人化体验。多媒体报道的互动性也有助于提高信息的传播效果。受众在参与和互动过程中更有可能分享新闻内容到自己的社交网络，从而增加了新闻的可见度和影响力。这种通过受众主动传播的方式，比传统的新闻推送更能有效地扩大信息的传播范围。

3. 增强故事叙述的深度和效果

多媒体报道在现代新闻传播中扮演着至关重要的角色，尤其在提高故事叙述的深度和效果方面表现显著。通过综合运用视觉、听觉和互动元素，多媒体报道不仅增强了信息的传递，还丰富了受众的体验，使新闻故事更加生动、深入和引人入胜。

多媒体报道中，数据可视化的应用尤为突出。这种方法能够将复杂的数据集转换成直观的图表、图形和地图，从而使抽象和复杂的信息变得易于理解。数据可视化不仅提供了一种视觉上吸引人的表现形式，还能揭示数据背后隐藏的模式、趋势和故事。例如，在报道经济趋势或社会变化时，利用数据可视化可以有效地展示时间的推移对某个现象的影响，或者比较不同地区和群体之间的差异。这种深入的数据解读使得新闻故事具有更强的说服力和影响力。

视频和音频的使用进一步增强了多媒体报道的情感深度和直观效果。视频能够捕捉现场的动态画面，使受众能够更加直观地感受新闻事件。动态场景、人物表情和现场氛围的呈现为受众提供了一种沉浸式的体验，使他们仿佛亲身在现场。此外，音频元素如采访录音和现场声音可以加强故事的真实感，提供更多细节和背景信息。在某些情况下，音频报道可以创造一种亲密的氛围，让受众感觉他们正在与讲述者或故事主角进行一对一的交流。

互动元素也是多媒体报道中的重要组成部分。互动图表、在线投票、评论功能等使受众可以直接与内容互动，提供了参与和探索故事的机会。通过互动元素，受众不仅是被动接收信息的接收者，而是变成了积极的参与者。这种参与性增加了受众对故事的兴趣和参与感，同时也为新闻机构提供了宝贵的反馈，有助于进一步优化内容和叙述方式。

多媒体报道中还经常融合不同类型的媒介，比如结合文本、图片、视频、音频等，为受众提供一个多维度的新闻体验。这种综合运用不同媒介的方法使得新闻故事可以在多个层面上呈现，吸引不同偏好和需求的受众。例如，一篇关于环境变化的报道，可以通过文字和数据可视化来呈现详细的研究和分析，通过视频来展示环境变化的实际影响，通过音频采访来传达相关人士的观点和感受。

4. 适应不同受众群体的需求

在当今多元化的媒体环境中，多媒体报道凭借其内容形式的多样性和灵活性，在适应不同受众群体的需求方面发挥着至关重要的作用。这一趋势反映出了一个基本事实：不同的受众群体有着不同的媒介消费习惯和偏好，因此，一种单一的报道方式已经无法满足所有人的需求。在这样的背景下，多媒体报道成为连接多样受众与信息的关键桥梁。

考虑到年轻一代用户，他们在信息获取上更倾向于使用数字平台，尤其是移动设备。他们通常寻求快速、直观且互动性强的新闻内容。在这个方面，多媒体报道通过整合视频、音频、动态图表和互动元素，极大地迎合了这一群体的偏好。例如，社交媒体上的短视频和动画新闻片段可以迅速吸引年轻用户的注意，而互动图表和在线调查则增加了他们的参与感，让他们在获取信息的同时能够有所互动和反馈。与此同时，传统受众群体，如更偏好深度阅读和详细分析的中老年人，也在多媒体报道中找到了自己的位置。这部分受众虽然可能不像年轻一代那样依赖于数字媒体，但他们也在逐渐适应并接受多媒体内容。长篇的深度报道、精心设计的信息图表和辅以音频解说的幻灯片，都是满足这一群体需求的有效方式。这些内容形式不仅提供了丰富和翔实的信息，还增加了视觉和听觉上的享受，使得新闻消费成为一种更为全面的体验。

多媒体报道在适应不同文化和语言背景的受众方面也表现出显著的优势。通过提供多语言版本的内容，或是结合视觉元素来跨越语言障碍，多媒体报道能够触及更广泛的全球受众。例如，一则关于国际事件的新闻，除了传统的文字报道外，还可以包括一段简短的视频摘要，用不同语言解说，从而使信息对不同语言的受众都易于理解和接受。

在表现复杂和专业话题时，多媒体报道同样展现出其独特的优势。科学、医学或技术相关的新闻往往包含复杂的数据和概念，通过传统的文字报道可能难以清晰传达。然而，多媒体元素如动态图表、解释性视频和互动模拟，可以使这些复杂的信息变得更加生动和易于理解。这不仅提高了信息的可访问性，也使得这些通常被认为是枯燥的话题变得更加吸引人。

5. 提升新闻报道的可访问性

多媒体报道在提升新闻内容的可访问性方面发挥着至关重要的作用，特别是在这个数字时代。这种报道方式通过融合文本、音频、视频、图像和互动元素，不仅提升了新闻内容的吸引力，还大幅拓宽了其在不同平台和设备上的适用性和可访问性。

在传统媒体时代，新闻内容的传播受限于物理媒介，如报纸、广播和电视。然而，随着数字技术的发展和互联网的普及，新闻传播的途径和范围发生了翻天覆地的变化。多媒体报道的出现正是这一转变的直接体现。在这种新的报道形式中，新闻不再是单一媒介的产物，而是成为一种可以在多种数字平台上自由流动和表现的内容。

多媒体报道的多平台性意味着新闻内容可以被设计成适合在各种设备上浏览，包括智能手机、平板电脑和个人电脑。这种适应性至关重要，因为它确保了无论受众使用什么设备，都能获得最佳的浏览体验。例如，对于智能手机用户，多媒体报道可以优化为更加简洁和快速加载的版本，而在个人电脑上，则可以提供更丰富的视觉和互动元素。这种灵活性大大增加了新闻内容的可访问性和受众覆盖范围。多媒体报道通过结合不同的媒介形式，如视频、音频、动态图表和互动元素，使得新闻故事更加生动和吸引人。这种丰富的表现形式不仅增强了新闻的信息传递能力，还为不同偏好和需求的受众提供了多种选择。例如，一些受众可能更倾向于通过视频了解新闻事件，而其他人则可能更喜欢深入阅读文本报道。多媒体报道能够满足这些不同的需求，从而吸引更广泛的受众。多媒体报道的互动性是提升新闻可访问性的另一个关键因素。互动元素，如点击式图表、在线投票和评论区，不仅使新闻内容更加吸引人，还促进了受众的参与和互动。这种参与感可以增强受众对新闻故事的兴趣和记忆，从而提高新闻内容的传播效果。在内容分发方面，多媒体报道通过各种数字平台的无缝整合，如社交媒体、新闻网站和移动应用，确保新闻能够迅速而广泛地传播。这种分发策略使得新闻内容不仅局限于传统媒体的受众，还能够触及更加多元和广泛的数字受众群体。

6. 加强新闻教育和知识传播

多媒体报道在新闻教育和知识传播方面扮演着极其重要的角色，尤其是在科学、健康和环境等需要深入解释和理解的领域。这种报道方式通过结合文本、图像、视频、音频和互动元素，不仅丰富了信息的呈现形式，还极大地提高了信息的可接受性和吸引力，从而有效地促进了公众对复杂主题的理解和认识。

多媒体报道能够以更加直观和生动的方式呈现复杂的概念和数据。例如，在科学报道中，复杂的理论和实验结果往往难以通过传统的文字报道清晰地传达。多媒体报道可以通过动态图表、3D模型和模拟实验的视频，使这些复杂的概念变得直观易懂。在健康和医学报道中，多媒体元素如动画和图解能够帮助观众更好地理解疾病的原理和治疗过程。而在环境报道中，通过卫星图像和数据可视化，可以生动地展示气候变化和环境破坏的影响，增强公众对这些问题的认识和关注。

多媒体报道通过互动元素提升了受众的参与度和学习体验。互动图表、在线问答、模拟体验等不仅使得新闻内容更加吸引人，还促进了观众的主动学习和探索。例如，一些新闻网站提供的互动式气候变化模拟器允许用户调整不同的参数，亲自体验不同政策选择对环境的影响。这种参与式的学习经历可以帮助公众更深刻地理解复杂问题，同时激发他们对相关话题的兴趣和关注。多媒体报道的多样性使其能够满足不同受众群体的需求。对于那些偏好视觉学习的观众，视频和图像提供了极佳的学习材料；而对于那些更倾向于文字和数据的观众，详尽的文字解释和数据分析同样能够满足他们的需求。这种多样性不仅扩大了新闻报道的受众范围，也使得各种背景和教育水平的人都能从中受益。多媒体报道还有助于提高信息的记忆度。研究表明，结合视觉和听觉元素的学习材料比单一的文本或图像更容易被记住。多媒体报道通过结合多种媒介，使得信息以更加深刻和持久的方式留在观众心中。

第二节　新媒体技术对多媒体新闻报道的影响

1.促进新闻内容的多样化和丰富性

新媒体技术的发展为新闻行业带来了前所未有的变革，极大地促进了新闻内容的多样化和丰富性。在这个技术快速进步的时代，新闻不再仅仅是文字和静态图片的简单组合，而是变成了一个多维度、互动性强的信息传播体系。

增强现实（AR）和虚拟现实（VR）技术的引入，开启了新闻报道的全新篇章。这些技术通过创造沉浸式的环境，极大地增强了新闻故事的现场感和真实感。例如，使用 VR 技术，观众可以"置身"于新闻事件的现场，不论是战场、自然灾害现场还是体育赛事，都能给观众带来前所未有的体验。这种沉浸式的报道方式使得观众能够更深入地理解和感受新闻事件，从而增强了新闻的影响力和说服力。而 AR 技术则能将数字信息叠加到现实世界中，增加新闻故事的互动性和参与感，例如在观看新闻报道时，用户可以通过智能设备看到额外的信息或者 3D 模型。

数据可视化和交互图表的应用，也极大地丰富了新闻内容的展示方式。在报道复杂的社会、政治或经济问题时，仅仅使用文字难以清晰地传达所有信息，而数据可视化技术可以将这些复杂的数据转换成直观的图表和图形，使得观众能够一目了然地理解核心信息和数据背后的故事。例如，选举结果的分析、经济增长趋势的展示等，通过动态图表和互动视觉效果，不仅使得数据解读变得更加直观，也大大提升了受众的阅读体验。

新媒体技术还使得新闻内容可以在多个平台上进行无缝整合和传播。新闻机构可以通过社交媒体、网站、移动应用等多个渠道，发布适应不同平台特性的新闻内容，如短视频、直播、图文并茂的故事等。这种多平台的内容分发策略不仅扩大了新闻的覆盖范围，也使得受众可以根据自己的偏好和环境，选择最合适的方式来接收新闻信息。

2. 提高新闻报道的互动性和参与度

新媒体技术在多媒体新闻报道中的应用极大地提高了互动性和参与度，这在当前的新闻传播领域中扮演着至关重要的角色。通过社交媒体的集成、在线评论和实时反馈机制，新媒体技术不仅改变了受众消费新闻的方式，也极大地增强了受众与新闻内容之间的连接。

在社交媒体的影响下，新闻报道已经不再是单向的信息传递。受众现在可以通过点赞、评论、分享和转发等方式，直接参与到新闻的传播和讨论中。这种参与性极大地提高了受众对新闻内容的兴趣，使得新闻不再是被动接收的信息，而是一种可以互动和参与的体验。例如，一则新闻报道在社交媒体上的发布，可以迅速引发公众的讨论和反馈，使得原本的新闻故事成为一个动态发展和不断扩展的讨论话题。

新媒体技术的应用也使得新闻报道更加个性化和定制化。新闻机构可以通过分析社交媒体上的用户行为，了解受众的兴趣和偏好，从而提供更加针对性的内容。这种个性化的策略不仅使受众更容易找到他们感兴趣的新闻，也增加了受众对新闻内容的黏性。在互动性方面，新媒体技术的应用远不止于社交媒体的集成。许多新闻网站和应用现在提供了实时的评论和反馈机制，允许受众对新闻内容即时反应。这种实时互动使得受众可以参与到新闻的制作过程中，例如通过在线投票或评论影响报道的后续发展。这不仅增强了新闻内容的动态性，也使得受众感到他们的声音和意见被重视和听取。

3. 优化新闻的传播和分发效率

在当前的数字时代，新媒体技术已成为优化新闻传播和分发效率的关键因素。这一转变得益于互联网和移动技术的广泛应用，以及算法和数据分析在新闻推荐和分发中的深入应用。

新媒体技术首先改变了新闻的传播速度和范围。在互联网时代，新闻不再受限于传统的地理和物理限制，可以在瞬间传播到全球各地。无论是国际重大事件、地方新闻，还是行业动态，都可以通过网络迅速传达给全球观众。这种快速传播不仅提高了新闻的时效性，也使得新闻内容可以在全球范围内迅速获得反馈和讨论。

移动技术的应用进一步加速了新闻的传播。智能手机和平板电脑的普及使得人们可以随时随地接收新闻更新，无论是通过社交媒体、新闻应用还是电子邮件通讯。这种随时可接入的特性意味着新闻机构可以更加频繁地与受众互动，同时也使得受众可以即时获取最新信息。

除了传播速度和范围，新媒体技术还优化了内容的推荐和分发。通过算法和数据分析，新闻机构可以更有效地将内容推送给感兴趣的受众。数据分析可以揭示受众的阅读偏好、浏览习惯和互动模式，这些信息对于优化新闻内容的定位和个性化推荐至关重要。例如，新闻机构可以利用这些数据来确定哪些类型的新闻故事更受欢迎，或者在何时发布新闻能获得最大的观众覆盖。社交媒体平台的兴起为新闻传播开辟了新的渠道。社交媒体不仅是信息的快速传播工具，也是新闻机构与受众互动的平台。通过社交媒体，新闻机构可以直接与观众沟通，获取即时反馈，并根据受众反馈调整内容。这种直接的双向沟通提升了新闻内容的相关性和吸引力。

新媒体技术还促进了新闻内容形式的多样化。传统的文本和图像报道可以与视频、音频和互动图表等多媒体元素相结合，创造更丰富和吸引人的新闻故事。这种多样化不仅满足了不同受众的需求，也增强了新闻故事的表现力。

新媒体技术还促进了新闻分发渠道的多元化。除了社交媒体和新闻网站，播客、电子邮件通讯和移动应用等多种渠道都被用于传播新闻内容。这种多渠道分发策略使得新闻机构能够更广泛地触及不同的受众群体，同时也为受众提供了更多获取新闻的方式。

4. 增强新闻故事的表现力和情感传达

新媒体技术的发展为新闻行业带来了前所未有的变革，特别是在增强新闻故事的表现力和情感传达方面，这些技术发挥着至关重要的作用。在新闻传播的领域中，多媒体元素已成为不可或缺的一部分，它们以多种形式丰富了新闻内容，使新闻故事更加生动、感人，同时提高了信息的传达效率和效果。

视频成为新媒体技术中最直观、最动感的表现工具之一。视频不仅可以展现静态的画面，还能够通过动态影像和声音，更全面地展示新闻现场的情境和氛围。比如，在报道自然灾害或社会事件时，视频能够使观众身临其境，直观地感受到事件的紧迫性和影响力。视频还能通过特定的拍摄手法和剪辑技术，强化故事的情感表达，让观众更易于产生共鸣。音频也是新闻故事传达中不可忽视的元素。在播客和音频新闻中，声音的使用不仅限于提供信息，更是一种情感和氛围的传递工具。优秀的音频报道能够通过声音的细微变化，如语调、节奏和音量的调整，传达更为丰富和深刻的情感层次。音乐和声效的合理运用也能够增强新闻故事的吸引力，提高受众的参与度和记忆点。

动画和其他多媒体元素在新闻故事中的应用，为复杂或抽象的信息提供了更为直观的表现方式。例如，在科学新闻或数据重的报道中，动画可以用来揭示复杂的科学原理或数据背后的故事，使得这些难以理解的内容变得易于消化和理解。同时，通过吸引人的视觉效果，动画还能够提高新闻故事的趣味性和参与感。

新媒体技术的另一大作用是实现了新闻故事的多维度表达。在传统媒体中，新闻故事通常是单向的、线性的。而在新媒体技术的支持下，新闻故事变得更加动态和互动。观众可以通过点击、滚动和交互等方式，从不同的角度和层面探索新闻故事，获得更为全面和深入的理解。这种多维度的表达方式不仅提升了新闻内容的吸引力，也使得新闻故事的讲述更加立体和全面。

5. 支持定制化和个性化的新闻体验

在当今新闻行业中，新媒体技术的应用正在重塑新闻传播的面貌，特别是在支持定制化和个性化新闻体验方面。这种技术驱动的变革不仅响应了受众多样化的信息需求，还大大增强了新闻内容的吸引力和参与度。

新媒体技术，尤其是人工智能和大数据分析，使得新闻机构能够深入理解受众的偏好和行为。通过分析用户的浏览历史、点击率、停留时间以及互动反馈，新闻机构可以精准地捕捉用户的兴趣点。这些数据不仅提供了受众兴趣的直接反映，还揭示了潜在的趋势和偏好，从而支持创建更加贴合用户需求的新闻内容。

基于这些分析，个性化算法能够推动定制化的新闻体验，即为每个用户提供专门定制的新闻内容和推荐。例如，如果一个用户经常阅读关于科技和创新的文章，新闻平台可以自动推荐相关领域的最新报道和深度分析。这种个性化的体验不仅加强了用户与新闻内容的相关性，还提高了用户黏性和平台的吸引力。

此外，新媒体技术还支持新闻内容的多样化呈现。依据用户的偏好，相同的新闻故事可以以不同的形式呈现，例如视频、图文、音频播客或互动图表等。这种多样性不仅满足了不同用户的消费习惯，也增强了内容的表现力和影响力。

个性化新闻体验还带来了更加深入的用户参与。用户可以通过评论、分享和参与在线讨论等形式与新闻内容互动。这种互动性不仅增强了用户体验，也为新闻机构提供了宝贵的反馈和观点，有助于进一步优化内容和策略。

同时，新媒体技术还使得新闻机构能够更有效地进行内容分发。通过分析用户的活动时间和频道偏好，新闻机构可以在最合适的时间通过最合适的渠道发布内容，确保新闻以最高效的方式到达目标受众。这种策略的实施不仅提高了新闻传播的效率，也优化了资源的使用。

新媒体技术的这些应用不仅提升了新闻行业的技术水平，更重要的是，它们极大地丰富了新闻消费的体验。个性化和定制化的新闻体验让受众感到自己的需求和兴趣被重视和满足，这不仅增加了受众的满意度，也加深了他们对新闻品牌的忠诚度。在这个信息过载的时代，为受众提供量身定制的新闻体验已成为新闻机构吸引和保持受众的关键策略。

综上所述，新媒体技术对多媒体新闻报道产生了深远的影响。从丰富和多样化的内容表现，提高互动性和参与度，到优化传播效率，以及增强故事的表现力和个性化体验，新媒体技术正在推动多媒体新闻报道向更高效、更互动、更个性化的方向发展。随着这些技术的不断发展和完善，预期它们将继续深刻影响新闻行业的未来。

第三节 多媒体报道的创新案例分析

1. 南方周末——互动式新闻报道

南方周末作为中国领先的新闻机构，在多媒体报道和互动式新闻方面取得了显著的成就，成为这一领域的典范。它的创新实践不仅仅改变了新闻内容的呈现方式，更在深层次上重塑了受众与新闻的互动关系，为传统新闻报道注入了新的活力。

在南方周末的报道实践中，互动图表和在线问答等元素的使用极大地增强了新闻故事的沟通效果。这种方法使得新闻内容不再是单向传播的信息，而是变成了一个可以探索和互动的平台。当报道重大社会问题时，这种互动性尤为重要，它使得受众能够更深入地理解问题的各个方面，从而形成更全面的见解。通过运用互动图表，南方周末能够直观地展示事件的发展脉络、相关人物和关键节点。这些图表不仅呈现了事件的基本事实，还揭示了事件背后的复杂关系和深层次原因。受众可以通过点击不同的元素，获取更多的信息，逐渐构建起对事件的全面认识。

在线问答环节为受众提供了一个直接参与讨论和表达观点的机会。在这一环节中，受众可以提出问题，新闻机构或专家则对这些问题进行回应。这种双向交流的方式不仅拉近了受众与新闻制作者之间的距离，也使得受众感到自己是新闻故事的一部分，他们的声音和疑问被重视和回应。

互动式报道还体现了"南方周末"对于新闻教育的重视。通过互动图表和在线问答，复杂的社会问题被分解成易于理解的单元，有助于提高公众的认知水平和批判性思维能力。这种报道方式不仅传递了信息，更培养了受众分析和思考问题的能力。"南方周末"的多媒体报道还采用了丰富的视觉元素，如图片、视频和动画，以及各种叙事技巧，使得新闻故事更加生动和吸引人。这些元素的融合不仅提高了受众的阅读体验，还加深了他们对报道内容的情感共鸣。

总而言之，南方周末在多媒体和互动式报道方面的创新实践，标志着传统新闻机构在新媒体时代的成功转型。它通过充分利用现代技术，不仅提高了新闻报道的质量和影响力，更重要的是，增强了新闻与公众之间的互动和连接，使新闻成为一种双向的、参与性的沟通方式。这种新闻传播的模式，无疑将对整个新闻行业产生深远的影响。

2. 央视新闻移动应用——利用增强现实（AR）技术

中国中央电视台（央视）的新闻移动应用在利用增强现实（AR）技术方面表现出显著的创新和先进性，尤其在多媒体报道领域。这种技术的运用不仅标志着传统新闻机构在数字时代的技术革新，也为用户提供了前所未有的新闻体验。

央视新闻移动应用利用 AR 技术，突破了传统新闻报道的限制，将平面和单向的新闻传播转变为立体和互动式的体验。通过这种方式，新闻内容从屏幕跃入现实世界，为用户提供了沉浸式的体验。尤其在报道重大事件和自然灾害时，AR 技术的应用使得新闻报道不再是远距离的观看体验，而是让用户能够在自己的周围环境中直观感受事件的规模和影响。例如，在报道一场大型风暴或地震时，央视新闻移动应用可以通过 AR 技术，让用户在自己的居住环境中看到风暴的虚拟影像或地震造成的破坏。这种直观的展示方式远远超越了传统的视频或图片报道，能够让用户更为真切地感受到事件的严重性和紧迫性。这不仅加深了受众对事件的理解，也增强了新闻的教育和警示功能。

除了灾害报道之外，AR 技术还被应用于更广泛的新闻领域。在政治、经济和文化等领域的报道中，AR 技术可以用来展示复杂的数据、历史时间线、地理位置等信息。这种交互式的展示方式不仅提高了信息的可理解性，也使新闻内容更加生动和吸引人。此外，央视新闻移动应用中的 AR 技术还促进了用户参与和互动。用户可以通过自己的移动设备与新闻内容进行互动，比如在 AR 环境中探索不同的视角、获取更多的背景信息等。这种参与式体验极大地提升了用户的参与度和对新闻内容的兴趣。在提供创新新闻体验的同时，央视新闻移动应用的 AR 技术还体现了新闻传播方式的现代化和技术化。这种技术不仅为央视这样的传统新闻机构提供了与时俱进的传播手段，也展示了中国在新闻科技领域的进步和创新能力。

综上所述，央视新闻移动应用通过利用 AR 技术，不仅极大地丰富了新闻的表现形式和传播效果，还为用户提供了更加深入和互动的新闻体验。这种技术的应用不仅是对新闻传播方式的一次重大创新，也是对传统媒体转型和发展的一次积极探索。随着技术的不断发展和完善，未来这种新闻体验还将继续演进和优化，为用户带来更多的惊喜。

3. 腾讯新闻——融合视频和社交媒体元素

腾讯新闻作为中国领先的新闻平台之一，其在多媒体报道上的创新和实践是当代新闻传播领域的一个典型案例。腾讯新闻通过结合视频内容和社交媒体元素，有效地改变了新闻的传播方式，提高了新闻内容的吸引力和影响力。

在数字化和信息技术快速发展的时代背景下，腾讯新闻深刻理解到，单一的文字和图片形式已无法满足日益多样化的受众需求。因此，腾讯新闻开始大量采用视频报道，尤其是在重大事件和热点话题的报道中。视频作为一种生动直观的媒介，不仅能够提供更丰富的信息和更深刻的观感体验，还能够吸引那些传统文字报道难以触及的受众群体。通过视频报道，腾讯新闻能够更加生动地展现新闻事件的现场情况，让受众仿佛置身事发现场，从而提高新闻的吸引力和说服力。

腾讯新闻在社交媒体的运用上也展现出极大的创新性。社交媒体平台，如微信和微博，不仅是新闻内容的一个传播渠道，更是提高新闻互动性和参与度的重要工具。腾讯新闻通过这些平台发布新闻内容，不仅可以迅速触及广泛的用户群体，还可以通过用户的评论、转发和点赞等互动方式，增强新闻的传播效果和受众的参与感。这种互动性不仅使得新闻传播更加广泛和高效，还为新闻内容的持续更新和深入报道提供了丰富的用户反馈和观点。

在融合视频和社交媒体的过程中，腾讯新闻还特别注重内容的质量和多样性。对于视频内容，腾讯新闻投入了大量的资源进行高质量制作，确保视频既具有新闻性，又具有观赏性。同时，腾讯新闻还注重视频内容与社交媒体平台的适配性，优化视频格式和长度，使其更适合在移动设备和社交媒体上观看和分享。

腾讯新闻还通过数据分析来优化其多媒体报道的策略。利用大数据和人工智能技术，腾讯新闻能够分析用户行为和偏好，实现新闻内容的个性化推荐。这不仅提高了用户的满意度，也增加了新闻内容的针对性和有效性。

这些案例展示了中国新闻机构如何通过多媒体技术的创新应用，提升新闻报道的质量和受众体验。从互动图表到 AR 技术，再到视频和社交媒体的融合，这些创新不仅使新闻内容更加生动和吸引人，还加深了受众对新闻事件的理解和参与。这些成功的案例为全球新闻行业在多媒体报道方面提供了宝贵的经验和启示。

第七章　媒体融合背景下的新闻伦理与规范

　　随着媒体技术的飞速发展和信息传播方式的深刻变革，新闻业界正面临着前所未有的伦理挑战。媒体融合不仅改变了新闻的生产和传播方式，也对新闻伦理和规范提出了新的要求。在这个信息爆炸的时代，如何保持新闻的真实性、公正性和责任性，成为新闻行业不可回避的课题。

　　首先，我们必须承认媒体伦理的重要性。新闻作为社会的镜子和舆论的导向，其传递的信息直接影响着公众的观点形成和社会的健康发展。因此，坚守伦理原则不仅是新闻从业者的职业责任，更是对公众信任的回应。然而，在当前的媒体环境中，媒体伦理面临着诸多新的挑战。社交媒体的兴起、用户生成内容的流行以及新闻的即时性要求，都在某种程度上加剧了对速度和流量的追求，有时甚至以牺牲准确性和深度为代价。而在媒体融合的背景下，新闻伦理的挑战变得更为复杂。信息来源的多样化和传播渠道的扩散，使得验证信息的真实性变得更加困难。此外，数字媒体时代的匿名性和去中心化特点，也给新闻的客观性和公正性带来了新的挑战。在这样的环境下，新闻从业者必须更加谨慎地处理信息，确保其报道既快速又准确，既吸引人又有深度。而且新闻规范与监管机制的建立与完善，是应对这些挑战的关键。在媒体融合的背景下，传统的新闻规范可能已不完全适应新的传播环境。因此，需要建立一套更加全面、灵活且适应时代发展的新闻规范体系。这不仅涉及法律法规的制定，也包括行业标准的更新和新闻教育的改革。同时，监管机制的建立不应仅仅是限制和约束，更应当是引导和激励，促进新闻行业的健康发展。

　　在本章中，我们将深入探讨媒体融合背景下新闻伦理与规范的现状、挑战和未来的发展方向。通过对这些议题的深入分析，本章旨在为新闻从业者提供实用的指导，为新闻教育工作者提供教学的参考，同时也为公众提供对新闻伦理和规范更深层次的理解。

第一节　媒体伦理的重要性与现状

1. 媒体伦理的核心价值观念

在当今信息时代，媒体伦理成为公众讨论的焦点，其核心价值观念——真实性、公正性和责任性——不仅是媒体行业内部自我规范的准则，更是维护信息传播秩序和社会和谐稳定的基石。这些价值观念深刻影响着媒体的运作方式和社会角色，对于构建一个健康、透明、负责的信息传播环境至关重要。

首先，真实性是媒体伦理的基础。在一个充斥着各种信息的时代，真实性是衡量信息价值的首要标准。媒体作为信息的传播者，有责任确保所传递的内容真实可靠。这不仅仅意味着报道的事实必须准确无误，还要求媒体在报道中呈现事件的全貌，避免片面性和断章取义。真实性的追求不仅体现了媒体的职业操守和专业素养，也是对公众的尊重。媒体的真实性直接影响着其公信力和权威性，对于维护社会信任和稳定至关重要。

其次，公正性是媒体伦理的核心原则之一。公正性要求媒体在报道时保持中立和客观，避免偏见和歧视。这包括在报道中公平对待不同的观点和利益团体，提供平衡和多元的信息。在一个多元化的社会中，公正性不仅有助于各种声音的平等表达，也是维护社会多元性和包容性的重要手段。公正性的维护有助于构建一个开放、健康的公共讨论空间，促进社会的整体进步。责任性则是媒体伦理不可或缺的组成部分。媒体对社会和公众负有广泛的责任，这包括对报道内容的后果负责、对受众的影响负责以及对社会道德和文化价值观的维护负责。媒体在传播信息时应当考虑到其对受众心理和社会行为的影响，特别是对未成年人和易受影响的群体。此外，媒体还需要考虑到信息的时效性和社会影响，避免造成不必要的恐慌或误导。

媒体伦理的实践不仅仅是媒体机构和从业者的责任，也是整个社会共同关注的问题。在现代社会，信息的传播速度和范围前所未有，媒体的影响力日益增强。因此，确保媒体遵循伦理准则，不仅关系到媒体自身的信誉和发展，也关系到公众利益和社会的健康发展。媒体机构需要建立严格的伦理准则和监管机制，确保所有报道和传播活动符合真实性、公正性和责任性的要求。而在培养媒体伦理意识方面，媒体教育也发挥着重要作用。媒体教育不仅应当教授技术技能，更应当强调伦理意识的培养。媒体从业者应当深刻理解自己的社会责任，不断提升自己的职业素养，才能更好地服务于社会和公众。同时，公众也应当提高自身的媒体素养，学会辨别和评价媒体内容的真实性和公正性，这对于构建一个健康的信息环境同样重要。

媒体伦理的核心价值观念——真实性、公正性和责任性，是媒体行业自身发展的需要，也是其在社会中发挥作用的基础。在快速发展的信息时代，这些伦理价值观念的重要性更加凸显。媒体机构和从业者应当深刻理解这些伦理价值观念的重要性，并将其内化于日常工作之中，以确保信息传播的健康和秩序，从而更好地服务于社会和公众。

2. 媒体伦理与社会责任

在现代社会的广泛语境中，媒体不仅是信息传播的主要渠道，更是影响和塑造公众意识、引导社会舆论的关键力量。这种深刻的社会功能赋予了媒体特殊的责任，使得媒体伦理与社会责任紧密相连。媒体的伦理行为不单单局限于信息传播的真实性、公正性和责任性，更扩展到如何在全球化和数字化的时代背景下，对社会价值观的形成和社会稳定产生积极影响。

媒体作为社会价值观念的塑造者和传播者，其报道内容和方式，直接或间接地影响着公众的观点和态度。媒体通过选择性报道、语境设置、意见领袖的引导等方式，能够在很大程度上塑造和引导公众对某一事件或议题的看法。这种影响力既有其积极的一面，如提升公众意识、促进社会正义；同时也存在潜在的风险，如误导公众、加剧社会分裂。因此，媒体在执行其职能时，需要深切考虑其所承担的社会责任。这不仅包括向公众提供准确、全面的信息，还包括在报道时考虑到社会的多元性和复杂性。媒体应当努力避免通过单一视角的报道加剧社会偏见或冲突，而是应当致力于呈现多元视角，促进社会对话和理解。这种多元视角的呈现对于维护社会的包容性和多样性至关重要。

在全球化和数字化的当下，媒体的社会责任更加凸显。信息技术的迅猛发展使得信息传播的速度和范围大大增加，媒体的影响力和覆盖面不断扩大。这种变化要求媒体在传播信息时更加谨慎，因为信息的误导和错误传播可能迅速引起广泛的社会反响，甚至造成不可挽回的后果。因此，媒体在这个时代背景下，不仅要维护传统的伦理标准，还要适应新的技术和社会环境，承担起更加重要的社会责任。此外，媒体对于促进公民参与和民主进程也承担着重要责任。通过提供有关社会政治事件的信息，媒体帮助公民了解和参与公共事务。在这个过程中，媒体应当促进开放和平等的公共讨论，为不同声音提供表达的平台。这种公民参与的促进对于民主社会的健康发展至关重要。

媒体伦理与社会责任之间的关联在当今时代愈发显著。媒体不仅在信息传播的真实性、公正性和责任性方面承担着重要责任，更在社会价值观的塑造、社会稳定的维护以及公民参与的促进方面发挥着重要作用。在全球化和数字化的背景下，媒体的这些责任更加重大，同时也更加具有挑战性。因此，媒体机构和从业者应当深刻理解自己的社会职责，不断提升自己的伦理意识和专业素养，为构建一个健康、包容、公正的社会环境做出积极贡献。

3. 媒体伦理的现状挑战

在当今信息化和数字化时代，媒体伦理面临着前所未有的挑战。这些挑战源于互联网和社交媒体的迅猛发展，它们极大地改变了信息传播的方式，扩大了信息的传播速度和范围，但同时也带来了一系列新问题，如虚假新闻的泛滥、信息失真、隐私权的侵犯以及网络暴力等。这些问题对于媒体伦理提出了更高的要求，迫使媒体行业不断适应并更新其伦理准则，以应对日益复杂的媒体环境。

在虚假新闻方面，互联网和社交媒体的普及使得信息的发布者变得多元化，任何个体都可能成为信息的传播者。这种情况下，虚假信息很容易被制造和传播，尤其是在没有严格事实核查的情况下。虚假新闻不仅误导了公众，破坏了公众对媒体的信任，还可能导致严重的社会后果，如引发恐慌、激化社会矛盾等。因此，如何有效识别和遏制虚假新闻，成为媒体伦理的一个重要议题。而信息失真是另一方面的问题。在追求点击率和关注度的驱动下，一些媒体和个人可能会通过夸大、断章取义或者片面报道的方式来吸引观众。这种行为虽然可能短期内吸引到更多的关注，但长期来看却损害了媒体的信誉和公信力。信息失真不仅对公众的知情权产生了负面影响，也破坏了社会对事实的共同理解基础，增加了社会分裂的风险。

隐私权的侵犯和网络暴力也是互联网时代媒体伦理面临的重要挑战。在数字化时代，个人信息的收集和处理变得更加容易，而这些信息很容易被滥用，侵犯个人隐私权。同时，社交媒体平台上的匿名性和即时反馈机制有时也会导致网络暴力现象的发生。这些行为不仅侵犯了个人的基本权利，也影响了网络环境的健康和秩序。

面对这些挑战，媒体伦理的适应和发展成为一个迫切的问题。媒体机构和从业者需要不仅坚持传统的伦理准则，如真实性、公正性和责任性，还需要对这些准则进行适时的更新和调整，以适应新的技术和社会环境。此外，也需要建立更有效的监管机制，加强媒体从业者的伦理教育和培训，提高公众的媒体素养，以及促进多方面的合作和对话，共同应对媒体伦理面临的挑战。

随着技术的发展和社会环境的变化，媒体伦理的现状正在经历着深刻的变革。虚假新闻、信息失真、隐私权的侵犯和网络暴力等问题，对媒体伦理提出了新的要求和挑战。这要求媒体行业不断地反思和更新其伦理准则，加强自我监管和自律，以更好地应对这些挑战，维护一个健康、公正、负责的信息传播环境。媒体伦理的这些挑战和应对措施，不仅对媒体行业本身具有重要意义，也对社会的整体健康和稳定具有深远影响。因此，媒体机构、从业者、政府机构以及公众都需要共同努力，推动媒体伦理的进步，共同应对这些前所未有的挑战。

4.公众对媒体伦理的期待

在现代社会，公众对媒体的期待正在发生显著的变化。随着信息技术的发展和媒体环境的复杂化，公众越来越关注媒体的透明度、责任性和专业性。这种关注不仅源自对信息真实性和准确性的需求，还包括对媒体行为的伦理性和公正性的期待。在这种背景下，公众对媒体的监督和批评日益增强，这对媒体在维护伦理标准方面提出了更高的要求。

透明度是公众对媒体的一个重要期待。在信息充斥的时代，公众希望能够清楚地了解信息的来源、制作过程和传播途径。这种透明度不仅有助于提高信息的可信度，还可以增强公众对媒体的信任。因此，媒体在报道时应当尽可能地提供信息源，明确标示观点和事实的区别，以及公开报道背后的编辑决策和标准。这种透明度的提高，对于建立公众对媒体的信任和尊重至关重要。而责任性是另一方面的关键期待。随着媒体对社会和公众生活的影响日益增强，公众期望媒体能够对其报道的内容和所引发的后果承担更大的责任。这包括在报道中保持公正和客观，避免误导公众；在涉及敏感话题和个人隐私时，展现必要的谨慎和尊重；以及在发现错误时，及时更正并向公众道歉。责任性的提升，是媒体获得公众尊重和信任的基础。

专业性则是公众对媒体的另一重要期待。在信息技术迅速发展和媒体形式多样化的今天，公众期望媒体不仅仅是信息的传播者，更是信息的筛选者和解释者。这要求媒体从业者具备高度的专业知识和技能，能够准确理解和处理复杂的信息，以及有效地向公众传达。专业性的提升不仅提高了媒体内容的质量，也是媒体在竞争激烈的市场中获得优势的关键。而面对公众对透明度、责任性和专业性的日益增强的期待，媒体需要做出更多努力来维护和提升其伦理标准。这包括建立更加严格的编辑和审核机制，加强从业者的伦理教育和专业培训，以及不断更新和改进其工作流程和标准。此外，媒体还需要更加积极地与公众互动，倾听公众的声音和反馈，不断调整其工作以更好地满足公众的期待。

公众对媒体的期待正在不断提升，这对媒体的伦理标准和工作方式提出了更高的要求。透明度、责任性和专业性成为衡量媒体品质的关键指标。面对这些期待，媒体需要不断地自我完善和进步，以更好地服务于公众，维护一个健康、公正、负责的信息传播环境。这不仅是媒体自身发展的需要，也是构建一个和谐社会和促进公共福祉的重要途径。

第二节　媒体融合背景下的新闻伦理挑战

1. 多元媒介的伦理冲突

在当前的媒体环境中，多元媒介的发展带来了新的伦理挑战。媒体融合的背景下，传统媒体与新媒体在伦理标准上的差异化表现尤为明显。这种差异不仅源于两者在传播渠道、受众群体和内容形式上的区别，还体现在对信息真实性、公正性和责任性的处理方式上。传统媒体通常拥有较为成熟的伦理规范和编辑流程，而新媒体则在快速发展的过程中，面临着如何建立和维护伦理标准的问题。在这种情况下，如何在不同平台上保持一致的伦理标准，成为一项重大挑战。

传统媒体，如报纸、广播和电视，长期以来已经建立了一套相对稳定的伦理准则和操作流程。这些准则通常强调新闻的真实性、公正性和深度，以及对公众利益的负责态度。传统媒体的编辑和记者经过专业训练，对于新闻报道的准确性和深度把控有着严格的要求。然而，随着新媒体的兴起，尤其是社交媒体和博客等平台的普及，信息的发布变得更加即时和个人化。这些新媒体通常强调快速反应和个人观点的表达，有时可能牺牲新闻的深度和全面性。此外，新媒体平台的匿名性和去中心化特征，也使得伦理监管变得更加困难。

在这种多元媒介环境中，维护一致的伦理标准面临着多重挑战。一方面，不同媒介的运作模式和受众需求有所不同，这导致它们在伦理准则的应用上可能有所差异。例如，社交媒体平台更加强调用户参与和互动，这可能促使其在内容审核上采取更为宽松的策略。另一方面，新媒体的迅速发展和技术变革，也对传统的伦理准则提出了挑战。例如，人工智能和算法在新媒体中的应用，对新闻的选择和推送产生了影响，这使得对新闻的客观性和公正性进行监管变得更加复杂。

在应对这些挑战时，需要媒体行业、监管机构和公众共同努力。首先，媒体行业需要认识到，在多元媒介环境中维护一致的伦理标准的重要性。这可能需要行业内部建立共同的伦理准则，并通过培训和教育提高从业者的伦理意识。其次，监管机构应该对不同媒介的伦理实践进行监督和指导，确保所有媒体平台都遵守基本的伦理规范。此外，公众也应该提高媒体素养，理解不同媒体平台的特点和限制，对媒体内容进行审慎的评估和选择。

在媒体融合的背景下，多元媒介的伦理冲突是一个复杂且持续的问题。传统媒体和新媒体在伦理标准上的差异，不仅体现了两者在运作模式和受众需求上的区别，也反映了新技术对媒体伦理的影响。为了在不同平台上保持一致的伦理标准，需要媒体行业内部建立共识，监管机构提供指导和监督，以及公众参与和提高媒体素养。这些努力对于维护媒体的可信度、保护公众利益以及促进社会的健康发展都至关重要。

2. 即时性与准确性的平衡

在新媒体时代，新闻的即时性被极大强调，这反映出现代社会对信息快速获取的迫切需求。然而，这种对即时性的追求也可能导致对信息准确性和深度的忽视，从而构成了一种新的伦理考验。在这个背景下，如何在新闻报道中平衡即时性与准确性，成为媒体伦理领域面临的一项重要挑战。

新媒体技术的发展，尤其是社交媒体和移动互联网的普及，极大地加速了信息的传播速度。新闻机构和记者在这种环境下，面临着强烈的市场压力，需要迅速响应各类事件，以吸引公众的注意力和提高点击率。然而，这种对速度的追求有时会以牺牲准确性和深入报道为代价。在快速报道的过程中，可能会忽略事实核查、背景调查和多方位的信息采集，导致报道的片面性和错误。

另一方面，对准确性的忽视不仅损害了媒体的信誉和公信力，也可能对公众造成误导，甚至在一些情况下引发社会的恐慌和混乱。因此，在新媒体环境下，如何在追求即时性的同时，保持新闻的准确性和深度，成为媒体工作的一个重要方面。为了解决这一挑战，媒体机构需要在内部建立一套有效的机制和流程，以确保新闻报道的质量。首先，应加强对记者和编辑的专业培训，提高他们在快速报道中维护准确性的能力。这包括教授他们如何在紧迫的时间内进行快速但准确的事实核查，以及如何在报道中平衡不同的信息来源和观点。

其次，媒体机构应该采用技术手段来辅助新闻的准确性核查。例如，可以利用人工智能技术来快速筛查和验证信息，或者使用数据分析工具来提高报道的深度和全面性。同时，媒体机构也应该建立一套严格的编辑审查流程，确保所有发布的新闻都经过仔细的核查和审议。除此之外，媒体还需要建立起与公众的良好沟通机制。这包括对公众进行媒体素养教育，帮助他们理解新闻报道的即时性和准确性之间的平衡，以及如何评估和筛选信息。同时，媒体也应该鼓励公众参与到新闻的生产过程中，例如通过社交媒体平台收集公众的反馈和意见，以增强报道的准确性和深度。

在新媒体时代，平衡即时性与准确性的问题不仅是技术和操作上的挑战，更是一种伦理的考验。媒体机构和从业者需要意识到，他们的工作不仅是传递信息，更是维护公众利益和社会稳定的重要职责。因此，他们在追求新闻的即时性时，不应忽视对准确性和深度的追求。通过内部的专业培训、技术支持和与公众的有效沟通，媒体可以更好地在这两者之间找到平衡，提供既快速又准确的新闻报道，满足公众对高质量新闻的需求，同时维护媒体的可信度和社会的和谐稳定。

3. 用户生成内容的伦理问题

社交媒体平台上用户生成的内容（UGC）已成为当今信息生态的一个重要组成部分，它极大地丰富了信息资源，提高了信息的多样性和互动性。然而，UGC 的真实性和合法性难以把控，这对媒体机构在内容审核和伦理责任上提出了新的挑战。UGC 的伦理问题不仅关系到信息的真实性和公众的权益，也涉及社会的和谐与稳定。

由于 UGC 是由用户自发生成并发布的，其内容的真实性无法得到保证。

虚假信息、误导性内容、未经验证的传言在 UGC 中可能随意传播，这不仅误导公众，也可能引发社会的不稳定和恐慌。此外，由于缺乏专业的编辑过程，UGC 内容的准确性和全面性也难以得到保障。

UGC 的合法性问题也不容忽视。用户生成的内容可能涉及侵犯版权、诽谤、侮辱、暴力或仇恨言论等非法内容，这些问题对社交媒体平台的内容审核提出了巨大挑战。一方面，社交媒体平台需要建立有效的内容审核机制，以识别和过滤非法和不恰当的内容；另一方面，也需要平衡内容审核与言论自由之间的关系，避免过度审查导致对用户表达自由的限制。此外，UGC 的伦理问题还涉及个人隐私和数据保护的问题。用户在社交媒体平台上发布的内容常常包含个人信息，这些信息的保护和使用成为一个重要议题。社交媒体平台需要确保在收集、存储和使用用户数据时，尊重用户的隐私权，并遵守相关的数据保护法律和规定。

在应对 UGC 的伦理问题时，媒体机构需要采取多种策略。首先，建立和完善内容审核机制是至关重要的。这包括使用人工审核和人工智能技术相结合的方法，以有效识别和过滤虚假和非法内容。同时，社交媒体平台也需要对用户进行教育和引导，提高他们的媒体素养，使其在发布内容时能够自觉遵守法律法规和社会伦理。社交媒体平台还需要建立透明和公正的处理机制，对于涉嫌违规的内容进行适当的处理。这包括设立申诉和复核机制，确保用户的权益得到保护。同时，也需要与政府机构、行业协会和公众进行有效沟通，共同探讨如何更好地管理 UGC 内容，平衡言论自由和内容审核之间的关系。对于个人隐私和数据保护的问题，社交媒体平台需要遵守相关法律法规，建立严格的数据保护政策。这包括加强对用户数据的加密和保护措施，以及明确用户数据的使用范围和目的。

社交媒体平台上用户生成的内容（UGC）在为信息生态带来活力和多样性的同时，也引发了一系列伦理问题。这些问题不仅关系到信息的真实性和合法性，也涉及个人隐私和数据保护。在应对这些挑战时，社交媒体平台需要建立有效的内容审核机制，提高用户的媒体素养，建立透明和公正的处理机制，并严格遵守数据保护的相关法律法规。这些努力对于维护社交媒体平台的健康发展和公众利益至关重要。

4. 隐私权与公共利益的权衡

在媒体融合的环境中，尤其是在社交媒体的背景下，个人隐私权与公共利益之间的界限变得越来越模糊，这给媒体的伦理实践带来了新的挑战。随着信息技术的发展和社交媒体的普及，个人生活的公开度不断提高，而媒体在报道中处理个人隐私与公共利益的关系成为一项重要的伦理任务。

在这种背景下，媒体在报道中必须谨慎处理个人隐私与公共利益的关系。一方面，媒体作为社会信息传播的重要工具，有责任揭露那些对公众有重大影响的信息，这常常涉及对个人或团体的报道。另一方面，媒体也需要尊重个人的隐私权，避免无故侵犯个人隐私，尤其是在涉及敏感个人信息的情况下。

在处理这一问题时，媒体需要在法律框架内进行操作。大多数国家和地区都有关于个人隐私保护的法律规定，这些法律为处理个人隐私与公共利益的关系提供了基本指南。媒体在报道时，应该遵守这些法律规定，确保其报道活动不违反法律法规。媒体还需要建立一套内部的伦理标准和操作流程，以确保在报道中恰当处理个人隐私与公共利益的关系。这包括在报道前进行充分的评估，判断报道是否真正符合公共利益，以及是否有必要涉及个人隐私。在必须涉及个人隐私的情况下，应尽可能减少对个人隐私的侵犯，并且在报道中给予适当的解释和正当化。

同时，媒体还需要关注社交媒体平台上的信息传播特点。在社交媒体上，信息的传播速度快，影响范围广，且用户之间的互动性强。这些特点使得个人信息很容易被广泛传播，增加了对个人隐私的潜在威胁。因此，媒体在使用社交媒体平台上的信息进行报道时，需要特别注意保护信息来源的隐私权。除此之外，媒体还应加强与公众的沟通和教育。通过公开讨论和教育活动，提高公众对个人隐私权和公共利益重要性的认识，以及如何在日常生活中保护个人隐私。这不仅有助于提升公众的媒体素养，也有助于构建一个更加健康和谐的信息环境。

在媒体融合的环境中，尤其是在社交媒体背景下，处理个人隐私权与公共利益的关系成为一项新的伦理难题。媒体在处理这一问题时，需要在法律框架内操作，建立内部的伦理标准和操作流程，谨慎评估报道内容，并在必要时给予适当的解释和正当化。同时，媒体也需要关注社交媒体平台的信息传播特点，保护信息来源的隐私权，加强与公众的沟通和教育，以更好地平衡个人隐私权与公共利益的关系，维护健康和谐的信息环境。

5. 商业压力与新闻独立性

在当今的媒体环境中，商业化运作对媒体产业的影响日益显著，尤其是在媒体融合的背景下。这种商业化趋势可能导致新闻内容受到商业利益的影响，从而使保持新闻的独立性和客观性成为一项重要的伦理挑战。在市场经济体制中，媒体机构面临着获得收益和维持运营的压力，这种压力可能间接或直接影响新闻的制作和报道，从而对新闻的独立性和客观性构成威胁。

商业利益可能以多种形式对媒体内容产生影响。例如，广告收入是许多媒体机构的主要收入来源，这可能导致媒体在报道中过度迎合广告商的利益，或者在内容上做出妥协，以避免损害与广告商的关系。此外，为了吸引观众和提高点击率，一些媒体可能会采用耸人听闻或娱乐化的方式报道新闻，这种做法可能损害新闻的深度和严肃性，降低其信息价值。

在这种背景下，保持新闻的独立性和客观性对于媒体机构而言，是一项重要而艰巨的任务。首先，媒体机构需要明确其新闻报道的主要责任是向公众提供准确、全面和公正的信息，而不是追求商业利益最大化。这要求媒体机构建立起一套独立于商业利益的新闻制作和审核流程，确保新闻内容的制作和报道不受商业利益的不当影响。其次，媒体机构应采取措施加强对新闻从业者的伦理培训，提高他们对于新闻独立性和客观性重要性的认识。新闻从业者应具备批判性思维和职业操守，能够在面对商业压力时坚持新闻的独立性和客观性。此外，媒体机构还应鼓励从业者对可能影响新闻独立性的商业行为进行批评和抵制。

同时，为了确保新闻内容的独立性，媒体机构还需要建立透明的运作机制和清晰的利益冲突管理政策。这包括公开媒体机构的资金来源和利益相关方，以及在报道中明确标示广告和赞助内容。这种透明度不仅有助于公众了解媒体内容的背景，也有助于维护媒体的公信力。除此之外，媒体还应加强与公众的沟通，积极响应公众对新闻独立性和客观性的关切。通过公开论坛、听众反馈机制和社交媒体等渠道，媒体可以更好地理解公众的需求和期望，从而在保持商业运作的同时，确保新闻内容的质量和独立性。

在商业化运作日益显著的媒体融合环境中，保持新闻的独立性和客观性是一项重要的伦理挑战。面对商业利益的影响，媒体机构需要坚持新闻的主要责任，建立独立的新闻制作和审核流程，加强对从业者的伦理培训，建立透明的运作机制和利益冲突管理政策，以及加强与公众的沟通。通过这些措施，媒体可以在维护商业利益的同时，保持新闻内容的独立性和客观性，满足公众对高质量新闻的需求。

第三节　新闻规范与监管机制的建立与完善

1. 制定全面的新闻伦理准则

在新媒体环境下，制定全面的新闻伦理准则成为媒体行业的一项重要任务。这套准则不仅需要涵盖信息真实性、公正性和隐私保护等传统的新闻伦理方面，还应适应数字化时代的特点，为媒体从业人员提供明确的行为指南。在信息技术迅速发展和媒体形态多样化的今天，新闻伦理准则的重要性不仅体现在维护新闻职业的标准和信誉上，也关系到社会公众的利益和社会的整体健康。

在制定全面的新闻伦理准则时，首要考虑的是信息的真实性。新闻作为公众获取信息的主要渠道，其真实性直接关系到公众对媒体的信任和媒体自身的可信度。真实性不仅意味着报道事实的准确无误，也包括对事件的全面和深入报道，避免片面性和误导性。因此，新闻伦理准则应明确规定，媒体从业人员在采集、处理和发布信息时，必须严格遵守事实核查的原则，确保信息的真实性。

公正性是新闻伦理准则的另一重要方面。公正性要求媒体在报道中保持中立，给予不同观点和声音平等的机会。在新媒体环境下，这一原则尤为重要，因为社交媒体和网络平台的兴起使得信息更加多元和碎片化。新闻伦理准则应指导媒体从业人员在报道中平衡不同的信息和观点，避免偏见和歧视，从而维护新闻报道的公正性。

隐私保护是新闻伦理准则中一个日益重要的领域。在数字化时代，个人信息的获取变得更加容易，但这也带来了对个人隐私的潜在威胁。新闻伦理准则应明确规定，在报道中必须尊重个人隐私权，特别是在涉及敏感个人信息和未成年人的情况下。媒体从业人员在进行报道前，应进行充分的伦理评估，确保报道活动不侵犯个人隐私。除了上述方面，全面的新闻伦理准则还应考虑到新媒体环境下的特殊问题。例如，用户生成内容（UGC）的管理、网络暴力和网络谣言的防范以及人工智能和算法在新闻制作中的使用等。这些新兴问题要求新闻伦理准则不断更新和完善，以适应新媒体环境的变化。

在制定新闻伦理准则时，还应考虑到多元文化和全球化背景。随着全球信息流动的加速，新闻报道越来越多地跨越国界和文化。因此，新闻伦理准则应包含对不同文化和社会背景的尊重和理解，促进不同文化之间的交流和理解。为了有效实施这些新闻伦理准则，媒体机构应建立相应的监督和培训机制。这包括对媒体从业人员进行新闻伦理的定期培训，建立内部的监督和审查流程，以及建立公众反馈和投诉机制，确保新闻伦理准则得到有效执行。

制定全面的新闻伦理准则是适应新媒体环境的重要任务。这套准则应涵盖信息真实性、公正性、隐私保护等多个方面，并考虑到新媒体环境下的特殊问题和多元文化背景。通过建立有效的监督和培训机制，可以确保新闻伦理准则得到有效执行，为媒体从业人员提供明确的行为指南，维护新闻职业的标准和信誉，保护公众利益，促进社会的健康发展。

2. 加强新闻从业人员的伦理教育

在当今快速变化的媒体环境中，加强新闻从业人员的伦理教育显得尤为重要。随着新媒体的兴起和传统媒体的融合，新闻从业人员面临着诸多前所未有的伦理挑战。这些挑战不仅涉及新闻报道的准确性和公正性，还包括对隐私的尊重、社交媒体上的言论自由与责任，以及商业压力下新闻独立性的维护等方面。因此，通过定期的培训和教育，增强新闻工作者的伦理意识和责任感，确保他们在实践中能够遵循伦理准则，成为新闻行业的一项紧迫任务。

首先，新闻伦理教育的核心目标是培养新闻工作者的职业责任感和伦理意识。这意味着新闻从业人员需要认识到，他们的工作不仅是传递信息，更是维护公共利益和促进社会良性发展的重要角色。这种责任感和伦理意识的培养需要基于对新闻职业的深刻理解，包括新闻的社会功能、新闻工作者的角色定位，以及新闻工作的道德和法律框架。

其次，新闻伦理教育应该涵盖一系列具体的伦理议题和实践指南。例如，关于如何处理报道中的事实核查，如何在报道中保持公正和中立，以及如何在揭露真相和尊重隐私之间找到平衡。在新媒体环境下，这些议题还应扩展到如何处理社交媒体上的信息、如何应对网络谣言和假新闻，以及如何在商业压力下保持新闻的独立性和客观性。

再次，新闻伦理教育还应包括对新兴技术和媒体形态的理解和适应。在数字时代，新闻从业人员需要了解如何利用社交媒体、大数据和人工智能等工具进行新闻采集和报道。同时，他们也需要认识到这些技术的使用可能带来的伦理问题，如数据隐私的保护、算法偏见的防范，以及技术对新闻内容的影响。为了有效地实施新闻伦理教育，媒体机构应建立定期的培训计划和持续的学习机会。这些培训应该结合理论教育和实践案例，使新闻从业人员不仅能够理解伦理准则的理论基础，还能够学习如何在实际工作中应用这些准则。同时，媒体机构也应鼓励新闻从业人员进行自我反思和批判性思考，培养他们对伦理挑战的敏感性和解决问题的能力。

最后，新闻伦理教育还应该包括对国际标准和最佳实践的学习。在全球化的背景下，新闻从业人员需要了解不同文化和法律环境下的新闻伦理标准，以及如何在跨文化背景下进行有效的新闻报道。这种国际视野的培养对于提升新闻工作者的专业水平和适应全球化挑战至关重要。但是媒体机构还应建立一套有效的监督和奖惩机制，以支持新闻伦理教育的实施。这包括对遵守新闻伦理准则的新闻工作者给予奖励和表彰，以及对违反伦理准则的行为进行适当的处罚。通过这种激励和奖惩机制，可以鼓励新闻工作者遵守伦理准则，同时提升整个机构对新闻伦理的重视程度。

加强新闻从业人员的伦理教育对于确保新闻工作者能够在实践中遵循伦理准则至关重要。这不仅需要媒体机构建立定期的培训计划和持续的学习机会，还需要鼓励新闻工作者进行自我反思和批判性思考，学习国际标准和最佳实践，并建立有效的监督和奖惩机制。通过这些措施，可以增强新闻工作者的伦理意识和责任感，维护媒体的可信度和公众的信任，促进新闻行业的健康发展。

3. 建立有效的监管机制

在当今多元化和复杂的媒体环境中，建立有效的监管机制对于确保媒体组织和个人遵守伦理规范至关重要。监管机制的核心在于建立独立、公正且有效的监督体系，以监督和评估媒体行业的行为，确保其符合伦理规范和职业标准。这种监管不仅涉及对信息内容的审查，还包括对媒体实践的评估，以及对违反伦理规范行为的处罚。

独立的监管机构是确保监管有效性的关键。这种机构应该独立于政府、商业利益和媒体机构，以保证其决策和操作的客观性和公正性。独立监管机构的职能包括制定媒体伦理规范、监督媒体机构和从业人员的遵守情况、处理公众对媒体行为的投诉，以及在必要时提出惩罚和纠正措施。为了保证独立性，监管机构的资金来源、人员构成和决策过程都应该透明化，以赢得公众的信任和支持。

监管机制的另一关键环节是对媒体行为的监督和评估。监管机构应定期对媒体组织和个人的行为进行评估，检查其是否遵守伦理规范，如实事求是、公正无私和尊重隐私等。评估过程可以通过审查媒体内容、调查媒体实践，以及听取公众和专业人士的意见进行。监管机构还应对媒体行业的新兴问题，如假新闻、网络暴力和隐私侵犯等，进行专项调查和研究，为媒体行业的健康发展提供指导和建议。

除了对媒体行业的监督和评估，建立有效的监管机制还包括对违反伦理规范行为的处罚。监管机构应有权对违反伦理规范的媒体组织和个人进行处罚，如警告、罚款、吊销执照或其他法律措施。处罚机制不仅是对违规行为的惩戒，也是对整个媒体行业的规范和警示。为了确保处罚的公正性和适当性，监管机构应建立详细的处罚标准和程序，并确保被处罚者有权进行申诉和复审。此外，有效的监管机制还需要公众的参与和监督。公众是媒体最终的服务对象，因此公众对媒体行为的评价和反馈对于监管机制的有效运作至关重要。监管机构应建立渠道，鼓励公众对媒体行为进行监督和投诉，并确保这些投诉和反馈被认真处理。公众参与可以提高监管的透明度和公信力，也可以帮助监管机构更好地理解媒体行为对社会的影响。

建立有效的监管机制是确保媒体组织和个人遵守伦理规范的关键。这种机制需要独立的监管机构来执行，其职能包括制定伦理规范、监督评估媒体行为、处理公众投诉以及对违规行为进行处罚。同时，有效的监管还需要公众的参与和监督，以提高监管的透明度和效果。通过这些措施，可以维护媒体的公信力和职业标准，促进媒体行业的健康和可持续发展。

4. 鼓励公众参与和监督

在现代社会中，鼓励公众参与和监督媒体是确保媒体透明度和责任性的重要手段。随着信息技术的发展和社会意识的提升，公众对媒体的要求不仅仅停留在接收信息的被动状态，更加期待能够积极参与到媒体监督和评估的过程中。因此，建立机制，允许公众通过各种方式参与到媒体监督中来，如通过在线平台反馈问题、参与媒体评估等，成为提高媒体透明度和责任性的重要途径。

建立在线平台以便公众反馈问题是鼓励公众参与媒体监督的有效方法。这些平台可以是媒体机构自身的网站或社交媒体账号，也可以是第三方的平台，如公民记者网站或媒体监督组织的论坛。这些平台应提供简便的方式供公众反馈关于新闻报道的问题，如事实错误、偏见表达、伦理问题等。这种反馈机制不仅可以帮助媒体及时纠正错误，提高报道质量，也可以加强公众对媒体工作的了解和参与。而且公众参与媒体评估的机制也非常重要。媒体机构可以定期邀请公众参与到其工作的评估和审查过程中，如参与听众调查、加入评估小组或参与公开的编辑会议。通过这种方式，公众可以直接对媒体的工作提出建议和批评，帮助媒体更好地理解公众的需求和期望。这种直接的参与不仅增加了媒体工作的透明度，也有助于建立媒体与公众之间的信任和沟通。

教育和培训公众以提高其媒体素养也是鼓励公众参与媒体监督的重要方面。媒体素养教育可以帮助公众更好地理解新闻制作的过程、伦理规范以及新闻报道背后的复杂性。这种教育可以通过学校教育、成人教育或在线课程等多种形式进行。提高公众的媒体素养不仅能够使他们成为更加理性和批判性的信息消费者，也能够使他们成为有效监督媒体工作的参与者。同时，鼓励媒体机构建立透明的运营机制也是重要的。媒体机构应公开其资金来源、所有权结构、编辑政策和决策过程。这种透明度可以使公众更好地了解媒体的运作方式和潜在的利益冲突，从而更有效地参与到媒体监督中。透明的运营机制也有助于提高媒体对公众负责的意识，并防止潜在的不正当行为。

此外，合作和伙伴关系的建立也是鼓励公众参与的重要途径。媒体机构可以与非政府组织、教育机构和其他媒体监督组织建立合作关系，共同开展公众教育和参与活动。这些合作关系可以帮助扩大公众参与的范围和深度，同时也可以为媒体机构提供更多的资源和支持。确保公众参与的多样性和包容性也至关重要。媒体监督和评估的过程应确保不同群体的声音得到听取，包括少数群体、边缘群体和不同文化背景的人群。这种多样性和包容性可以帮助媒体更全面地理解社会的多元性，同时也确保了公众参与的公正性和有效性。

鼓励公众参与和监督媒体是提高媒体透明度和责任性的重要途径。通过建立在线反馈平台、公众参与媒体评估的机制、提高公众媒体素养、增加媒体运营的透明度以及建立合作伙伴关系等方式，可以有效地促进公众对媒体的参与和监督。这种公众参与不仅可以提高媒体的质量和信任度，也可以增强媒体与公众之间的沟通和理解，促进媒体行业的健康发展。

5. 应对新技术的伦理挑战

随着新技术的快速发展和广泛应用，特别是人工智能（AI）、大数据等技术在新闻制作中的应用，新闻行业面临着前所未有的伦理挑战。这些技术的使用不仅改变了新闻的采集、编辑和分发过程，也带来了关于数据隐私、算法偏见、内容的真实性和公正性等一系列新的伦理问题。因此，不断更新和完善伦理规范以应对这些新技术带来的挑战，成为媒体行业的一项迫切任务。

随着大数据技术的应用，新闻机构可以收集和分析大量关于公众的信息，这包括社交媒体行为、浏览历史和地理位置等敏感数据。首先，虽然这些数据有助于提高新闻的针对性和相关性，但也可能侵犯个人隐私，特别是在未经个人明确同意的情况下。因此，更新伦理规范以确保在新闻制作过程中恰当地处理个人数据，保护信息来源的隐私，成为一个重要议题。其次，算法偏见是另一个需要关注的伦理问题。在使用人工智能和算法进行新闻采集和推荐时，可能会因为算法设计和数据源的偏差而导致内容的不公正和片面。例如，算法可能倾向于推荐符合用户现有观点的内容，从而加剧信息茧房效应。最后，算法可能在处理涉及性别、种族和其他敏感话题的新闻时显示出偏见。因此，更新伦理规范以确保算法的公正性和透明性，对于维护新闻的客观性和公正性至关重要。

除此之外，新技术对新闻内容真实性的影响也是一个重要的伦理议题。随着深度学习和计算机视觉技术的发展，制造虚假新闻和伪造图像、视频的能力大幅提高。这些技术可以被用来制造误导性的新闻内容，损害公众对媒体的信任。因此，伦理规范需要明确新闻机构在使用这些技术时的责任和限制，确保新闻内容的真实性和可靠性。同时，新技术还带来了关于新闻职业角色和责任的重新定义。随着机器学习和自动化技术的应用，一部分新闻内容的产生和编辑可以由算法完成。这不仅改变了新闻从业人员的工作方式，也对其职业角色和伦理责任提出了新的要求。更新的伦理规范需要明确在这种技术环境下，新闻从业人员的责任和角色，以及如何与算法和自动化技术合作以维护新闻的质量和伦理标准。

为了有效应对这些新技术带来的伦理挑战，媒体机构需要建立相关的政策和程序。这包括对新闻从业人员进行关于新技术应用的培训和教育，确保他们了解这些技术的潜在伦理风险；建立监督和审查机制以确保技术应用的伦理性；以及与技术提供商合作，确保算法和数据处理的透明性和公正性。此外，公众教育和参与在应对新技术伦理挑战中也扮演着重要角色。通过公众教育，提高公众对于新技术可能带来的伦理风险的认识；通过建立反馈和投诉机制，鼓励公众参与到新技术应用的监督中来。这种公众参与不仅可以提高新闻机构对新技术伦理风险的敏感性，也可以增强公众对媒体的信任和支持。

应对新技术带来的伦理挑战需要媒体机构不断更新和完善其伦理规范。这包括确保数据隐私和保护、防范算法偏见、维护内容的真实性和公正性，以及重新定义新闻职业的角色和责任。通过建立相关的政策和程序，加强新闻从业人员的培训和教育，以及鼓励公众的参与和监督，可以有效地应对这些新技术带来的挑战，维护新闻的质量和伦理标准，促进媒体行业的健康发展。

第八章　媒体融合背景下的新闻消费行为

媒体融合时代的到来，不仅仅改变了新闻的生产和传播方式，更深刻地影响了新闻的消费行为。在这个数字化、网络化和多媒体化的时代，新闻消费者的习惯、偏好和参与方式正在经历前所未有的变革。本章将探讨媒体融合对新闻消费行为的影响，分析消费者需求的多样化和挑战，以及新闻消费行为的变革与趋势。

随着互联网、社交媒体和移动设备的普及，新闻消费者不再仅仅是被动接收信息的对象，而是成为积极参与信息传播的主体。他们可以通过社交网络分享新闻，参与评论，甚至在一些平台上生成内容。这种变化不仅改变了新闻的流通路径，也改变了新闻的影响力和传播效果。而新闻消费者的多样化需求与挑战。当今的新闻消费者拥有更加多元的信息需求，他们不仅关注新闻的实时性、准确性和深度，还追求个性化、互动性和多样性的新闻体验。如何满足这些日益复杂和个性化的需求，对新闻机构来说是一个巨大的挑战。同时，这也促使新闻机构必须不断创新内容和传播方式，以吸引和保持消费者的注意力。最后，新闻消费行为的变革与趋势。随着技术的不断进步和媒体生态的变化，新闻消费行为正处于快速发展和不断变化之中。从纸质报纸到在线新闻，从电视新闻到移动端直播，新闻的获取方式和消费习惯正在经历着翻天覆地的变化。此外，人工智能、大数据等技术的应用，为新闻消费提供了更加个性化和智能化的体验。了解和预测这些变革与趋势，对于新闻机构和从业者而言至关重要。

在本章中，我们将深入分析媒体融合时代下，新闻消费行为的这些关键变化，并探讨其对新闻行业的影响。通过对新闻消费行为的深入了解，我们可以更好地把握新闻传播的未来趋势，为新闻行业的发展提供新的思路和策略。

第一节　媒体融合对新闻消费行为的影响

1. 媒体融合的定义与发展

媒体融合作为当代传播学和媒体研究的核心议题，指的是传统媒体与新兴数字媒体在技术、内容、渠道和管理等多个层面的结合与互动，形成一种新的传播模式。这一概念的提出，源于对现代传播环境深刻变化的认识，特别是在数字技术革命的背景下，不同媒体形态之间的界限逐渐模糊，它们之间的交互和融合成为一种趋势。

在技术层面，媒体融合体现为传统媒体和新兴媒体技术的相互渗透和整合。随着互联网、移动通信和数字化技术的发展，传统媒体如报纸、电视和广播开始利用数字平台进行内容的分发和互动，同时，新媒体也在借鉴传统媒体的内容生产和编辑经验。这种技术层面的融合不仅改变了信息的制作和分发方式，也为新闻报道和信息传播提供了更加丰富和灵活的手段。

内容层面的媒体融合则体现在传统媒体内容与新媒体特性的结合。在这个过程中，新闻报道和信息内容不再局限于单一媒体形态，而是通过多种媒介进行传播。例如，一条新闻故事可能同时通过文字、视频、音频和互动图表等多种形式在不同平台上展现，从而丰富了信息的表达和用户的体验。而渠道层面的融合则指的是传统媒体和新媒体渠道的相互融入和共享。随着数字技术的普及，传统媒体开始拓展其在互联网、移动应用和社交媒体等数字平台上的存在，而新媒体也在尝试通过传统媒体渠道扩大其影响力。这种渠道上的融合不仅拓宽了信息传播的途径，也增强了媒体与用户之间的互动。

在管理层面，媒体融合要求传统媒体机构和新兴媒体企业在组织结构和运营模式上进行调整和创新。这包括建立跨媒体的编辑和管理团队，开发多平台的内容管理系统，以及探索适应多媒介环境的商业模式。管理层面的融合是实现技术、内容和渠道融合的基础，它要求媒体机构跳出传统框架，适应数字化时代的需求。

媒体融合的发展过程中，一系列挑战也随之而来。其中最显著的是对于新闻质量和专业性的挑战。在追求多平台分发和用户互动的过程中，新闻内容可能面临着碎片化和表面化的风险。此外，媒体融合也带来了对传统新闻业务模式的冲击，要求媒体机构探索新的盈利模式和管理策略。此外，媒体融合还涉及伦理和法律问题。随着新媒体特性的引入，如即时性、互动性和个性化，传统媒体的伦理规范和法律框架面临着重新审视和调整的需求。如何在保证新闻质量和专业性的同时，适应新媒体环境的特点，成为媒体融合发展过程中的一个关键议题。

媒体融合是指传统媒体与新兴数字媒体在技术、内容、渠道和管理等多个层面的结合与互动，形成一种新的传播模式。这种融合不仅带来了信息传播方式的革新和用户体验的丰富，也给媒体行业带来了一系列挑战，包括新闻质量和专业性的维护、商业模式的创新以及伦理和法律框架的适应。媒体融合的发展趋势要求媒体机构不断适应变化，创新发展，以更好地满足数字化时代的需求。

2. 信息获取的多元化

媒体融合的一个显著特征是信息获取的多元化，这种多元化极大地丰富了新闻消费者的信息来源，并改变了他们获取和处理信息的方式。随着互联网和数字技术的快速发展，以及社交媒体、在线新闻平台、博客和播客等新兴媒体的兴起，新闻消费者现在可以通过多种渠道获取信息，这些渠道相比传统媒体具有更广泛的覆盖范围、更高的互动性和更强的即时性。

这种信息获取的多元化首先体现在渠道的多样性上。传统的新闻获取渠道如报纸、电视和广播，现在被社交媒体平台、新闻网站、移动应用和电子邮件等数字化渠道所补充。这些数字化渠道不仅为新闻消费者提供了更加便捷的信息获取方式，也使得信息传播更加迅速和广泛。例如，社交媒体平台允许用户即时获取新闻，并与他人分享和讨论，而在线新闻平台则提供了更多的个性化和定制化的新闻内容。信息获取的多元化也体现在内容的多样性上。在媒体融合的环境中，新闻内容不再局限于传统的文字报道和电视新闻，而是包括了视频、音频、图像、互动图表和多媒体故事等多种形式。这种内容的多样性不仅丰富了新闻消费者的体验，也提高了信息的吸引力和影响力。例如，数据新闻和可视化故事讲述为复杂的数据和信息提供了更直观和易于理解的展示方式，而视频和播客则以更生动和亲切的方式呈现新闻故事。

信息获取的多元化还体现在观点和角度的多元性上。在媒体融合的环境中，新闻消费者不仅可以获取来自传统媒体的官方和主流报道，还可以接触到来自独立博客、专家评论员和普通用户的多元化观点。这种观点的多元性有助于新闻消费者从不同角度理解和分析新闻事件，增强了受众的批判性思维和独立判断能力。

然而，信息获取的多元化也带来了一系列挑战。首先是信息的质量和可靠性问题。在多元化的信息来源中，不可避免地包含了虚假新闻、误导性内容和低质量的信息。新闻消费者在面对海量的信息时，需要具备辨别和筛选信息的能力，以确保获取到的信息是准确和可信的。其次是信息过载的问题。多元化的信息来源可能导致新闻消费者面临信息过载的情况，难以有效地处理和吸收这些信息。这要求新闻消费者学会有效地管理和筛选信息，以避免信息过载对他们的认知和判断能力造成负面影响。

此外，信息获取的多元化还要求新闻机构和媒体从业者适应新的传播环境。在多元化的信息环境中，新闻机构需要开发新的内容形式和传播策略，以吸引和保持新闻消费者的注意力。同时，媒体从业者也需要不断更新他们的技能和知识，以适应多媒介和数字化的新闻制作环境。而信息获取的多元化在媒体融合的环境中为新闻消费者提供了多样的渠道、丰富的内容和多元的观点，极大地丰富了他们的信息来源。这种多元化既带来了更丰富和生动的新闻体验，也提出了关于信息质量、信息过载和适应新环境的挑战。对于新闻消费者而言，这要求他们提高信息筛选和处理的能力；对于新闻机构和媒体从业者而言，则要求他们开发新的内容形式和传播策略，以适应多元化的信息环境。

3. 消费者行为的即时性

随着移动互联网的普及和智能手机等移动设备的广泛使用，新闻消费者的行为正在发生显著变化，其中最突出的特征之一是新闻消费的即时性。这种即时性改变了新闻消费的时间和空间格局，对新闻制作、分发和接收的方式产生了深远的影响。新闻消费的即时性不仅满足了用户对快速获取信息的需求，也对媒体行业提出了新的挑战和机遇。

在移动互联网时代，新闻消费者可以随时随地通过智能手机、平板电脑或其他移动设备获取新闻。这种便捷性和灵活性使得新闻消费不再受限于传统的时间和空间条件，如早晨阅读报纸或晚间观看电视新闻。新闻消费者可以在通勤途中、工作间隙或任何其他时间点即时接触到最新的新闻报道。这种即时性使得新闻的更新频率大幅提高，新闻事件发生后的传播速度更快，新闻内容更加即时和动态。

新闻消费的即时性也影响了新闻消费者的行为和预期。新闻消费者期待能够即时获取关于突发事件的报道、实时跟踪新闻事件的发展，并对新闻内容做出快速反应。他们更倾向于通过社交媒体、新闻聚合应用和在线新闻平台等获取新闻，而不是通过传统的媒体渠道。这种行为的变化要求媒体机构在新闻内容的制作和分发上进行调整，以满足消费者对即时性的需求。

而随着新闻消费的即时性增强，新闻机构面临着如何快速且准确地报道新闻的挑战。为了满足新闻消费者的即时性需求，新闻机构需要提高新闻采集和报道的效率，同时确保新闻内容的准确性和可靠性。这可能要求新闻机构采用更先进的技术，如移动采编设备、实时数据分析工具和社交媒体监控平台，以及改进新闻生产流程。新闻消费的即时性还改变了新闻的传播和互动方式。新闻消费者不仅可以即时获取新闻，还可以通过社交媒体、评论区和即时通信工具等即时分享新闻和参与讨论。这种即时的互动和反馈为新闻机构提供了宝贵的观众洞察，也增强了新闻内容的参与性和吸引力。同时，这种互动性也为新闻机构提供了即时反馈和观众反映的渠道，有助于新闻机构及时调整和改进新闻内容。

然而，新闻消费的即时性也带来了一些负面影响。例如，为了追求即时性，一些新闻机构可能牺牲了新闻的深度和质量，导致新闻内容的表面化和简化。此外，新闻消费的即时性也可能导致信息过载的问题，新闻消费者在面对大量即时更新的新闻时可能感到不堪重负。因此，媒体机构需要在满足新闻消费的即时性需求和保持新闻质量之间找到平衡。

新闻消费的即时性是移动互联网时代的一个显著特征，它改变了新闻消费的时间和空间格局，对新闻制作、分发和接收的方式产生了深远的影响。这种即时性满足了新闻消费者对快速获取信息的需求，同时也对媒体行业提出了新的挑战和机遇。媒体机构需要适应新闻消费的即时性，提高新闻采集和报道的效率，同时确保新闻内容的准确性和质量，以满足新闻消费者的需求和预期。

4. 个性化内容的推送

在当今的数字化媒体环境中，基于大数据和算法的个性化内容推送成为一种普遍现象。新闻平台利用用户的历史行为、浏览习惯、兴趣偏好以及社交网络等信息，推送定制化的新闻内容，这种做法在一定程度上重塑了消费者的选择和偏好。个性化内容推送的出现是信息技术发展和数据分析能力提升的结果，它在优化用户体验、增加用户黏性方面发挥着重要作用，但同时也引发了关于新闻多样性、信息茧房以及隐私保护等方面的讨论和担忧。

个性化内容推送的核心在于利用大数据分析用户的行为模式，然后通过算法为用户定制推送内容。这些算法可以根据用户过去的点击、阅读时间、互动反应（如点赞、分享、评论）等行为数据分析出用户的兴趣和偏好，然后向用户推送他们可能感兴趣的内容。这种服务模式在一定程度上提升了新闻消费的效率和便利性，使用户能够在短时间内获得更加贴合个人兴趣的新闻内容。

然而，个性化内容推送也引发了关于新闻选择多样性和信息茧房效应的担忧。当新闻平台根据用户过去的行为和偏好定制内容时，可能会导致用户只接触到相似的观点和信息，从而限制了他们接触多样化和不同观点的机会。这种现象被称为信息茧房效应，它可能加剧社会的意见分化和极化，限制公共对话和辩论的多样性。个性化推送的另一个重要问题是隐私保护。为了更准确地分析用户的行为和偏好，新闻平台需要收集大量的个人数据，包括用户的浏览历史、社交网络行为、地理位置信息等。这种数据的收集和分析可能侵犯用户的隐私权，尤其是在用户不完全了解其个人数据被如何使用和共享的情况下。因此，确保用户隐私的保护和透明的数据使用政策成为个性化内容推送必须解决的问题。

针对个性化内容推送所带来的挑战，需要新闻平台、政策制定者和用户本身共同努力。对于新闻平台来说，他们需要在优化用户体验和保护用户隐私之间找到平衡，制定透明和负责任的数据使用政策，同时提供多样化的内容选择，避免加剧信息茧房效应。对于政策制定者来说，他们需要制定相应的法律法规，规范新闻平台的数据收集和使用行为，保护用户的隐私权和信息自主权。对于用户来说，他们需要提高对个性化推送机制的认识，主动探索和接触多样化的信息和观点，以维护自己的信息接收范围的多元性。此外，还需要新闻业界和学术界共同研究和探讨个性化推送的长期影响，包括对社会意见形成、公共对话和文化多样性的影响。这需要跨学科的合作，结合传播学、数据科学、社会学和心理学等领域的知识，深入分析和评估个性化推送的社会影响。

个性化内容推送作为一种基于大数据和算法的新闻服务模式，对新闻消费的方式产生了深远的影响。这种服务模式在提升用户体验和便利性方面具有显著优势，但同时也带来了关于新闻多样性、信息茧房效应和隐私保护等方面的挑战。应对这些挑战需要新闻平台、政策制定者、用户以及学术界的共同努力，以确保个性化推送服务既能满足用户需求，又能保护用户的隐私权和维护社会的信息多样性。

5. 互动性与参与性的增强

媒体融合的一个重要特征是它极大地增强了消费者与新闻内容之间的互动性和参与性。在数字化时代，新闻不再是单向传播的信息，而是变成了可以互动和参与的内容。消费者现在可以通过各种方式，如评论、分享、点赞、投票等，参与到新闻的传播和讨论中，这种参与不仅改变了新闻的接收方式，也对新闻的生产和传播产生了深远的影响。

互动性和参与性的增强首先表现在新闻消费者能够对新闻内容做出即时反应。在传统媒体时代，新闻消费者通常是被动接收新闻内容，而在媒体融合的环境中，他们可以通过点赞、评论和分享等方式对新闻内容做出反馈。这种反馈不仅是对新闻内容的评价，也是对新闻话题的参与和讨论。例如，消费者可以在新闻报道下方发表评论，表达自己的观点和看法，与其他用户或新闻制作者进行互动。

新闻消费者的参与性也体现在他们可以参与到新闻内容的创造和传播过程中。在社交媒体和用户生成内容（UGC）的背景下，消费者不仅是新闻信息的接收者，也可以成为信息的创造者和传播者。例如，消费者可以通过拍摄现场视频、编写博客文章或在社交媒体上分享自己的见解，参与到新闻故事的构建和传播中。这种参与性为新闻提供了更多元的视角和声音，丰富了新闻内容的深度和广度。

互动性和参与性的增强也对新闻机构提出了新的挑战和要求。首先，新闻机构需要管理和引导在线的互动和讨论，确保讨论的健康和建设性，防止虚假信息和仇恨言论的传播。这可能需要新闻机构投入更多的资源来监督和管理在线评论和社交媒体互动。其次，新闻机构需要开发新的内容形式和平台，以促进消费者的互动和参与。例如，开发互动新闻故事、在线问答栏目或用户投票调查等，以提升新闻内容的互动性和吸引力。

然而，互动性和参与性的增强也带来了一些负面影响。例如，互联网的匿名性和即时性可能导致在线讨论中的负面行为，如网络暴力、人身攻击和不实信息的传播。过度的互动和参与还可能分散消费者的注意力，影响他们对新闻内容的深入理解和思考。因此，新闻机构需要在促进互动和参与的同时，注意维护在线讨论的质量和秩序。

6. 对传统新闻业的挑战

媒体融合的时代背景下，传统新闻业面临着前所未有的挑战。这些挑战主要源于新闻消费行为的改变、新技术的应用以及新型媒体平台的崛起。为了适应这一变化，传统新闻机构不得不在内容生产和分发方式等方面进行重大创新。这些创新不仅是技术层面的调整，更涉及新闻理念、组织结构、商业模式等多个层面的根本性变革。

首先，传统新闻业需要应对新闻消费行为的变化。在数字化和网络化的环境下，新闻消费者不再依赖于传统的报纸、电视或广播作为主要的新闻来源。相反，他们更倾向于通过互联网、社交媒体和移动应用等数字平台获取新闻。这种行为的变化要求传统新闻机构调整其内容生产和分发的方式，比如提供更多的在线内容、开发移动应用和增强社交媒体的互动性。

其次，新技术的快速发展对传统新闻业构成了挑战。大数据、人工智能、增强现实和虚拟现实等新兴技术为新闻报道提供了新的可能性，但同时也要求传统新闻机构掌握这些技术并将其有效地融入新闻生产过程。例如，利用大数据分析用户行为和偏好，定制个性化的新闻内容；或者利用虚拟现实技术为用户提供沉浸式的新闻体验。新型媒体平台的崛起也给传统新闻业带来了挑战。社交媒体平台、新闻聚合应用和独立博客等新兴媒体平台以其高度的互动性和即时性吸引了大量用户，这不仅分散了传统新闻媒体的受众，也改变了新闻内容的竞争环境。传统新闻机构需要在这些新兴平台上建立自己的影响力，同时与这些平台展开合作和竞争。

在内容生产方面，传统新闻业面临的挑战是如何保持新闻质量和深度的同时，适应数字化时代的快速节奏。这可能意味着在保持调查性报道和深度报道的基础上，开发更多即时更新的新闻形式，如实时新闻更新、多媒体报道和交互式故事讲述。

在商业模式方面，传统新闻机构需要探索新的盈利模式。随着数字化广告市场的竞争加剧和传统广告收入的下降，传统新闻机构需要寻找新的收入来源，如开发付费订阅服务、举办线上线下活动、开发原生广告和内容营销等。此外，传统新闻机构还需要进行组织结构和企业文化的改革。这包括建立更加灵活和适应变化的组织结构，培养员工的数字技能，以及鼓励创新和实验的企业文化。这些改革对于提高传统新闻机构在数字化时代的竞争力至关重要。

媒体融合对传统新闻业构成了多方面的挑战。这些挑战要求传统新闻机构在内容生产、分发方式以及商业模式等方面进行创新和调整，以适应新的消费行为和竞争环境。同时，传统新闻业还需要应对新技术的挑战，改革组织结构和企业文化，以更好地适应数字化时代的变革。通过这些努力，传统新闻业可以在媒体融合的环境中保持其重要地位，继续为公众提供高质量和有深度的新闻内容。

第二节　新闻消费者的多样化需求与挑战

1. 需求多样化的特征

在当代媒体环境中，新闻消费者的需求呈现出明显的多样化特征，这种趋势对新闻行业产生了深远的影响。随着信息技术的发展和社会文化的变迁，新闻消费者不再满足于单一形式或内容的新闻，他们的需求变得更加复杂和多元，包括对即时新闻的需求、对深度报道的渴望、对多媒体内容的偏好等。这些多样化的需求不仅影响了新闻的制作和分发方式，也推动了新闻行业的创新和发展。

新闻消费者对即时新闻的需求日益增长。在数字化和网络化的时代背景下，新闻事件发生后，消费者期待能够立即通过各种渠道获得最新的报道。这种需求促使新闻机构加强其实时报道的能力，比如利用社交媒体、移动应用和在线新闻平台进行快速更新。即时新闻的特点在于快速、及时，它使消费者能够实时跟踪事件的最新进展，但也提出了对新闻质量和准确性的挑战。

新闻消费者对深度报道的渴望也在增加。尽管即时新闻能满足消费者对快速了解事件的需求，但许多消费者还是期望能够通过深度报道获得更全面和深入的理解。深度报道通常涉及复杂的社会、政治或经济问题，需要更多的调查、研究和分析。这种对深度报道的需求促使新闻机构投入更多资源进行长期的调查和研究，提供更有洞察力和分析深度的新闻内容。此外，新闻消费者对多媒体内容的偏好日益明显。多媒体内容通常包括文本、图片、视频、音频以及互动图表等多种形式，能够提供更丰富和生动的新闻体验。消费者通过多媒体内容不仅能够获得视觉和听觉上的享受，还能够更直观和全面地理解新闻事件。多媒体内容的需求推动了新闻机构在技术和内容创新方面的发展，比如采用虚拟现实和增强现实技术制作沉浸式新闻体验。

新闻消费者需求的多样化还体现在对个性化和定制化内容的需求上。随着大数据和人工智能技术的应用，新闻机构可以根据消费者的历史行为和偏好提供定制化的新闻内容。这种个性化的服务不仅提升了新闻的相关性和吸引力，也增强了消费者的参与感和忠诚度。然而，新闻消费者需求的多样化也给新闻机构带来了挑战。首先是如何在确保新闻质量和深度的同时，满足消费者对即时性和多样性的需求。其次是如何平衡不同消费者群体的需求和兴趣，同时维持新闻的公正性和客观性。此外，新闻机构还需要探索新的商业模式和盈利途径，以应对新闻消费行为的变化。

新闻消费者需求的多样化是当代媒体环境的一个重要特征。这种多样化的需求不仅反映了消费者对不同类型新闻内容的偏好，也推动了新闻行业在内容创新、技术应用和商业模式上的发展。面对消费者需求的多样化，新闻机构需要不断调整和创新，以满足消费者的不同需求，同时保持新闻的质量和公信力。

2. 个性化与定制化服务的需求

在当代的媒体消费环境中，个性化与定制化服务的需求日益增长，这种需求的提升源自消费者对于更加定制化内容的期望，以满足他们特定的兴趣和需求。随着数字技术的发展，尤其是大数据和人工智能的应用，新闻平台现在有能力提供更加个性化的新闻体验，这不仅改变了消费者的新闻获取方式，也对新闻行业的内容制作、分发策略和商业模式产生了深远的影响。

个性化服务的核心在于利用用户数据，包括历史浏览行为、偏好设置、地理位置和社交网络行为等，来推送符合个人兴趣的新闻内容。这种服务的优势在于能够为用户提供更加相关和吸引人的新闻，从而提高用户的参与度和满意度。例如，新闻平台可以根据用户过去对特定话题的点击和阅读情况，推送相关领域的最新报道，或者根据用户的地理位置提供本地新闻和信息。

定制化服务则更进一步，不仅依据用户的历史行为，还可能包括用户主动设置的偏好和兴趣。在定制化服务中，用户可以明确指定他们感兴趣的新闻类型、话题或来源，新闻平台根据这些指定提供内容。这种服务模式赋予了用户更多控制权，使他们能够主动筛选和定制自己的新闻摄取。

个性化和定制化服务的需求增长对新闻行业提出了一系列挑战。首先，新闻机构需要投入资源来收集和分析用户数据，以便更准确地了解用户的兴趣和需求。这不仅涉及技术和数据分析的能力，也涉及对用户隐私和数据安全的管理。其次，新闻内容的个性化和定制化要求新闻机构能够快速、灵活地产生和调整内容，以适应不断变化的用户需求。这可能意味着传统的新闻生产流程需要被重新设计，以提高效率和灵活性。

此外，个性化和定制化服务的推行也引发了关于新闻多样性和深度的担忧。如果用户只被推送与其现有兴趣和观点相符的新闻，可能会导致信息茧房效应，即用户被限制在一个信息同质化的环境中，缺乏对不同观点和信息的接触。因此，新闻平台在提供个性化和定制化服务的同时，也需要考虑如何保持新闻内容的多样性和广度。为了应对这些挑战，新闻机构需要开发更加精细化的用户数据分析工具，以更准确地识别用户的兴趣和需求。同时，新闻机构需要建立更灵活的内容生产和分发系统，以快速响应用户的变化需求。新闻机构还需要在个性化和定制化服务中加入机制，以促进新闻多样性和深度，避免过度的信息同质化。

消费者对新闻平台提供更加个性化和定制化内容的需求正在不断增长。这种需求的增长推动了新闻行业在技术应用、内容制作和商业模式上的创新，但也带来了关于用户隐私、新闻多样性和生产效率的挑战。面对这些挑战，新闻机构需要在提供个性化和定制化服务的同时，平衡用户隐私保护、新闻多样性维护和生产效率提升之间的关系，以更好地满足消费者的需求，促进新闻行业的健康发展。

3. 信息真实性的关注

在当前信息泛滥的时代背景下，新闻消费者对新闻的真实性和可靠性的关注显著增加，他们对假新闻和误导性信息的忍耐度明显降低。这种对信息真实性的追求不仅是对质量新闻的需求，也是对健康信息环境和公共讨论空间的渴望。在这种背景下，维护新闻的真实性和可靠性成为新闻行业面临的重要任务，同时也是建立和保持公众信任的关键。

信息真实性的关注主要源于网络环境中虚假信息和误导性内容的泛滥。随着互联网和社交媒体的普及，信息的传播速度和范围大大增加，但同时也带来了虚假新闻和误导性信息传播的问题。这些信息往往出于政治、经济或其他目的，通过夸大、歪曲事实或编造虚假事件来误导公众。这种信息的泛滥不仅损害了公众对媒体和新闻的信任，也对社会秩序和民主讨论造成了负面影响。

面对虚假信息和误导性内容的挑战，新闻机构和新闻从业者需要采取一系列措施来维护新闻的真实性。首先，新闻机构需要加强事实核查和编辑审查的工作，确保新闻内容的准确性和可靠性。这包括对新闻来源的严格审核、对报道事实的详细核查以及对新闻报道的质量控制。其次，新闻机构需要提高对假新闻和误导性信息的警觉性，及时识别和纠正这类信息。这可能需要新闻机构建立专门的事实核查团队，或与第三方事实核查机构合作。

新闻机构还需要加强与公众的沟通和教育工作，提高公众对假新闻和误导性信息的识别能力。这包括通过新闻报道、公共讲座和在线教育资源等方式，教育公众如何识别和处理虚假信息，增强他们的媒体素养。同时，新闻机构也可以通过透明的报道和开放的沟通渠道，建立和保持公众对其新闻内容的信任。而政策制定者和监管机构也需要在维护信息真实性方面发挥作用。这可能包括制定和实施相关法律法规来打击虚假信息的传播，建立标准和指南来引导新闻行业的健康发展，以及提供资源和支持来帮助新闻机构进行事实核查和公众教育。

在信息泛滥的时代，消费者对新闻的真实性和可靠性的关注显著增加，对假新闻和误导性信息的忍耐度降低。面对这种情况，新闻机构和新闻从业者需要加强事实核查和编辑审查，提高对虚假信息的警觉性，加强与公众的沟通和教育，以维护新闻的真实性和可靠性。同时，政策制定者和监管机构也需要在维护信息真实性方面发挥作用，通过制定法律法规、建立标准和提供支持来促进新闻行业的健康发展。通过这些努力，可以建立和保持公众对媒体和新闻的信任，维护健康的信息环境和公共讨论空间。

4. 互动与参与的需求

在当今媒体融合和数字化的时代，消费者对新闻的互动与参与表现出了强烈的需求。他们不再满足于被动地接收信息，而是希望能够积极参与到新闻的讨论和传播中，表达自己的观点和看法。这种需求的增长反映了消费者对更加开放和互动式媒体体验的渴望，同时也对新闻行业提出了新的挑战和机遇。

消费者对互动与参与的需求主要源于数字技术的发展，特别是社交媒体的普及。社交媒体平台如微博等提供了便捷的渠道，让消费者可以轻松地评论、分享和讨论新闻内容。这些平台的互动性不仅使消费者能够对新闻事件发表看法，也使他们能够参与到新闻故事的构建和传播中。例如，消费者可以通过分享新闻故事来影响其传播范围，或者通过在线讨论来形成对某一事件的公共看法。

消费者对新闻参与的需求也体现在他们希望能够对新闻内容产生影响。在互联网时代，消费者不仅是新闻信息的接收者，也可以是内容的贡献者。他们可以通过参与在线调查、投稿读者专栏或参与用户生成内容（UGC）项目等方式，直接对新闻内容的创造和选择产生影响。这种参与不仅增加了消费者对媒体产品的归属感和满意度，也为新闻机构提供了新的内容来源和观点。然而，消费者对互动与参与的需求也带来了一些挑战。首先，这要求新闻机构管理和引导在线的互动和讨论，以保证讨论的质量和健康。不恰当的评论管理可能导致网络暴力、仇恨言论和虚假信息的传播，损害新闻平台的公信力和品牌形象。其次，新闻机构需要平衡消费者参与和专业编辑的角色。虽然消费者的参与可以丰富新闻内容和视角，但过度的依赖用户参与可能会损害新闻的专业性和深度。

新闻机构需要建立有效的社交媒体管理策略，包括设立明确的评论政策、使用自动筛选工具和人工审核结合的方式来管理在线讨论。其次，新闻机构可以通过建立用户参与平台，提供给消费者更多参与新闻制作的机会，同时保持新闻内容的质量和深度。最后，新闻机构还可以开发互动性强的新闻产品，如互动新闻故事和在线访谈，来增强消费者的参与感。

在数字化时代，消费者对新闻的互动与参与表现出了强烈的需求。他们希望能够积极参与到新闻的讨论和传播中，表达自己的观点和看法。这种需求的增长不仅改变了消费者的新闻体验，也对新闻行业提出了新的挑战。新闻机构需要适应这种变化，通过管理和引导在线互动、提供参与机会和开发互动性新闻产品，来满足消费者的需求，同时保持新闻的质量和专业性。通过这些努力，新闻机构可以建立更加互动和参与的媒体环境，增强与消费者的联系，促进新闻行业的健康发展。

5. 隐私保护的意识增强

在当前的数字化媒体环境中，随着个性化服务的普及，消费者对于个人隐私保护的意识显著增强。个性化服务虽然提供了更加定制化的媒体体验，但同时也涉及大量的个人数据收集和使用，这引发了消费者对于隐私侵犯的担忧和对数据处理方式的关切。隐私保护在数字化时代成为一个重要议题，它不仅关乎个人信息的安全，也影响着公众对媒体平台的信任和信誉。

个性化服务通常基于对消费者行为数据的分析，这包括但不限于浏览历史、搜索记录、社交媒体活动和地理位置信息。通过这些数据，媒体平台能够推测用户的兴趣偏好，并据此提供定制化的内容。然而，这一过程中涉及的数据收集和处理活动可能会侵犯消费者的隐私，特别是在缺乏透明度和用户控制的情况下。

消费者对隐私保护的关注主要体现在两个方面。首先是对收集的数据类型和范围的关注。消费者越来越意识到，他们在使用数字平台时留下的数据痕迹可能被用于其他目的，例如广告定位和行为分析。这种意识促使他们对哪些数据被收集、如何被收集以及存储多久等问题表达关切。其次是对数据使用方式的担忧。消费者对于他们的数据如何被使用，特别是是否被分享给第三方或用于他们未授权的目的感到担心。

面对消费者对隐私保护的增强意识，媒体机构需要采取措施来确保隐私的安全和透明的数据处理。首先，媒体机构需要明确地告知消费者哪些数据被收集以及收集目的，确保数据收集活动的合法性和合理性。其次，媒体机构应实施严格的数据安全措施，保护个人数据不被未授权访问和滥用。最后，媒体机构还应提供给消费者更多控制权，允许他们选择是否参与个性化服务，以及如何管理和控制自己的数据。

政策制定者和监管机构在隐私保护方面也扮演着重要角色。他们需要制定和实施相关的隐私保护法律法规，以规范媒体机构的数据收集和使用行为。这些法律法规应包括对消费者隐私权的保护、对数据收集和使用的限制，以及对违规行为的处罚。

消费者自身也需要提高对隐私保护的意识。他们应更加谨慎地管理自己在网络上的信息，了解和利用隐私设置，对不明确或可疑的数据收集行为保持警惕。此外，消费者还可以通过各种渠道表达对隐私保护的需求和关切，推动媒体机构和政策制定者采取更有效的措施。

在个性化服务普及的背景下，消费者对于个人隐私的保护越来越重视。他们对收集和使用个人数据的方式表示关切，希望媒体机构能够在提供个性化服务的同时，确保隐私的安全和数据处理的透明度。面对这种情况，媒体机构、政策制定者和消费者本身都需要采取措施来维护隐私权，确保个人数据的安全和合理使用。通过这些努力，可以建立一个既能满足个性化需求，又能保护个人隐私的健康媒体环境。

6. 跨平台内容的需求

在当今数字化和媒体融合的时代，跨平台内容的需求日益增长，这种趋势是多种媒体平台兴起的直接结果。消费者的媒体消费习惯不再局限于单一的平台或渠道，而是期望能够在不同的平台上无缝接收和分享新闻内容。这种需求的背后是消费者对信息获取的便利性、多样性和连贯性的追求，他们希望无论何时何地都能轻松访问和交流新闻内容。这种跨平台内容的需求对新闻产业提出了一系列挑战，也为其创新和发展提供了新的机遇。

跨平台内容需求的核心在于实现新闻内容在不同平台间的无缝连接和共

享。这包括从传统的电视和报纸到网站、移动应用、社交媒体和即时通信软件等各种数字平台。消费者希望能够在家通过电视观看新闻，在通勤途中通过智能手机阅读新闻，在办公室通过电脑浏览新闻，并在社交媒体上与朋友分享新闻内容。这种多渠道、多平台的消费模式要求新闻内容不仅要能够在不同平台上展现，而且要保持内容的一致性和连贯性。跨平台内容需求促使新闻机构必须拥抱数字技术，以便在多个平台上高效地发布和管理新闻内容。这需要新闻机构在技术、内容策略和运营上进行创新。例如，通过建立集中的内容管理系统（CMS），新闻机构可以更有效地管理和分发内容到不同的平台。新闻机构还需要开发适合不同平台的内容格式，如为社交媒体优化的短视频、为移动应用设计的互动图表等。

跨平台内容需求也反映了消费者对个性化和定制化新闻体验的期望。消费者不仅希望在不同平台上接收新闻，而且希望这些新闻能够符合他们的个人兴趣和偏好。这种个性化需求要求新闻机构利用数据分析和人工智能技术来了解消费者的行为和偏好，从而提供更加定制化的新闻内容。而且跨平台内容需求的另一个方面是对新闻互动性和参与性的追求。消费者不仅仅是新闻内容的接收者，他们还希望能够在不同平台上参与到新闻的讨论和传播中。这种互动性和参与性的需求要求新闻机构在各个平台上提供互动工具和社区空间，如评论区、论坛、问答环节等，以促进消费者的参与和交流。然而，跨平台内容需求也带来了一些挑战。首先是如何保持内容在不同平台间的一致性和质量，同时确保适应各个平台的特性。其次是如何保护消费者的隐私和数据安全，特别是在进行个性化服务和数据分析时。此外，新闻机构还需要在保持专业标准和新闻质量的同时，适应数字化时代的快速变化和竞争环境。

随着多种媒体平台的兴起，消费者对跨平台内容表现出了强烈的需求。这种需求促使新闻机构在技术、内容策略和运营上进行创新，以满足消费者对便利性、多样性、连贯性和个性化的期望。面对这种需求，新闻机构需要拥抱数字技术，创新内容制作和分发方式，同时在维护内容质量、保护用户隐私和促进用户参与方面找到平衡。通过这些努力，新闻机构可以在多元化的媒体环境中保持竞争力，满足消费者的跨平台内容需求，促进媒体行业的健康发展。

第三节　新闻消费行为的变革与趋势

1.从被动接收到主动寻找

在当今媒体生态的快速变化中，新闻消费者的行为模式正在发生显著的转变，从传统的被动接收信息逐渐转变为主动寻找和筛选信息。这种转变反映了数字化时代信息流动方式的根本改变，以及新闻消费者对信息获取方式的重新定位。在这个过程中，消费者不再仅仅是信息的接收端，而是变成了主动寻求、处理和分享信息的参与者。这种行为模式的转变对新闻行业提出了新的挑战，同时也为其发展和创新提供了机遇。

在过去，新闻消费者主要通过传统媒体如报纸、广播和电视来接收信息，这些媒体通常采用自上而下的单向传播模式。消费者的角色主要是被动接收者，对于信息的来源、类型和时间往往没有太多选择。然而，随着互联网和移动技术的发展，尤其是社交媒体和新闻聚合应用的兴起，消费者现在拥有更多获取信息的渠道和工具。这使得消费者可以主动寻找符合个人兴趣和需求的信息，而不是被动地接收所有提供的内容。主动寻找信息的模式意味着消费者在信息获取过程中拥有更多的主动性和选择权。消费者可以根据自己的兴趣、时间和场合选择合适的信息源和内容。例如，他们可以通过关键词搜索获取特定话题的新闻，通过社交媒体关注感兴趣的新闻机构和记者，或通过新闻聚合应用订阅个性化的新闻推送。这种主动寻找和筛选信息的能力使消费者能够更有效地处理信息过载的问题，提高信息消费的效率和质量。

主动寻找信息的行为模式也反映了消费者对信息质量和来源的关注增加。在信息泛滥和假新闻频发的环境中，消费者开始更加注重信息的真实性、可靠性和深度。他们倾向于选择信誉良好、内容质量高的新闻来源，而回避那些提供误导性或低质量内容的渠道。这种对信息质量和来源的关注促使新闻机构必须维护其内容的质量和可信度，以吸引和保持消费者的关注。此外，从被动接收到主动寻找的转变还促进了消费者对新闻的参与度增加。消费者不仅仅是信息的获取者，他们还可以成为信息的评论者、分享者和甚至是生产者。通过评论、分享和参与在线讨论，消费者可以表达自己对新闻事件的看法和观点，参与到公共对话中。通过用户生成内容，消费者甚至可以直接参与到新闻的制作和传播过程中。

然而，从被动接收到主动寻找的转变也带来了一些挑战。首先是如何确保消费者在海量信息中找到真实、可靠和有价值的内容。这不仅是消费者自身媒体素养的问题，也是新闻机构在内容生产和分发策略上需要考虑的问题。其次是如何平衡消费者对个性化和定制化服务的需求与对隐私保护的担忧。新闻机构在提供个性化服务的同时，需要采取措施保护消费者的隐私和数据安全。

在数字化时代，新闻消费者的行为模式正从传统的被动接收信息转变为主动寻找和筛选信息。这种转变使消费者在信息获取过程中拥有了更多的主动性和选择权，但同时也对新闻行业提出了新的挑战。面对这种挑战，新闻机构需要适应消费者的变化需求，提高内容的质量和多样性，同时保护消费者的隐私和数据安全，以维护其信誉和吸引力。通过这些努力，新闻行业可以更好地适应数字化时代的变化，满足消费者的需求，促进其健康发展。

2. 社交媒体的影响力增强

在当今的信息时代，社交媒体的影响力不断增强，已经成为一个重要的新闻来源，并在很大程度上影响着消费者的观点和行为。社交媒体的兴起改变了新闻的传播方式，增加了新闻的可及性和互动性，同时也对新闻内容的质量和公众对新闻的感知产生了深远的影响。社交媒体作为新闻信息的主要渠道，不仅为消费者提供了获取新闻的便捷途径，还为他们提供了分享、讨论和参与新闻事件的平台。

社交媒体平台因其快速、便捷和互动性强的特点，成为许多人获取新闻的首选渠道。在这些平台上，用户不仅可以快速获取最新的新闻报道，还可以看到朋友和公众人物对新闻事件的评论和看法。这种模式使得新闻消费变得更加社交化和参与性强，用户可以通过点赞、评论和分享等方式参与到新闻的传播和讨论中。

社交媒体对新闻内容的质量和公众对新闻的感知也产生了显著的影响。一方面，社交媒体上新闻的传播速度极快，这对新闻机构迅速响应新闻事件提出了挑战，有时可能牺牲了新闻的深度和准确性。另一方面，社交媒体上的新闻经常伴随着大量的用户评论和观点，这些评论和观点可能影响公众对新闻事件的理解和感知。例如，一条新闻可能因为社交媒体上的热烈讨论而变得更加引人关注，或者因为错误的信息和偏见评论而导致公众对事件的误解。

社交媒体对新闻行业的商业模式也产生了影响。随着越来越多的消费者通过社交媒体获取新闻，新闻机构不得不调整其内容分发策略和商业模式。一些新闻机构开始在社交媒体上建立自己的官方账号，发布新闻内容并与用户互动。此外，新闻机构也开始探索如何通过社交媒体平台吸引流量和广告收入。然而，社交媒体的影响力增强也带来了一系列挑战。首先是如何确保社交媒体上新闻内容的真实性和可靠性。社交媒体上的信息有时难以核实，容易传播假新闻和误导性信息。其次是如何管理和引导社交媒体上的新闻讨论，保证讨论的健康和建设性，避免网络暴力和仇恨言论的传播。其次，社交媒体对用户隐私的保护也是一个需要关注的问题，特别是在个性化新闻推送和数据分析的背景下。

3. 移动设备的普及

在当代社会中，移动设备的普及已经深刻地改变了新闻的获取方式和时间，使得它们成为主要的新闻消费工具。智能手机、平板电脑等移动设备由于其便携性、联网能力和高度的个性化，已经成为人们获取新闻的首选平台。这种变化不仅影响了人们接收新闻的习惯，也对新闻行业的内容制作、分发策略和商业模式产生了深远的影响。

移动设备的普及首先改变了新闻获取的方式。在移动设备上，用户可以通过各种应用程序，如新闻聚合应用、社交媒体平台和新闻机构的官方应用，随时随地访问新闻。这种获取新闻的方式与传统的电视、报纸和桌面计算机相比，更加便捷和即时。用户可以在等待、通勤或任何零散时间中浏览最新的新闻报道，使得新闻消费更加灵活和个性化。

移动设备的普及也改变了新闻消费的时间。以往新闻的消费往往集中在特定的时间，如早晨阅读报纸或晚间观看电视新闻。然而，在移动设备上，新闻消费变得更加分散和即时。消费者可以在一天中的任何时间接收到新闻更新的通知，实时跟踪重大事件的发展。这种即时性不仅满足了用户对新闻的及时了解需求，也对新闻机构提出了更快速响应和更新新闻的要求。此外，移动设备的特性也影响了新闻内容的制作和展示。考虑到移动设备的屏幕尺寸和用户操作习惯，新闻内容需要进行适当的优化和调整。例如，新闻故事可能更倾向于使用更加精简和视觉化的格式，如图像、短视频和信息图表，以适应移动设备的显示特性。此外，新闻机构还可以利用移动设备的功能，如位置服务和推送通知，来提供更加个性化和本地化的新闻体验。

然而，移动设备作为新闻消费工具的普及也带来了一些挑战。首先是如何在有限的显示空间中提供高质量和深度的新闻内容。在移动设备上，用户的注意力往往更加分散，这要求新闻内容既要吸引眼球，又要能快速传递信息。其次是如何在移动设备上实现商业盈利。由于移动设备上广告空间有限，且用户对移动广告的接受程度较低，新闻机构需要探索新的商业模式，如订阅服务、原生广告和内容赞助等。

在移动设备普及的背景下，新闻获取的方式和时间发生了显著变化。移动设备成为新闻消费的主要工具，使得新闻消费更加便捷、即时和个性化。这种变化对新闻行业的内容制作、分发策略和商业模式提出了新的挑战和机遇。面对这些挑战，新闻机构需要适应移动设备的特性，优化新闻内容的展示和传播方式，同时探索在移动环境下的盈利策略。通过这些努力，新闻行业可以更好地满足消费者的需求，适应数字化时代的变化，促进其健康发展。

4. 深度报道与调查性新闻的重要性

在当前的媒体消费环境中，消费者对视觉化和多媒体内容的偏好明显增强。这种偏好体现在对图像、视频、互动图表以及其他多媒体形式新闻内容的强烈需求上。这一趋势不仅反映了现代信息技术的发展，也与消费者信息处理习惯、对新闻质量的期望以及社会文化背景的变化密切相关。视觉化和多媒体内容的偏好对新闻行业的内容制作、分发策略和商业模式产生了重要影响，促使新闻机构不断创新以满足消费者的需求。

视觉化和多媒体内容的偏好源于这些形式的高度吸引力和易于理解性。在信息爆炸的时代背景下，图像和视频等视觉化内容能够迅速抓住消费者的注意力，并以直观、生动的方式传递信息。相比于传统的文本新闻，视觉化内容更易于消费者快速浏览和理解，特别是在移动设备等小屏幕上。视觉化内容如信息图表和数据可视化，可以将复杂的数据和信息以简洁明了的方式呈现，使得消费者能够更容易地理解和记忆。

多媒体内容的偏好也反映了消费者对新闻体验的多样化和深度化需求。随着技术的发展，新闻机构现在可以利用视频、音频、虚拟现实和增强现实等多种形式创造沉浸式的新闻体验。这些多媒体形式不仅提供了视觉和听觉上的享受，也使得新闻故事更加丰富和立体。例如，通过虚拟现实技术，消费者可以身临其境地体验新闻事件的现场，从而获得更深刻的情感体验和认识。

视觉化和多媒体内容的偏好还与社会文化的变化有关。在视觉文化日益盛行的背景下，消费者越来越习惯于通过图像和视频等视觉化形式获取和处理信息。社交媒体平台上的图像和视频分享成为日常交流的重要方式，这种习惯也影响了消费者对新闻内容的期望和偏好。

视觉化和多媒体内容的偏好也对新闻行业提出了挑战。首先是如何在保持新闻质量和深度的同时，创造吸引人的视觉化内容。这要求新闻机构的记者和编辑不仅要具备传统的新闻制作技能，还要掌握图像设计、视频制作和数据可视化等技能。其次是如何在视觉化内容的制作中保持信息的准确性和客观性。在追求视觉效果的过程中，新闻机构需要确保不失去对事实的关注和对公众的责任。此外，新闻机构还需要在视觉化内容的制作和分发中考虑成本和效益，以及如何在移动和社交媒体平台上有效地展示这些内容。

在当前的媒体消费环境中，消费者对视觉化和多媒体内容表现出了显著的偏好。这种偏好促使新闻行业在内容制作和分发上进行创新，以满足消费者的需求。面对这一趋势，新闻机构需要适应消费者的变化习惯，发展新的技能和技术，同时在追求视觉效果的同时保持对新闻质量和真实性的坚守。通过这些努力，新闻行业可以更好地满足消费者的需求，提高新闻内容的吸引力和影响力，促进其健康发展。

5. 可持续性与社会责任的关注

在当前的媒体环境中，新闻消费者对新闻内容的可持续性和社会责任的关注显著增加，这一趋势体现了公众对媒体实践影响的深度认识和对社会责任的高度重视。新闻消费者不仅关注新闻内容的质量和真实性，还越来越关注新闻机构是否承担社会责任，是否促进社会的可持续发展。这种关注反映了消费者对于媒体影响力和作用的重新评估，以及对于支持那些具有正面社会影响的新闻机构的倾向。

首先，新闻内容的可持续性关注主要体现在新闻报道对环境、社会和治理（ESG）方面的影响。在气候变化、资源匮乏和社会不平等等全球性问题日益突出的背景下，公众期望新闻机构能够通过其报道促进对这些问题的认识和解决。这包括对环境保护、社会正义和透明治理等话题的深入报道，以及促进公众对这些问题的了解和参与。因此，那些重视环境保护、社会公正和良好治理，并在报道中体现这些价值观的新闻机构，越来越受到消费者的支持。

其次，社会责任的关注也体现在消费者对新闻机构业务实践的评估上。消费者不仅关注新闻内容本身，还关注新闻机构的运营方式，包括其对员工的待遇、供应链的管理、广告政策和数据保护等方面。在这个过程中，那些展现出高度社会责任感的新闻机构，比如保障员工权利、维护用户隐私和拒绝不道德广告等，越来越能够赢得消费者的信任和支持。消费者对于新闻内容对社会的积极影响也越来越关注。在社会冲突、极端主义和假新闻等问题日益严重的情况下，公众期望新闻机构能够通过其报道促进社会和解、文化多样性和信息真实性。那些致力于促进公共对话、增进社会理解和打击假新闻的新闻机构，越来越受到公众的赞赏和支持。

然而，新闻机构在追求可持续性和社会责任的同时，也面临着一系列挑战。首先是如何在商业压力下保持对社会责任的承诺。在广告收入下降和市场竞争加剧的背景下，新闻机构需要在维持经济可持续性和履行社会责任之间找到平衡。其次是如何在报道中平衡不同利益相关者的需求和观点，同时保持新闻的独立性和客观性。此外，新闻机构还需要在实现社会责任目标的同时，保证新闻内容的质量和深度。

总的来说，新闻消费者对新闻内容的可持续性和社会责任越来越关注，倾向于支持那些具有正面社会影响的新闻机构。这种关注不仅体现了公众对媒体作用的深度认识，也反映了他们对于媒体行业的期望。面对这种趋势，新闻机构需要在商业运营和社会责任之间找到平衡，通过其业务实践和报道内容展现对社会责任的承诺，以赢得消费者的信任和支持。通过这些努力，新闻行业可以在促进社会可持续发展的同时，保持其业务的健康和持续发展。

第九章 媒体融合背景下的新闻内容创新

在数字化时代的浪潮中，媒体融合已经成为推动新闻内容创新的强大力量。这种融合不仅是技术层面的整合，更是一种对新闻报道方式、叙述风格和内容呈现的根本性革新。

在本章中，我们将首先深入探讨媒体融合如何塑造了新闻内容创新的新要求，揭示新闻内容创新的关键要素与方法，并通过分析成功的案例，展示这些理论在实践中的具体应用。

在不断变化的媒体生态系统中，传统的新闻报道模式已经无法满足观众的需求。新闻机构需要不断寻找新的方式来吸引和保持观众的注意力。这不仅涉及内容的多样性和深度，还包括利用新技术来增强新闻故事的表现力和互动性。例如，虚拟现实（VR）和增强现实（AR）技术的应用，使得新闻报道可以提供更为沉浸式的体验，从而更加吸引观众。

次，我们将探讨新闻内容创新的关键要素与方法。在媒体融合的背景下，新闻内容创新不仅仅是关于新技术的应用，更重要的是要理解和应对新闻消费者的变化。这包括了解他们的兴趣、偏好和消费习惯，并据此调整报道的角度、形式和分发渠道。此外，数据驱动的报道方法，如通过数据分析来挖掘新闻故事，也成为新闻内容创新的重要部分。通过分析大量数据，记者能够揭示潜在的趋势和模式，从而提供更加深入和有洞见的报道。

通过本章的深入探讨，我们希望能够提供一个全面而深刻的视角，以理解在媒体融合时代下，新闻内容创新的重要性、方法和实践。这不仅对于新闻从业者有着重要的意义，对于那些关心媒体发展和新闻质量的读者来说，也同样具有启发性和价值。

第一节　媒体融合对新闻内容创新的要求

1. 跨平台内容策略的制定

在当前媒体融合的背景下，新闻内容创新的关键之一在于制定有效的跨平台内容策略。这种策略的核心目标是适应不同媒体平台的特性和受众需求，以确保新闻内容在各个平台上都能够有效地传达并引起受众的兴趣和参与。在多元化的媒体环境中，不同平台的受众具有不同的消费习惯、偏好和期望，因此，新闻机构必须深入理解这些差异，并据此制定相应的内容策略。跨平台内容策略的制定不仅涉及内容的生产和分发，还涉及品牌建设、受众互动和商业模式的调整。

跨平台内容策略要求新闻机构对不同平台的特性有深入的理解。例如，社交媒体平台适合分享更加轻松、互动性强的新闻内容；而专业新闻网站则更适合发布深度报道和分析类内容。移动应用则需要考虑到用户在移动环境中的阅读习惯，优化内容的呈现方式，如使用更多的视觉元素和简洁明了的文字。了解每个平台的特性和用户行为是制定有效跨平台内容策略的前提。

跨平台内容策略需要在保持内容一致性和适应平台特性之间找到平衡。虽然不同平台的内容形式和呈现方式可能不同，但核心信息和品牌声音应保持一致。这要求新闻机构在创造多样化内容的同时，维护其新闻品牌的一致性和可靠性。例如，不同平台上的报道应围绕相同的主题和观点，但在形式和深度上可以有所调整，以适应各个平台的特点。跨平台内容策略还涉及与受众的互动和参与。在社交媒体和移动应用等平台上，受众不再是被动的信息接收者，而是可以主动参与内容的分享、评论和讨论。因此，新闻机构需要在这些平台上提供互动性强的内容，如投票、问答、用户评论等，以增强受众的参与度和对品牌的忠诚度。

跨平台内容策略的制定还需要考虑商业模式的适应。随着广告收入的分散和受众注意力的分裂，新闻机构需要探索多元化的盈利模式，如订阅服务、原生广告和内容赞助等。在不同平台上，这些商业模式可能需要进行相应的调整，以适应各个平台的商业环境和受众特性。而跨平台内容策略还要求新闻机构具备灵活的内容制作和管理能力。这包括建立有效的内容管理系统（CMS），以便在不同平台间高效地管理和分发内容，以及培训新闻从业人员掌握多平台内容制作的技能和知识。

在媒体融合的环境中，制定跨平台的内容策略对新闻内容创新至关重要。这种策略需要新闻机构深入理解不同平台的特性和受众需求，找到保持内容一致性和适应平台特性之间的平衡，增强与受众的互动和参与，适应多元化的商业模式，并具备灵活的内容制作和管理能力。通过这些努力，新闻机构可以在多元化的媒体环境中有效地传播其内容，增强品牌影响力，满足受众的多样化需求，促进其长远发展。

2. 增强互动性与参与性

在当代的媒体环境中，新闻内容创新的一大趋势是增强互动性和参与性。这一变革不仅是技术进步的产物，更是新闻行业对日益变化的受众需求和媒体消费模式的回应。传统的新闻传播模式，其中信息从新闻机构单向流向受众，正逐渐被一种更为动态、互动和参与的模式所取代。在这个新模式中，利用社交媒体和网络技术，受众不再仅是被动的信息接收者，而是成为新闻内容生成和传播过程的积极参与者。

增强新闻内容的互动性和参与性，意味着新闻机构需要重新考虑其与受众的关系。在数字化时代，受众希望能够与新闻内容产生更直接的互动，这包括对新闻事件提供反馈、参与相关讨论、甚至在内容创造过程中发挥一定作用。因此，新闻机构需要开发和利用各种工具和平台，以支持这种互动和参与。例如，通过社交媒体平台提供即时的新闻更新和互动空间，设置在线评论区域，开展线上问答和调查，或是通过用户生成内容（UGC）项目邀请受众贡献他们的视角和故事。

而利用网络技术增强新闻内容的互动性和参与性，要求新闻机构不仅要关注技术的应用，还要关注受众的需求和行为模式。这意味着新闻内容的设计和呈现需要适应受众在数字平台上的消费习惯。例如，可在新闻故事中嵌入互动元素，如点击式信息图表、互动时间线和参与式调查，以提升受众的参与感和新闻故事的吸引力。同时，也需要利用数据分析来了解受众的偏好和行为，从而制定更有效的互动策略。

增强新闻内容的互动性和参与性还涉及新闻机构与受众之间信任关系的建立。在鼓励受众参与的同时，新闻机构需维护其内容的可信度和权威性。这要求在鼓励受众参与的过程中，同时进行适当的内容审核和引导，以防止错误信息的传播和负面讨论的产生。例如，对用户评论实行适度的审核机制，对用户生成内容进行事实核查，以及引导在线讨论朝着建设性和有益的方向发展。然而，增强互动性和参与性的过程中也存在挑战。如何在增加受众参与的同时保持新闻内容的质量和深度，如何在促进互动的同时防止网络暴力和偏见的扩散，以及如何在利用用户数据提高互动性的同时保护用户隐私等，都是新闻机构需要解决的问题。

增强新闻内容的互动性和参与性是当代新闻内容创新的关键方向。通过利用社交媒体和网络技术，鼓励受众参与新闻内容的生成和传播，新闻机构不仅能够提升受众的参与度和满意度，还能加强与受众的互动和联系。面对这一趋势，新闻机构需要灵活运用技术，深入理解受众需求，积极构建健康的互动环境，并在此过程中坚持新闻的专业性和责任性。通过这些努力，新闻机构可以在多元化的媒体环境中保持竞争力，同时为公共讨论和社会发展做出积极贡献。

3. 多媒体和多形式内容的融合

在当今快速发展的媒体环境中，新闻内容创新的一个显著趋势是多媒体和多形式内容的融合。这种融合涉及视频、音频、文本和图像等多种媒介形式的整合，旨在创造丰富多样且形式多变的新闻内容，以满足不同受众的需求。这种跨媒介的内容创新不仅反映了技术进步和媒体形式的多元化，也符合当代受众对新闻体验的多样化需求。

多媒体和多形式内容融合的核心在于使用多种传播媒介和技术手段来呈现新闻故事。这种融合的方法能够更全面和立体地展现新闻事件，为受众提供更加丰富和深入的理解。例如，一篇深度的新闻报道可能包含文本、图片、视频和互动图表，每种形式都能从不同的角度展现故事内容。视频可以提供直观的现场感受，音频可以呈现人物的声音和情感，文本则可以提供详细的背景信息和分析，而互动图表则能够让受众以更加直观的方式理解复杂的数据和信息。

多媒体和多形式内容融合的趋势反映了新闻消费习惯的变化。随着数字技术的发展，尤其是移动设备的普及，受众的新闻消费行为越来越倾向于快速、便捷且多样化的内容形式。在移动设备上，受众更倾向于观看短视频、浏览图像或听取播客，而不是长时间阅读大量文本。因此，新闻机构需要适应这种变化，创造适合移动消费的多媒体内容。此外，多媒体和多形式内容的融合还能够增加受众的参与度和互动性。通过提供互动性强的内容，如在线投票、问答环节和用户生成内容，受众可以更加积极地参与到新闻故事中。这种参与不仅增强了受众的新闻体验，也有助于提高他们对新闻内容的认知和记忆。

然而，多媒体和多形式内容融合的过程也面临一系列挑战。首先是如何在保持新闻质量和深度的同时，有效地融合不同形式的内容。这要求新闻制作团队不仅要具备传统的新闻采编能力，还要掌握视频制作、音频编辑和数据可视化等技能。其次是如何在多样化的内容形式中保持新闻故事的连贯性和一致性。不同形式的内容需要相互补充，共同构成一个完整的故事。此外，新闻机构还需要考虑到内容制作的成本和效益，以及如何在不同平台上高效地分发和展示这些内容。

4. 实时性与准确性的平衡

在当今迅速发展的数字化新闻时代，实时性与准确性的平衡成为新闻行业面临的一大挑战。随着技术的进步，尤其是社交媒体和移动互联网的普及，新闻机构能够以前所未有的速度更新新闻内容，满足公众对即时信息的需求。然而，这种追求实时更新的趋势也带来了确保信息准确性和可靠性的挑战。在信息快速流通的环境中，新闻机构必须采取有效措施，确保其报道的准确性，避免误导受众。

实时性在新闻报道中的重要性日益增加，特别是在处理突发事件时。随着信息传播速度的加快，公众对即时新闻的期待也在不断提升。新闻机构在竞争激烈的媒体市场中，为了吸引和保持受众的注意力，不得不尽可能快速地发布新闻。这种对速度的追求使得新闻机构能够迅速响应社会事件，为公众提供最新的信息。然而，这种对实时性的追求往往与确保新闻准确性和可靠性的目标相冲突。在快速发布新闻的过程中，可能会牺牲对信息源的核实、对事实的深入调查和对报道内容的全面审查。这种冲突尤其在处理突发事件、复杂议题或有争议的话题时显得尤为突出。如果不加以控制，可能导致错误信息的传播，误导公众，甚至引起恐慌和社会不稳定。

为了在追求实时性与保证准确性之间找到平衡，新闻机构需要采取多种措施。首先，需要建立严格的编辑和事实核查流程。这包括对新闻来源进行认真筛选、对报道的事实进行仔细核实，以及建立快速但高效的编辑审查机制。其次，新闻机构应培养记者和编辑在快速响应的同时保持职业谨慎的能力。这需要对新闻从业人员进行持续的培训，提高他们在紧张和快速变化的环境中处理信息的能力。

新闻机构还应利用技术手段来提高新闻报道的准确性。例如，利用高级数据分析工具来识别可能的错误信息，运用人工智能辅助进行快速事实核查，以及建立有效的信息监控系统来跟踪新闻事件的发展。在处理实时性与准确性的平衡时，新闻机构还需要考虑道德和法律责任。在发布新闻内容时，需明确标注信息的确认状态和可靠性，并在后续报道中及时更正和更新错误信息。同时，应避免在不完全核实的情况下报道可能引发恐慌或误解的信息。

实时性与准确性的平衡是当前新闻行业面临的重要挑战。在追求新闻内容实时更新的同时，新闻机构必须采取有效措施保证信息的准确性和可靠性，以避免误导受众。这要求新闻机构在编辑流程、人员培训、技术应用以及道德和法律责任方面做出努力。通过这些综合措施，新闻机构可以在快速变化的媒体环境中保持其新闻内容的质量和信誉，满足公众对即时且准确新闻的需求。

5. 个性化内容的开发

在当今数字化和信息化的时代背景下，个性化内容的开发成为新闻行业创新的重要方向。随着大数据和人工智能技术的发展，新闻机构现在拥有了更多的手段来分析受众偏好，并据此提供个性化的新闻内容。这种个性化服务的目的在于提高受众的参与度和满意度，同时也为新闻机构带来更高的用户黏性和可能的商业价值。在这一过程中，新闻机构不仅需要有效地利用技术工具，还需要深入理解受众的需求和行为，以及考虑相关的伦理和隐私问题。

个性化内容的开发依赖于对受众偏好的精准分析。利用大数据技术，新闻机构可以收集和分析受众的浏览历史、阅读习惯、互动行为和反馈信息。这些数据能够揭示受众对不同类型新闻内容的兴趣，如偏好政治新闻、体育赛事、娱乐八卦或者科技动态等。通过对这些数据的分析，新闻机构可以了解不同受众群体的特征，从而为他们提供更符合其兴趣和需求的新闻内容。

而人工智能技术在个性化内容开发中扮演着关键角色。通过算法和机器学习技术，新闻机构可以自动化地对大量内容进行分类和推荐。这些算法可以基于用户的历史行为和偏好，动态地调整内容推荐，以提供更加个性化和相关的新闻体验。例如，如果一个用户经常阅读关于环境保护的文章，系统就可以自动为其推荐相关主题的最新报道和深度分析。

个性化内容的开发也需要考虑用户体验的多样性。这意味着新闻机构不仅要提供个性化的内容，还要在呈现方式上进行创新。例如，为那些偏好视觉化内容的受众提供更多的图像和视频，为喜欢深度阅读的受众提供翔实的报道和专题分析。同时，也可以通过互动元素如问答、投票和评论区域，增加受众的参与感和互动体验。然而，个性化内容的开发也面临一系列挑战。其中最重要的是如何在提供个性化服务的同时保护用户的隐私。受众对其在线行为和个人信息被收集和分析持有担忧，因此新闻机构在收集和使用数据时必须遵守相关的隐私保护法律法规，并确保透明和负责任的数据处理。此外，还需要防止"信息茧房"现象，即受众只被推送与其现有观点相符的信息，从而限制了他们接触多元观点和信息的机会。

利用大数据和人工智能技术开发个性化内容是新闻行业应对数字化挑战、提高受众参与度和满意度的有效途径。这种创新要求新闻机构精准分析受众偏好，创新内容呈现方式，并在提供个性化服务的同时关注隐私保护和信息多样性。通过这些努力，新闻机构可以更好地满足受众的需求，提升其内容的吸引力和影响力，促进其长远发展。

6.伦理和法律规范的遵守

在当前快速发展的新闻产业中，伦理和法律规范的遵守是新闻内容创新过程中的一个核心要素。随着技术的进步和媒体形态的多样化，新闻机构面临着日益复杂的伦理挑战和法律责任。在这一背景下，严格遵守新闻伦理和法律规范，不仅是维护受众权益和隐私的基础，也是新闻机构可持续发展和维护公信力的关键。

首先，遵守新闻伦理是确保新闻内容质量和公正性的重要保障。新闻伦理涉及诚实、公正、客观、尊重隐私和避免伤害等基本原则。在新闻内容创新过程中，尤其是在使用新技术和新媒介时，新闻从业人员需要坚持这些伦理原则。例如，在使用社交媒体作为新闻源时，需要验证信息的真实性，避免传播未经证实的消息；在报道敏感话题时，需要考虑对受众的影响，避免引起不必要的恐慌或误解。

其次，法律规范的遵守是新闻机构操作的法律框架。这包括但不限于版权法、隐私法、诽谤法和广告法等。在跨媒体平台发布新闻内容时，新闻机构需要确保内容不侵犯他人的版权，不违反隐私保护和数据保护的法律规定。此外，新闻机构在商业化操作中，如广告和赞助内容的发布，也需要遵守相关的法律规定，确保广告内容的真实性和透明性。

此外，新闻内容创新过程中的伦理和法律规范还涉及对受众权益的保护。随着个性化新闻内容的提供和大数据的应用，受众的隐私保护成为一个重要议题。新闻机构在收集和使用受众数据时，需要确保数据处理的合法性、透明性和安全性。这不仅符合法律规定，也是赢得受众信任和忠诚的基础。而在处理伦理和法律问题时，新闻机构还需要建立有效的内部监管机制。这包括制定和实施详细的新闻采编指导原则，定期对员工进行伦理和法律培训，以及设立监察机构或程序来处理伦理和法律问题。通过这些内部监管机制，新闻机构可以确保其操作的合规性，并在发现问题时及时进行纠正。

在新闻内容创新过程中，严格遵守新闻伦理和法律规范是至关重要的。这不仅是保护受众权益和隐私的基本要求，也是新闻机构建立和维护公信力的基础。面对技术进步和媒体形态的多样化带来的挑战，新闻机构需要不断审视和更新其伦理和法律框架，确保其新闻内容创新的合规性和责任性。通过这些努力，新闻机构可以在快速变化的媒体环境中保持其专业性和可靠性，为公众提供高质量的新闻服务。

第二节　新闻内容创新的关键要素与方法

1. 受众洞察

在当前多元化且竞争激烈的媒体环境中，深入理解受众的需求和偏好，成为新闻内容创新的关键前提。为了有效地吸引和维护受众，新闻机构必须借助市场调研和数据分析，精准地洞察受众的兴趣、行为习惯和消费模式。通过这些洞察，新闻机构可以更有针对性地规划和创新其内容，从而提升新闻产品的吸引力和受众的参与度。

市场调研是获取受众洞察的重要手段。这包括定期进行受众调查、焦点小组讨论和深度访谈等。通过这些方法，新闻机构可以直接从受众处获取反馈，了解他们对当前新闻内容的满意度、对未来新闻产品的期待以及他们的媒体消费习惯。市场调研可以揭示受众的具体需求和偏好，例如他们对不同类型新闻内容（如政治、经济、体育、娱乐等）的偏好，对新闻报道方式（如视频、文本、图像）的偏好，以及他们在不同平台（如电视、网站、社交媒体、移动应用）上的媒体消费行为。

数据分析在现代新闻产业中起着越来越重要的作用。利用大数据技术，新闻机构可以收集和分析大量关于受众行为的数据，如点击率、阅读时间、分享和评论等。这些数据能够提供受众行为的客观量化指标，帮助新闻机构识别受众的兴趣点、阅读习惯和互动模式。进一步地，利用人工智能和机器学习技术，新闻机构可以从数据中识别模式和趋势，预测受众的未来行为，从而更精准地定制内容和推荐策略。

在受众洞察的基础上，新闻机构可以更有效地指导新闻内容的创新。这包括开发符合受众兴趣和需求的新闻产品，设计适合受众消费习惯的内容形式，以及在不同平台上实施有针对性的内容策略。例如，如果数据分析显示年轻受众更偏好通过社交媒体获取新闻，并且倾向于观看短视频，新闻机构就可以在社交媒体平台上推出更多短视频内容，以吸引这部分受众。然而，受众洞察的过程也需要注意伦理和隐私的问题。在收集和分析受众数据时，新闻机构必须遵守相关的隐私保护法律法规，确保数据的收集和使用过程透明和合法。此外，新闻机构在运用受众洞察指导内容创新时，也需要坚持新闻的公正性和质量，避免过度迎合受众口味而牺牲新闻的深度和严肃性。

通过市场调研和数据分析深入理解受众的需求和偏好，对于新闻内容的创新至关重要。这种受众洞察使新闻机构能够更有针对性地规划和创新新闻产品，提升新闻的吸引力和受众的参与度。在这一过程中，新闻机构需要平衡受众需求、新闻质量、伦理和隐私保护等多方面的考虑，以实现新闻内容创新的可持续发展。

2. 技术运用

在当今的新闻业中，技术的运用已经成为提升新闻报道质量和互动性的关键。随着人工智能（AI）、大数据分析、虚拟现实（VR）等技术的发展，新闻机构有机会通过这些先进技术来创新新闻报道的方式，增强新闻内容的吸引力，提高受众的参与度和满意度。这些技术的运用不仅改变了新闻报道的制作过程，还拓展了新闻传播的可能性，为受众提供了更加丰富和互动的新闻体验。

人工智能技术在新闻产业中的应用日益广泛。AI 技术可以用于自动化新闻报道的生成，特别是在处理大量数据和信息时，如财经新闻、体育赛事报道和选举结果分析等。利用 AI 技术，新闻机构可以快速生成准确的报道，释放记者的时间，使他们能够专注于更加深入的调查和分析。此外，AI 还可以用于个性化新闻推荐，通过分析受众的浏览习惯和偏好，为他们提供定制化的新闻内容。

大数据分析在新闻报道中的应用越来越重要。通过收集和分析大量数据，新闻机构可以深入理解受众的需求和行为，指导新闻内容的创作和发布。大数据分析还可以用于揭示社会趋势和模式，为深度报道提供数据支撑。例如，在报道社会问题、公共政策和民意调查时，准确的数据分析可以提供有力的证据，增加报道的说服力和影响力。此外，虚拟现实技术为新闻报道提供了全新的表现形式。通过 VR 技术，受众可以身临其境地体验新闻事件，无论是战场、自然灾害现场还是体育赛事。这种沉浸式的体验不仅增强了新闻的吸引力，还加深了受众对事件的理解和同情。虚拟现实技术在提供深入的报道体验的同时，也提出了新的技术挑战和伦理问题，如何确保虚拟体验的真实性和适当性。

技术在新闻报道中的运用也需要考虑一系列的挑战。首先，技术的运用需要确保新闻内容的准确性和客观性，避免过度依赖技术而忽视了记者的专业判断和报道的深度。其次，技术的应用也需要考虑成本效益和可持续性。新闻机构需要评估技术投入的成本和带来的收益，确保技术投资的可持续性。此外，技术的运用还需要考虑伦理和隐私问题，尤其是在使用大数据和 AI 技术进行个性化新闻推荐时，如何保护受众的隐私和数据安全。

运用最新技术如人工智能、大数据分析、虚拟现实等，对提升新闻报道的质量和互动性具有重要意义。这些技术的应用不仅能够创新新闻内容的形式和呈现方式，还能提高新闻机构的工作效率和受众的体验。然而，在运用这些技术时，新闻机构需要在保证新闻质量、考虑成本效益以及关注伦理和隐私问题之间找到平衡。通过这些努力，新闻机构可以在快速变化的媒体环境中保持竞争力，提供高质量的新闻服务，满足受众的需求。

3. 内容多样化

在当前媒体环境中，内容多样化已成为新闻行业创新的重要方向。随着受众需求的多元化和技术的发展，新闻机构正在探索创新内容形式，如融合报道、数据新闻、故事化报道等，以吸引和保持受众的兴趣。这种多样化的内容创新不仅能够满足受众对新鲜、有趣内容的需求，还能增强新闻的信息价值和参与度。

首先，融合报道是一种将不同媒介和报道手段结合的创新内容形式。在融合报道中，文本、图像、视频和音频被有机结合，以提供更加全面和深入的新闻体验。这种报道形式特别适合处理复杂的新闻事件，如政治事件、重大灾难或社会问题等。通过多媒介的结合，融合报道可以从不同角度展现事件，使受众能够更全面地理解和感受新闻内容。例如，一篇关于气候变化的融合报道可能包括专家的分析、影响人们生活的实例、相关数据的图表展示和影响环境的视频。

其次，数据新闻是运用数据分析和可视化手段来呈现新闻的一种形式。在数据新闻中，大量的数据被收集、分析和呈现，以揭示新闻事件背后的模式和趋势。这种报道形式特别适用于处理涉及复杂数据的主题，如经济发展、社会调查和科技创新等。数据新闻通过图表、图形和互动元素，使复杂的数据变得容易理解和吸引人，增强了新闻的说服力和参与度。

此外，故事化报道是一种以叙述方式呈现新闻的形式。在故事化报道中，新闻不再是简单的事实陈述，而是以故事的形式展开，讲述人物的经历、情感和冲突。这种形式的报道通过叙事的手法吸引受众，使他们能够更加情感化地参与到新闻故事中。故事化报道特别适合处理人文关怀、社会问题和个体经历等主题，可以使新闻更加生动和引人入胜。然而，内容多样化的创新也面临一系列挑战。首先，新闻机构需要具备多种媒介和技术的制作能力，以及创新和实验的勇气。这要求新闻从业人员不仅要掌握传统的新闻采编技能，还要熟悉最新的媒介工具和表现手法。其次，内容多样化需要平衡创新和质量的关系。在探索新的内容形式时，新闻机构需要确保新闻内容的准确性、深度和公正性。此外，新闻机构还需要考虑内容创新的成本效益，确保新闻创新的可持续性。

内容多样化是新闻行业应对受众需求多元化和技术发展的重要策略。通过创新内容形式，如融合报道、数据新闻和故事化报道，新闻机构可以吸引和保持受众的兴趣，增强新闻的参与度和影响力。面对这一趋势，新闻机构需要不断探索和实验，培养多元化的制作能力，同时确保新闻内容的质量和深度，以实现新闻内容创新的可持续发展。

4. 品牌建设

在现代新闻业的竞争环境中，品牌建设成为提升媒体影响力和竞争力的关键策略。通过塑造独特的新闻内容和风格，新闻机构可以建立鲜明的媒体品牌形象，从而吸引和维护忠实受众，提升在市场中的可辨识度和影响力。品牌建设不仅涉及新闻内容的质量和特色，还包括对媒体核心价值的传达、对受众需求的响应以及对技术创新的应用。

独特的新闻内容和风格是建立媒体品牌形象的基石。这意味着新闻机构需要开发和维护具有独特视角、风格和声音的新闻内容。例如，一些新闻机构可能专注于深度报道和调查新闻，强调其新闻内容的深度和独家性；而另一些机构可能专注于快速报道和实时新闻，强调其内容的及时性和覆盖面。通过这些特色内容，新闻机构可以在受众心中树立独特的品牌形象，区别于其他媒体。

传达媒体的核心价值和使命对品牌建设至关重要。新闻机构的品牌形象不仅体现在其新闻内容的质量和风格上，还体现在其所传达的价值观和使命上。例如，一些新闻机构可能强调其对新闻真实性和客观性的承诺，而另一些机构可能强调其对社会正义和公共利益的关注。通过明确和传达这些核心价值，新闻机构可以吸引那些与其价值观相符的受众，增强品牌忠诚度。

对受众需求的响应也是品牌建设的重要组成部分。在多元化和个性化的媒体消费趋势下，新闻机构需要了解并响应受众的需求和偏好。这可能涉及对新闻内容形式、传播渠道和互动方式的创新。例如，针对年轻受众的偏好，一些新闻机构可能开发更多的视频内容和移动应用，或在社交媒体上增强互动和参与。而技术创新是推动品牌建设的另一个关键因素。在数字化时代，新技术的应用可以提升新闻内容的质量和传播效果，增强媒体品牌的现代感和创新性。例如，利用人工智能和大数据技术，新闻机构可以提供更加个性化和精准的新闻推荐；利用虚拟现实技术，可以提供沉浸式的新闻体验。

通过独特的新闻内容和风格，传达核心价值，响应受众需求，以及应用新技术，新闻机构可以有效地建立鲜明的媒体品牌形象。这种品牌建设不仅能够增强媒体的影响力和竞争力，还能帮助新闻机构在多元化和竞争激烈的市场中脱颖而出，建立稳定的受众群体，并在长期中持续发展。通过这些努力，新闻机构可以更好地满足受众的需求，提升其内容的吸引力和影响力，促进其整体发展。

5. 团队协作

在当代新闻业的运作中，团队协作显得尤为重要，尤其是在追求内容创新和应对多元化媒体挑战的过程中。新闻产业的动态性要求编辑、记者、技术人员之间建立更紧密的协作关系，以促进创意的交流和融合，从而提高新闻内容的创新能力。这种跨职能团队的协作不仅有助于整合不同的专业技能和视角，还能促进新思路和创新方法的产生。

首先，新闻行业的快速发展要求编辑和记者采取更灵活和开放的工作方式。编辑不再仅仅是内容的审核者和决策者，而是需要成为团队合作的促进者和创意的激发者。记者则需要跳出传统的报道范式，开放地接受新的报道方法和技术。在这种背景下，编辑和记者之间的协作变得更加重要，他们需要共同探索新的报道主题、角度和表现形式，共同应对新闻报道过程中出现的挑战。

其次，技术人员在新闻团队中的作用也越来越重要。随着新闻行业对技术的依赖日益增加，技术人员如数据分析师、软件开发者和多媒体设计师等成为新闻创新的重要参与者。他们不仅提供必要的技术支持，还能通过技术视角为新闻内容的创新提供新思路。因此，加强技术人员与编辑、记者之间的协作，能够更好地利用技术优势，提高新闻内容的创新性和吸引力。

在促进团队协作的过程中，建立有效的沟通和协作机制是关键。这包括定期的团队会议、工作坊和脑力激荡会议等，以确保团队成员之间的思想和信息能够自由流动。在这些活动中，团队成员可以分享观点、讨论问题和共同制定解决方案。鼓励跨职能的项目团队也是促进团队协作的有效方式。在这种团队中，编辑、记者和技术人员可以从项目一开始就共同工作，共同参与新闻报道的整个制作过程。此外，培养团队成员的协作能力和跨职能技能也十分重要。这意味着新闻机构需要对员工进行相关的培训，提高他们的团队协作意识和跨领域工作能力。例如，对记者进行数据分析和多媒体制作的培训，对编辑进行技术知识和创新方法的培训，对技术人员进行新闻知识和编辑流程的培训。

加强编辑、记者、技术人员之间的协作，对于提高新闻内容的创新能力至关重要。通过促进创意的交流和融合，新闻团队可以更好地应对多元化媒体环境的挑战，开发出更具吸引力和影响力的新闻内容。为此，新闻机构需要建立有效的沟通和协作机制，培养团队成员的协作能力和跨职能技能，以促进团队内部的创意激发和知识共享。通过这些努力，新闻机构可以在竞争激烈的新闻市场中保持优势，提供高质量的新闻服务。

6.持续迭代与优化

在现代新闻产业中，持续的迭代与优化成为确保新闻内容时效性和吸引力的关键过程。随着信息技术的快速发展和媒体环境的不断变化，新闻内容不再是一次性产出后就固定不变的。相反，它需要根据受众的反馈、社会环境的变化以及新技术的应用不断进行调整和完善。通过对新闻内容进行持续的追踪和分析，并根据收集到的反馈信息进行迭代和优化，新闻机构可以更有效地满足受众的需求，提升内容的质量和影响力。

持续追踪和分析是新闻内容优化的基础。新闻机构需要建立有效的监测系统，以实时追踪新闻内容的表现和受众反应。这包括但不限于监测新闻的点击率、阅读时间、分享次数和受众评论等指标。通过这些数据，新闻机构可以评估新闻内容的表现，了解哪些内容更受受众欢迎，哪些内容需要改进。此外，数据分析还可以揭示受众的阅读习惯和偏好，帮助新闻机构更精准地定位受众和调整内容策略。

根据反馈进行迭代和优化是提升新闻内容质量的关键。新闻内容的创作不应该是一次性的过程，而应该是一个持续改进和更新的过程。根据受众的反馈和数据分析的结果，新闻机构需要不断调整内容的角度、深度和形式。例如，如果数据显示受众对某一话题特别感兴趣，新闻机构可以增加该话题的报道深度和广度；如果受众对某种报道形式的反应不佳，新闻机构可以尝试使用不同的表现形式或角度。

确保内容的时效性也是新闻内容优化的重要方面。在快速变化的新闻环境中，时效性是保持受众兴趣和信任的关键。这要求新闻机构不仅要快速响应新闻事件，还要持续关注事件的发展，并及时更新报道内容。例如，对于一个持续发展的新闻事件，新闻机构应该定期更新报道，提供最新的信息和分析。然而，持续迭代和优化的过程也面临一些挑战。首先，这需要新闻机构具备灵活的内容制作和管理能力，能够快速响应数据和反馈信息。其次，持续的内容更新和优化可能会增加新闻机构的工作量和成本。因此，新闻机构需要在保持内容质量和时效性的同时，考虑到运营的可持续性。

对新闻内容进行持续的追踪和分析，并根据反馈进行迭代和优化，是现代新闻机构保持竞争力的关键。通过这一过程，新闻机构可以不断提升内容的质量和吸引力，更好地满足受众的需求。为了有效实施这一过程，新闻机构需要建立有效的数据监测和分析系统，培养灵活的内容制作和管理能力，并平衡内容优化的效果和成本。通过这些努力，新闻机构可以在多变的媒体环境中保持其内容的活力和相关性，提升其品牌影响力和市场地位。

第三节　新闻内容创新的成功案例分析

1.《纽约时报》的数据新闻

《纽约时报》作为全球知名的新闻机构，在数据新闻领域的实践中展现出了卓越的创新和专业能力。通过运用数据可视化技术，该报将复杂的数据信息转化为易于理解和吸引人的图表、图形和故事，极大地提升了新闻报道的吸引力和说服力。这种对数据新闻的深入运用不仅体现了《纽约时报》对新闻报道形式的创新，也反映了其对提高新闻质量和深度的持续追求。

数据新闻的核心在于将大量复杂的数据转化为观众可以轻松理解的形式。《纽约时报》在这方面的实践尤为突出，它通过结合数据分析、图形设计和叙事技巧，将原本枯燥难懂的数据转换为生动鲜明的视觉故事。在处理政治、经济、环境和社会等领域的报道时，该报利用图表、地图和互动图形等多种形式，直观地展示数据，使读者能够快速抓住信息的核心。

而《纽约时报》在数据新闻的制作过程中，注重数据的准确性和深度分析。在报道前，其团队会进行严谨的数据收集、清洗和分析工作，确保所使用的数据既准确又具有代表性。通过深入挖掘数据背后的故事，该报不仅仅是呈现数字，更是通过数据反映社会现象和趋势，为读者提供深度的洞察和理解。

《纽约时报》在数据新闻的呈现上也展现出高度的创新性和专业性。报社的设计团队和记者紧密合作，运用高级图形设计和交互技术，使数据呈现既美观又具有高度的可读性。例如，在选举报道中，该报通过动态的地图和实时的数据更新，使读者能够直观地看到选举结果的变化。在经济数据报道中，通过制作精细的图表和图解，帮助读者理解复杂的经济指标和趋势。

数据新闻的制作也面临着挑战，特别是在保持数据的客观性和避免误导读者方面。《纽约时报》在这方面表现出了高度的专业精神和伦理责任感。报社确保数据分析的客观性和透明性，并在报道中提供足够的上下文和解释，帮助读者全面理解数据的意义。

《纽约时报》通过运用数据可视化技术，在数据新闻领域取得了显著成就。它将复杂的数据信息转化为易于理解的图表和故事，不仅提高了新闻的吸引力和说服力，也增强了新闻内容的深度和质量。这种对数据新闻的深入实践体现了《纽约时报》对新闻创新的持续追求，也为全球新闻业提供了宝贵的借鉴和启示。通过持续探索数据新闻的可能性，该报在提升新闻报道质量和深度方面树立了标杆。

2. BBC 的多媒体报道

英国广播公司（BBC）作为国际知名的媒体机构，在多媒体新闻报道方面展现出了杰出的实践和创新。BBC 在其新闻报道中广泛运用视频、音频和交互式图表，通过这些多媒体元素增强了新闻的沉浸感和体验性，从而提供给受众更为丰富和动态的新闻体验。这种对多媒体报道的深入运用不仅反映了 BBC 对于新闻形式创新的重视，也体现了其在提高新闻质量和受众参与度方面的不懈努力。

首先，视频报道是 BBC 多媒体报道的重要组成部分。BBC 通过高质量的视频制作，提供了生动的新闻视觉体验。这些视频不仅包括现场报道、专访和纪录片，还涵盖了动画和模拟重现等创意内容。通过视频报道，BBC 能够直观地展现新闻事件的现场情况，使受众能够更为直接地感受事件的发展和影响。此外，视频还能够传递更多的情感和背景信息，增强受众对新闻故事的感知和共鸣。

其次，音频报道也是 BBC 多媒体报道的一大特色。通过广播和播客等形式，BBC 提供了丰富的音频新闻内容。音频报道的优势在于其便捷性和灵活性，受众可以在多种场合，如通勤、休闲或者工作间隙，收听新闻。BBC 的音频报道不仅包括传统的新闻播报和访谈，还包括有声读物和专题讨论等多样化内容。这些内容的多样性和深度使得 BBC 的音频报道具有很强的吸引力和影响力。

交互式图表则是 BBC 在数字新闻报道中的另一个创新点。BBC 利用交互式图表来展示复杂的数据和统计信息，使受众可以通过互动的方式更深入地理解新闻背后的数据和分析。例如，在报道经济、环境或社会调查等主题时，交互式图表可以使数据更加生动和易懂。受众可以通过点击、滑动或缩放等操作，从不同角度和层次探索数据，这种参与性的体验大大提高了新闻的吸引力和教育价值。

BBC 在多媒体报道中的成功，源于其对于受众需求和媒体技术发展的深入理解。BBC 不断探索和应用新的媒体技术，如 360 度视频、虚拟现实和人

工智能等，以提升新闻报道的沉浸感和互动性。这种对技术和内容的创新使得
BBC能够在激烈的媒体竞争中保持领先地位，并赢得了全球受众的信赖和支
持。然而，多媒体报道的发展也面临着挑战，特别是在确保内容质量和深度的
同时，有效管理成本和资源。为了应对这些挑战，BBC不仅投资于技术和人
才，还致力于发展高效的工作流程和协作机制。此外，BBC还注重保持新闻的
客观性和公正性，确保多媒体元素的运用能够增强而非替代新闻内容的核心
价值。

BBC在其多媒体报道中的实践展现了其在新闻行业中的创新精神和专业
实力。通过运用视频、音频和交互式图表等多种形式，BBC不仅提高了新闻的
沉浸感和体验性，也增强了其作为全球领先新闻机构的品牌形象。这种持续的
创新和优化，使BBC能够更有效地满足受众的需求，提升新闻内容的质量和
吸引力，为全球新闻行业树立了典范。

3.《南华早报》的AR新闻

《南华早报》(SCMP)，作为亚洲领先的英文新闻媒体之一，其在增强现
实（AR）技术在新闻报道中的应用上展现了前瞻性的创新。利用AR技术，
SCMP为读者提供了一种全新的新闻体验，通过将虚拟内容叠加到现实世界
中，使得新闻报道更加生动、直观和互动。这种技术的应用不仅提高了新闻内
容的吸引力和参与度，也展示了新闻行业在数字化转型过程中的创新潜力。

通过AR，SCMP能够将静态的图像、数据和文本转化为动态和互动的视
觉呈现。例如，在报道复杂的政治事件或科技发展时，AR可以使抽象的概念
或复杂的过程以直观的形式展现给读者，增强他们对于报道内容的理解和记
忆。AR还可以使读者通过手机或平板电脑等设备，亲身体验到新闻故事的场
景，从而获得更加沉浸式的体验。SCMP在运用AR技术时，注重内容的创新
与质量。SCMP的编辑和技术团队紧密合作，确保AR内容不仅技术上先进，
而且在新闻价值和故事讲述上具有高标准。例如，SCMP在某些重大新闻事件
中运用AR展示场地布局、事件发展过程或数据可视化，旨在通过新的视角和
深度信息提供给读者更全面的报道。

而且 SCMP 在 AR 新闻的推广和用户体验上也做了大量工作。考虑到 AR 技术的新颖性和用户的适应过程，SCMP 通过用户友好的界面设计和简洁明了的使用指南，降低了技术门槛，使广大读者能够轻松体验 AR 新闻。同时，SCMP 还通过社交媒体和其他数字平台积极推广其 AR 新闻，扩大了受众范围，提高了技术的普及度。然而，AR 新闻的发展也面临着挑战。首先是技术的成本和复杂性。AR 内容的制作需要专业的技术支持和相对较高的成本，这对于新闻机构来说是一项投资和挑战。其次，保证 AR 新闻内容的准确性和客观性也非常重要。在使用 AR 技术提供视觉化内容时，新闻机构需要确保虚拟元素的准确呈现，并且不失真地反映新闻事件的本质。

《南华早报》利用 AR 技术在新闻报道中的创新应用，不仅提升了新闻内容的生动性和直观性，也为读者提供了一种全新的互动体验。这种创新展示了新闻行业在利用新技术传递信息方面的潜力和前景。通过不断探索和优化 AR 技术的应用，SCMP 等新闻机构能够不断提升新闻报道的质量和影响力，同时推动整个行业在数字化转型的道路上不断前进。

4. BuzzFeed 的社交媒体策略

BuzzFeed，作为一家在新媒体领域迅速崛起的新闻和娱乐公司，其在社交媒体策略方面的实践已成为新闻传播的典范。通过在社交媒体上发布有趣、引人入胜且易于分享的内容，BuzzFeed 成功地吸引了大量年轻受众，并在数字媒体时代中占据了独特的地位。这种策略的成功不仅体现在其内容的创新性和吸引力上，也反映了 BuzzFeed 对于社交媒体平台特性和年轻受众心理的深刻理解。

BuzzFeed 充分利用了社交媒体的特性来设计其内容。社交媒体的本质是分享和互动，BuzzFeed 深谙此道，创造了大量既有娱乐性又具有信息价值的内容。这些内容通常是短小精悍、图文并茂且易于消费，非常适合社交媒体用户的浏览习惯。例如，BuzzFeed 的内容往往包括趣味列表、动态图像、视频剪辑和轻松幽默的报道，这些都是在社交媒体上广受欢迎的内容形式。BuzzFeed 在内容创新方面具有高度的敏锐性和创造力。它不断探索新的内容形式和话题，以保持其在社交媒体上的新鲜感和吸引力。例如，BuzzFeed 善于捕捉流行文化和社会趋势，将这些元素融入其新闻报道和娱乐内容中。此外，BuzzFeed 还积极运用数据分析来指导内容创作，通过分析受众的反馈和互动数据，不断优化其内容策略。

而且 BuzzFeed 在社交媒体营销方面展现出了强大的能力。通过在不同的社交媒体平台上定制内容，BuzzFeed 能够最大化其内容的影响力和覆盖面。它不仅在传统的社交媒体平台如 Facebook 和 Twitter 上活跃，还在 Instagram、Snapchat 和 TikTok 等年轻人群集中的平台上有着显著的存在。在这些平台上，BuzzFeed 不仅发布新闻和娱乐内容，还与受众进行互动，增强受众的参与感和品牌忠诚度。然而，BuzzFeed 的社交媒体策略也面临着挑战。首先，保持内容的质量和深度在追求社交媒体吸引力的过程中是一个挑战。BuzzFeed 需要在制作吸引人且易于分享的内容的同时，确保内容的准确性和质量。其次，社交媒体平台的算法变化和竞争激烈的环境也对 BuzzFeed 构成挑战，要求其不断适应和创新以维持其影响力。

BuzzFeed 的社交媒体策略通过创造有趣、引人入胜且易于分享的内容，成功地吸引了大量年轻受众，成为新闻传播的典范。这种策略的成功不仅在于其内容的创新性和娱乐性，也在于对社交媒体平台特性和受众心理的精准把握。通过持续的创新和适应，BuzzFeed 能够在不断变化的数字媒体环境中保持其竞争力和影响力。

5. AJ+ 的移动端策略

AJ+，作为半岛电视台旗下的一个数字新闻频道，其专注于移动端用户的策略代表了当代新闻传播领域的重要趋势。在移动时代，用户的新闻消费习惯发生了显著变化，他们更倾向于通过智能手机等移动设备快速获取新闻，而 AJ+ 正是凭借其在移动端的策略，通过短视频和社交媒体平台的运用，成功地满足了这一需求。AJ+ 的策略突出了快速、简洁的新闻内容传播方式，这种方式不仅迎合了当代用户的需求，也反映了新闻传播方式的创新和适应性。

首先，AJ+在内容制作上精心设计，以适应移动端用户的消费习惯。考虑到移动端用户通常在碎片化的时间里浏览新闻，AJ+制作了大量短视频内容，这些内容通常时长不长，但信息量大，能够快速抓住用户的注意力。这些短视频不仅包括新闻摘要和快讯，还包括对当前热点话题的深入分析和解读，内容既丰富又紧凑，非常适合移动端用户的观看习惯。其次，AJ+高度重视社交媒体平台的运用。社交媒体平台如Facebook、Twitter和Instagram成为AJ+传播新闻内容的重要渠道。在这些平台上，AJ+不仅发布新闻视频，还积极与用户互动，包括回应评论、参与讨论和举办线上活动。通过这种方式，AJ+不仅扩大了其内容的覆盖范围，还增强了与用户之间的联系和互动，使新闻传播更具互动性和参与感。

此外，AJ+在移动端策略的实施中也展现了对技术和数据的重视。AJ+利用数据分析工具来监测用户行为和偏好，从而指导其内容的制作和发布。通过分析用户的观看时间、互动频率和分享情况，AJ+能够了解哪些类型的内容更受欢迎，进而调整其内容策略，以提供更符合用户需求的新闻报道。然而，AJ+的移动端策略也面临着挑战。首先是在保持内容质量的同时适应快速的新闻周期。移动端用户通常期望快速获取新闻，这要求新闻机构能够及时制作和发布内容。因此，AJ+需要在保持报道速度的同时，确保新闻内容的准确性和深度。其次，面对激烈的市场竞争和不断变化的技术环境，AJ+需要不断创新和适应，以维持其在移动新闻领域的领先地位。

AJ+通过其专注于移动端用户的策略，在新闻传播领域取得了显著的成就。其通过短视频和社交媒体平台的运用，提供了快速、简洁且吸引人的新闻内容，成功地满足了移动时代用户的需求。这种策略不仅展示了AJ+对新闻传播方式的创新和适应性，也为其他新闻机构在移动时代中的新闻传播提供了重要的借鉴。通过不断的创新和优化，AJ+能够持续提升其在移动新闻市场中的竞争力和影响力。

6.《华盛顿邮报》的人工智能应用

《华盛顿邮报》在现代新闻行业中以其对人工智能技术的应用而著称，特别是在利用机器人记者自动生成新闻内容方面，其所展现的创新能力和前瞻性思维对整个行业产生了深远的影响。《华盛顿邮报》运用人工智能技术不仅提高了报道的效率和广度，还在新闻质量、内容创新和受众服务方面取得了显著的成就。

人工智能技术在自动生成新闻内容方面的应用，使得《华盛顿邮报》能够快速、高效地产出大量新闻报道。机器人记者通过算法来分析数据、撰写报道，特别适合处理那些基于数据和模式的新闻内容，如体育赛事结果、财经报告和选举数据等。这种自动化的新闻生成方式不仅提高了报道的速度，还确保了报道内容的准确性和一致性。

人工智能技术在提升新闻报道广度方面发挥了重要作用。通过机器人记者，《华盛顿邮报》能够覆盖更多的新闻事件，尤其是那些传统报道资源有限的领域。例如，机器人记者可以自动追踪和报道大量的地方新闻和小型事件，这些内容在传统新闻运作模式下可能无法得到足够的关注。因此，人工智能技术的运用极大地拓展了新闻报道的范围和深度。

《华盛顿邮报》在人工智能应用上还展现了对新闻质量和创新性的重视。尽管机器人记者在处理大量数据和信息时极为高效，但《华盛顿邮报》依然强调人工智能与人类记者的合作。人类记者负责提供新闻报道的深度、背景和分析，而机器人记者则处理数据收集和基础报道。这种结合确保了新闻内容既高效又具有深度，满足了受众对高质量新闻的需求。

《华盛顿邮报》在运用人工智能技术时也面临着挑战。首先，保证机器生成的新闻内容的准确性和可靠性是一大挑战。虽然机器人记者在处理数据时高度准确，但在理解复杂事件和传达新闻背后的深层含义方面还存在限制。因此，人工审核和编辑依然是确保新闻质量的关键环节。其次，人工智能在新闻产业的应用也引发了关于就业、伦理和责任等问题。机器人记者的使用可能对记者的工作岗位产生影响，同时也要求新闻机构在技术应用中考虑伦理和责任问题。

《华盛顿邮报》通过运用人工智能技术，特别是机器人记者，在新闻内容的自动生成方面取得了显著的成果。这种技术的应用不仅提高了报道的效率和广度，也促进了新闻内容创新的发展。《华盛顿邮报》在应用人工智能技术时，综合考虑了新闻质量、创新性和伦理责任，展现了其作为行业领导者的责任感和前瞻性。未来，《华盛顿邮报》在继续探索人工智能在新闻行业中的应用时，将继续在提高新闻质量、拓展报道广度和创新新闻形式上发挥重要作用。

第十章 媒体融合对新闻门户网站的影响

随着信息技术的不断革新和互联网的普及，媒体融合已成为推动新闻传播领域变革的重要力量。在这一大背景下，新闻门户网站作为数字时代的重要新闻传播媒介，其发展历程和未来趋势尤为值得关注。第十章旨在深入分析媒体融合对新闻门户网站的多方面影响，探索这些影响如何塑造新闻门户网站的现状和未来。

媒体融合背景下的新闻门户网站发展现状显示了一个多元化、动态发展的格局。新闻门户网站不再仅仅是新闻信息的传递者，它们也变成了信息的创造者和互动的平台。这些网站通过整合传统媒体和新媒体的内容，提供了更加丰富和多样化的新闻体验。同时，技术的进步如人工智能和大数据的应用，也使得新闻门户网站能够更加精准地满足用户的个性化需求。然而，媒体融合同时也为新闻门户网站带来了前所未有的挑战。这些挑战包括如何在保持内容质量和可信度的同时，适应快速变化的技术环境和用户习惯。新闻门户网站面临着与社交媒体平台的竞争，以及用户注意力分散的问题。此外，如何在保护用户隐私和数据安全的前提下，合理利用大数据和算法，也是一个需要深思熟虑的问题。在未来的发展策略和趋势方面，新闻门户网站需要不断创新，适应媒体融合的新环境。这包括优化内容生产和分发的流程，利用最新的技术来提升用户体验，以及探索新的盈利模式。同时，新闻门户网站也需要关注如何在提供个性化内容的同时，维护新闻的多样性和深度，保持其作为公共信息来源的责任和可信度。

总之，媒体融合不仅给新闻门户网站带来了机遇，也带来了挑战。它们必须在变化莫测的媒体环境中找到自己的定位，不断创新，以适应这个快速发展的数字时代。通过深入分析和探讨这些问题，本章将为理解新闻门户网站在媒体融合背景下的发展提供一个全面的视角。

第一节 媒体融合背景下的新闻门户网站发展现状

1. 媒体融合的定义与背景

媒体融合作为一种现象，涉及传统媒体与新兴数字媒体在内容、渠道、技术等方面的交叉融合。这一过程是信息技术飞速发展和互联网普及的直接结果，标志着媒体生态的根本变革。在这个变革中，媒体的生产、分发和消费方式经历了深刻的转型，影响了新闻业的运作模式以及受众的信息消费习惯。

媒体融合的核心在于打破传统媒体（如报纸、广播、电视）与新媒体（如互联网、社交媒体、移动应用）之间的界限，实现资源的共享和优势互补。在内容方面，这意味着新闻和信息不再局限于单一的媒体形式，而是通过多种媒介渠道传播，比如一则新闻故事可能同时以文字、图片、视频等多种形式出现在网站、社交媒体和传统的电视广播中。

在渠道方面，媒体融合体现在传统媒体和新兴媒体之间的相互渗透。例如，传统的报纸和电视台建立了自己的网站和社交媒体平台，而新兴的数字媒体也在探索通过电视或印刷出版等传统渠道传播其内容。这种渠道的融合不仅扩大了新闻内容的传播范围，也为受众提供了更多样化的获取信息的途径。

技术方面的融合则表现在传统媒体和新媒体在技术平台和工具上的共享和整合。随着互联网技术和移动通信技术的发展，新闻制作和传播的技术手段变得更加多元和高效。例如，新闻机构利用大数据分析来指导新闻内容的生产和用户行为的分析，运用人工智能技术自动生成新闻报道，或者使用增强现实和虚拟现实技术提供沉浸式的新闻体验。

媒体融合的背景可以追溯到信息技术和互联网的快速发展。互联网的普及使得信息传播的渠道和方式发生了革命性的变化，传统媒体受到了前所未有的冲击。为了适应这一变化，传统媒体不得不寻求与新兴媒体的融合，以维持其影响力和竞争力。同时，新兴的数字媒体也在不断探索如何更有效地利用传统媒体的内容生产和品牌优势。

媒体融合是信息技术发展和互联网普及背景下的必然产物，它导致了媒体生态的根本变革。在这个变革中，传统媒体和新兴媒体通过在内容、渠道和技术上的交叉融合，不断寻求新的发展模式。这种融合不仅改变了媒体产业的运作方式，也深刻影响了受众的信息消费习惯和媒体环境的整体格局。

2. 新闻门户网站的兴起

在媒体融合的时代背景下，新闻门户网站的兴起标志着新型媒体形态的发展和变革。作为数字化时代的产物，新闻门户网站通过整合多种媒体资源，提供了更为丰富和多元的新闻内容，满足了现代受众对信息快速获取和多样化选择的需求。这种新型媒体形态的崛起不仅改变了传统新闻媒体的生态，也推动了新闻产业的创新和转型。

新闻门户网站的出现是互联网技术发展和信息时代需求变化的直接结果。随着互联网的普及和数字化技术的发展，传统的媒体模式受到挑战，人们对新闻信息的获取方式和消费习惯发生了改变。在这种背景下，新闻门户网站凭借其便捷的访问方式、即时更新的特性和丰富的内容选择，迅速吸引了大量用户，成为人们获取新闻信息的重要渠道。而新闻门户网站在内容提供方面展现出了显著的多样性和综合性。不同于传统媒体通常集中于某一类型或领域的新闻报道，新闻门户网站通常整合来自不同领域的新闻资源，包括政治、经济、文化、娱乐、科技等多个领域，满足了不同受众的广泛需求。许多新闻门户网站还提供深度分析、专家评论、互动论坛等增值服务，丰富了用户的信息获取和参与体验。

此外，新闻门户网站在传播方式上也体现了创新。除了传统的文本新闻，它们还大量使用图像、视频、动画等多媒体元素，提供更为生动和直观的新闻呈现方式。同时，许多新闻门户网站还开发了移动应用，使用户能够通过智能手机等移动设备随时随地访问新闻内容，增强了新闻的可及性和互动性。然而，新闻门户网站的兴起也带来了一系列挑战。首先，信息的质量和准确性成为关键问题。在追求点击率和用户参与度的过程中，一些新闻门户网站可能忽视了新闻内容的深度和质量。其次，如何在激烈的市场竞争中保持差异化和特色，吸引和维持用户群体，是新闻门户网站需要面对的挑战。此外，广告收入模式下的新闻内容独立性也是一个需要关注的问题。

新闻门户网站作为一种新型媒体形态，在媒体融合的背景下迅速崛起，成为现代新闻传播的重要组成部分。它们通过整合多种媒体资源，提供了更为丰富和多元的新闻内容，满足了现代受众的多样化需求。面对未来，新闻门户网站需要在保证内容质量、维护独立性和创新发展方式等方面不断努力，以适应不断变化的媒体环境和用户需求。

3. 内容多样化

在当代新闻传播的语境中，内容多样化成为新闻门户网站发展的重要特征。这些网站不再局限于传统的新闻报道形式，而是整合了视频、图片、音频等多种媒体形式，以满足用户日益增长的多样化信息需求。这种趋势反映了数字化和媒体融合时代背景下，新闻传播方式的深刻变革，同时也展现了新闻门户网站在适应现代受众需求方面的创新能力。

视频内容的融入是新闻门户网站内容多样化的显著体现。随着宽带互联网和移动网络技术的发展，视频成为新闻传播的重要形式。新闻门户网站利用视频报道可以更生动直观地展现新闻事件，提供比传统文字报道更丰富的情感和细节。这些视频内容包括但不限于现场报道、专访、评论、纪录片，甚至是用户生成的内容，丰富了新闻报道的表现形式，增强了用户的沉浸感和体验感。

图片和音频内容的加入也丰富了新闻门户网站的内容形态。高质量的图片可以直观展示新闻现场的情境，增强新闻的视觉冲击力。音频内容，如播客和音频新闻，为用户提供了一种可以边做其他事情边获取信息的便捷方式。这种多媒体内容的结合不仅使新闻报道更加全面，也满足了不同用户在不同场景下的信息消费需求。

新闻门户网站在内容多样化的同时，也加强了与用户的互动性。许多网站提供了评论、分享、投票等互动功能，使用户能够参与到新闻的讨论和传播中，形成一种双向的沟通模式。这种互动不仅提高了用户的参与度，也使新闻门户网站能够更好地了解用户需求，进而优化内容的提供。

然而，内容多样化的实现也给新闻门户网站带来了挑战。首先是内容质量的控制问题。在追求多样化的过程中，如何保证每种形式的内容都具有高标准的质量，是门户网站需要面对的问题。其次，技术和资源的投入也是一个挑战。多样化的内容制作需要更多的技术支持和专业人才，对新闻门户网站的运营成本构成了压力。最后，面对庞大的内容量和多样化的信息，如何有效地管理和筛选，确保用户能够快速找到他们需要的信息，也是新闻门户网站需要解决的问题。

4. 用户参与度增强

在当今数字化和互联网时代的媒体环境中，新闻门户网站的兴起和发展显著地体现了用户参与度的增强。这一现象标志着从传统媒体到新媒体的转变，不仅在于新闻的呈现方式和内容多样性的增加，还在于用户互动和参与方式的根本改变。与传统媒体相比，新闻门户网站更加注重用户的积极参与，提供了平台使用户能够通过评论、分享等多种方式参与到新闻内容的传播和讨论中，这种变化不仅改变了新闻的传播方式，也极大地丰富了媒体生态和用户体验。

用户参与度的增强是新闻门户网站与传统媒体最显著的区别之一。在传统媒体时代，用户的角色主要是被动接收信息，而在新闻门户网站上，用户则被赋予了更加主动和互动的角色。用户可以通过发表评论、参与在线投票、分享新闻到社交网络等方式，对新闻内容进行反馈和讨论。这种互动不仅提升了用户的参与感，也使新闻的传播更加动态和双向。而新闻门户网站上的用户参与在增强新闻互动性和社会性方面发挥着重要作用。用户的评论和讨论为新闻内容添加了更多维度的观点和分析，使新闻不再是单一的信息传播，而是成为公共讨论和社会互动的平台。这种社会性的互动有助于形成更为广泛的公众舆论，有时甚至能对新闻议题产生影响。此外，用户的分享行为使新闻内容能够在社交网络中迅速传播，扩大了新闻的影响范围。

新闻门户网站上的用户参与还促进了新闻内容的定制化和个性化。通过分析用户的互动数据,新闻门户网站可以了解用户的兴趣和偏好,进而提供更加定制化的新闻推荐。这种个性化的新闻服务不仅提升了用户体验,也增强了用户的忠诚度和对网站的黏性。然而,用户参与度的增强也带来了一些挑战。例如,用户评论的管理和监控是新闻门户网站必须面对的问题,需要制定有效的机制以防止错误信息的传播和负面评论的出现。保证用户互动的质量和建设性,避免极端意见和偏见的扩散,也是新闻门户网站需要考虑的问题。

总之,与传统媒体相比,新闻门户网站在用户参与度方面实现了显著的增强。这种增强不仅改变了新闻的传播模式,也提升了用户的体验和参与感。在未来,新闻门户网站需要继续探索和优化用户参与的方式,以提升互动质量和用户满意度,同时也需对用户参与的挑战和风险进行有效管理,以保证平台的健康发展。通过这些努力,新闻门户网站可以更好地满足数字时代用户的需求,成为新闻传播和公共讨论的重要平台。

5. 个性化服务的发展

随着大数据和人工智能技术的发展,新闻门户网站的个性化服务在近年来得到了显著的增强和优化。这一进步在新闻传播领域尤为重要,因为它使得新闻机构能够更好地满足用户的个性化需求,从而提升用户体验和提高新闻内容的相关性。个性化服务的发展不仅改变了用户获取新闻的方式,也对新闻产业的内容生产和分发模式产生了深远的影响。

首先,大数据的应用使得新闻门户网站能够更准确地理解和预测用户的偏好。通过收集和分析用户的浏览历史、点击行为、阅读时间等数据,新闻门户网站可以构建用户的兴趣模型,并据此推荐相关新闻内容。这种基于数据驱动的个性化推荐,不仅提高了新闻内容的吸引力,也增加了用户对新闻门户网站的黏性。其次,人工智能技术的应用进一步优化了个性化服务的质量和效率。通过使用机器学习算法,新闻门户网站可以自动分析大量内容,识别不同新闻话题和风格,然后根据用户的兴趣和行为模式,提供定制化的新闻推荐。最后,一些先进的人工智能技术还能够实时更新推荐策略,根据用户的最新反馈和行为调整推荐内容,保证推荐的实时性和准确性。

个性化服务的发展还体现在新闻门户网站对用户体验的持续优化上。为了更好地满足用户的个性化需求，新闻门户网站不断改进用户界面和互动设计，使用户能够更容易地找到和访问感兴趣的内容。例如，一些新闻门户网站提供了个性化的用户界面，用户可以根据自己的喜好定制新闻栏目和布局。通过提供个性化的通知和消息提醒，新闻门户网站可以确保用户不会错过他们感兴趣的重要新闻和更新。然而，个性化服务的发展也面临着挑战。首先是如何平衡个性化推荐和内容多样性的问题。过度的个性化推荐可能导致"信息茧房"效应，即用户只接触到符合自己已有观点和兴趣的信息，从而缺乏视野的广度。因此，新闻门户网站需要在个性化推荐中加入多样性和新颖性的元素，确保用户能够接触到广泛的信息和观点。而且隐私和数据安全是个性化服务中必须重视的问题。在收集和分析用户数据的过程中，新闻门户网站必须遵守相关的隐私保护法律法规，并采取有效措施保护用户的个人信息不被泄露或滥用。

利用大数据和人工智能技术，新闻门户网站在个性化服务方面取得了显著进步，这不仅提高了用户体验，也增强了新闻内容的相关性和吸引力。面对未来，新闻门户网站需要在推动个性化服务的发展的同时，注意平衡多样性和新颖性，保护用户隐私和数据安全，以实现可持续和负责任的媒体发展。通过这些努力，新闻门户网站可以更好地满足数字时代用户的多样化需求，成为新闻传播和信息服务的重要平台。

6. 商业模式的转变

在数字化时代背景下，新闻门户网站的商业模式经历了显著的转变。传统上依赖广告收入的模式已不足以支撑新闻门户网站的可持续发展，这促使它们探索更多元化的收入来源。这种转变包括但不限于引入内容付费、会员服务等新型商业模式，旨在建立更加稳定和多样的收入流，以应对数字化时代媒体环境的快速变化和日益激烈的市场竞争。

内容付费模式成为新闻门户网站探索的重要方向。这种模式下，用户需要为访问高质量的新闻内容支付费用，这不仅为新闻机构带来直接的收入，也激励着它们提供更加深入、专业的新闻报道。内容付费模式的实施通常涉及设置部分或全部内容的付费壁垒，如付费订阅、单篇内容购买等。这种模式的挑战在于如何平衡付费内容和免费内容，以及如何确保付费内容的质量和价值能够满足付费用户的期待。而且会员服务模式也为新闻门户网站提供了新的收入来源。与传统的内容付费模式不同，会员服务模式更侧重于为用户提供额外的价值和体验，如会员专属内容、定制化服务、参与新闻制作的机会等。这种模式旨在建立用户和新闻机构之间更深层次的联系，增强用户的品牌忠诚度和参与度。会员服务模式的成功关键在于如何创造足够的会员价值，使用户愿意为这些附加服务付费。

另外，新闻门户网站还在探索其他多元化的收入模式，如内容联合发布、品牌合作、数据服务等。通过与其他媒体或品牌的合作，新闻门户网站可以拓展其收入来源，同时增强其内容的多样性和吸引力。例如，一些新闻门户网站通过提供数据分析和市场研究服务给其他企业，利用其在数据收集和处理方面的优势创造新的收入。然而新闻门户网站在商业模式转变过程中也面临着挑战。首先是用户习惯的挑战，许多用户习惯了免费获取新闻的模式，对付费内容的接受程度有限。因此，新闻机构需要在保持用户基础的同时，逐渐培养用户的付费习惯。其次，新闻门户网站在转变商业模式的过程中需要平衡收入和新闻独立性。特别是在与品牌合作时，需要确保新闻内容的客观性和公正性不受商业利益的影响。

总之，新闻门户网站在商业模式上的转变反映了其适应数字化媒体环境的努力和创新。通过从单一的广告收入模式转向多元化收入模式，新闻门户网站不仅能够寻找新的收入来源，也有助于提升新闻内容的质量和用户体验。面对未来，新闻门户网站需要在探索多元化收入模式的同时，注意维护新闻的质量和独立性，以确保可持续和负责任的发展。通过这些努力，新闻门户网站可以更好地适应数字化时代的挑战，持续发展其在媒体行业中的影响力和竞争力。

第二节　媒体融合对新闻门户网站的影响与挑战

1. 竞争加剧

在当前的媒体环境中，媒体融合现象导致了信息来源和平台的多元化，这在很大程度上加剧了新闻门户网站的竞争压力。随着社交媒体、视频平台等新兴媒体的快速发展和普及，用户获取信息的渠道日益增多，新闻门户网站不再是信息传播的唯一或主要渠道。这种竞争的加剧对新闻门户网站提出了新的挑战，迫使它们在内容创新、技术应用和商业模式等方面进行调整和创新，以维持其市场地位和吸引力。

社交媒体的崛起对新闻门户网站构成了显著的竞争。社交媒体平台因其便捷性、互动性和个性化推荐而成为越来越多用户获取新闻和信息的首选渠道。在这些平台上，用户不仅可以迅速获取各种新闻和信息，还可以参与讨论、分享观点，甚至自行制作和传播内容。这种参与式和用户生成的内容模式，使得社交媒体成为新闻门户网站的强有力竞争者。

视频平台以及各种流媒体服务的兴起，也给新闻门户网站带来了巨大的挑战。视频内容因其生动直观的表现形式和易于消费的特点，越来越受到用户的青睐。这些平台通过提供新闻摘要、深度报道、评论节目等形式的视频内容，满足了用户对多样化视听体验的需求。因此，新闻门户网站不得不在内容制作和形式上进行创新，以吸引对视听内容感兴趣的用户群体。

新闻门户网站还面临着来自其他数字媒体和在线平台的竞争。随着数字化技术的发展和互联网的普及，越来越多的新兴媒体机构和独立内容创作者进入了新闻领域，通过提供特色内容、深度报道和创新形式来吸引用户。这些新兴媒体通常具有更高的灵活性和创新性，能够迅速适应市场变化和用户需求，从而在竞争中占据优势。

面对这种激烈的竞争环境，新闻门户网站需要采取多种策略来维持其竞争力。首先，新闻门户网站需要不断创新内容形式和提高内容质量，以满足用户的多样化需求。这可能包括引入更多的视听元素、开发互动特性和提供深度分析内容等。其次，新闻门户网站需要利用大数据和人工智能等技术，优化用户体验和提高内容推荐的准确性。此外，新闻门户网站还需要探索新的商业模式，如内容付费、会员服务和品牌合作等，以寻找新的收入来源。

媒体融合现象导致了新闻门户网站面临来自社交媒体、视频平台等新兴媒体的激烈竞争。这种竞争环境迫使新闻门户网站在内容创新、技术应用和商业模式等方面进行调整和创新，以适应快速变化的媒体生态和用户需求。面对这些挑战，新闻门户网站需要不断探索和实践，以保持其在新闻传播领域的影响力和竞争力。

2. 内容质量的挑战

在当前的数字媒体环境中，新闻门户网站面临着内容质量的重大挑战，尤其是在追求点击率和用户参与度的过程中。这一挑战源于数字时代新闻传播的核心矛盾：一方面，新闻门户网站需要吸引和保持足够的用户流量以维持其商业模式，另一方面，过分追求点击率可能会损害新闻内容的深度和质量。这种矛盾不仅对新闻门户网站的长期发展构成威胁，也影响了公众对新闻媒体的信任和媒体整体的健康发展。

为了吸引用户点击和提高网站流量，一些新闻门户网站可能采取"标题党"或提供具有激发性质的内容。这种策略虽然能够短期内吸引用户注意，但往往以牺牲新闻的深度和准确性为代价。例如，一些网站可能过分夸大新闻事件的影响，或者过度简化复杂问题的讨论，这不仅误导了用户，也损害了新闻机构的公信力。而点击率驱动的商业模式可能导致新闻内容的同质化。为了追求更高的用户参与度，新闻门户网站可能倾向于发布那些流行、易于理解的内容，而忽视那些重要但不那么"吸引眼球"的话题。这种趋势可能导致重要的公共议题和深度报道被边缘化，从而削弱新闻媒体作为公共信息来源的功能。

追求点击率的压力还可能导致新闻门户网站在内容制作上的急促和粗糙。在数字化时代，新闻的传播速度变得更快，新闻机构面临着持续不断的竞争压力，以尽快发布新闻。这可能导致新闻门户网站在没有充分核实事实的情况下匆忙发布新闻，从而损害了新闻的准确性和可靠性。面对这些挑战，新闻门户网站需要采取一系列措施来确保内容质量。首先，新闻机构需要坚持新闻职业的伦理标准，确保新闻报道的准确性和公正性。这包括加强事实核查、避免误导性标题和内容，以及提供多元化和深入的报道。其次，新闻门户网站需要探索更加多元和可持续的商业模式，减少对点击率的过度依赖。例如，通过引入内容付费、会员服务和其他收入模式，可以减轻追求点击率的压力。

新闻门户网站还需要加强与用户的互动和反馈机制。通过收集和分析用户反馈，新闻机构可以更好地了解用户需求，提供更符合用户期待的高质量内容。同时，加强用户教育和媒介素养的提升也是提高内容质量的重要方面。通过教育用户识别可靠的新闻来源和高质量的内容，可以提升整个媒体生态的健康度。

新闻门户网站在追求点击率和用户参与度的过程中面临着内容质量下降的风险。为了应对这一挑战，新闻门户网站需要坚持新闻伦理，探索多元化的商业模式，加强与用户的互动，以及提升用户的媒介素养。通过这些努力，新闻门户网站可以在保持竞争力的同时，确保新闻内容的质量和公信力，更好地服务于公众。

3. 技术创新的需求

在当今快速变化的媒体环境中，技术创新成为新闻门户网站保持竞争力的关键。随着数字技术的不断进步和新闻产业的日益数字化，新闻门户网站面临着持续的技术挑战，包括算法优化、数据分析等方面。这些技术创新不仅对新闻内容的生产和分发方式产生了深远影响，也在塑造着用户的新闻消费习惯和期望。因此，新闻门户网站必须不断投入资源进行技术创新，以适应这种变化，保持其在激烈的市场竞争中的地位。

首先，算法优化是新闻门户网站技术创新的一个重要方面。在数字时代，算法在新闻内容的推荐和分发中扮演着至关重要的角色。通过优化推荐算法，新闻门户网站可以更准确地匹配用户的兴趣和偏好，提供个性化的新闻阅读体验。算法优化涉及复杂的数据分析和机器学习技术，需要不断地调整和测试以提高推荐系统的效果。算法优化还需要考虑到用户多样性和公平性的问题，确保新闻推荐不会导致信息过滤泡沫或内容偏见。其次，数据分析在新闻门户网站的技术创新中占据着核心地位。在大数据时代，新闻门户网站可以通过收集和分析用户数据（如点击率、阅读时间、分享行为等）来洞察用户行为和偏好。这些数据不仅可以指导新闻内容的生产和定制化服务的开发，还可以帮助新闻机构优化广告投放和提高商业收益。然而，数据分析也面临着隐私保护和数据安全的挑战，新闻门户网站需要确保在收集和使用用户数据时遵守相关法律法规，保护用户隐私。

此外，技术创新还包括对新型媒体形式和传播渠道的探索。随着移动互联网的普及和社交媒体的兴起，新闻门户网站需要开发适应移动端和社交媒体环境的内容和功能。例如，为了适应移动端用户的阅读习惯，新闻门户网站可能需要开发更加简洁和互动的用户界面，提供适合在移动设备上阅读的短视频和图文混排内容。同时，新闻门户网站还可以利用社交媒体平台进行内容分发和用户互动，扩大新闻的传播范围和影响力。然而，技术创新的过程不是没有挑战的。首先，技术创新需要大量的资源投入，包括资金、人才和时间。对于许多新闻门户网站来说，如何在有限的资源下进行有效的技术投资和创新是一个挑战。其次，技术创新还需要与新闻内容的质量和深度保持平衡。在追求技术创新和用户体验的同时，新闻门户网站不能忽视新闻的核心价值——提供准确、深入和有价值的新闻报道。

为了保持竞争力，新闻门户网站需要不断投入资源进行技术创新，如算法优化、数据分析等。通过这些技术创新，新闻门户网站可以提升用户体验，增强内容的个性化和互动性，同时也能够提高运营效率和商业收益。面对不断变化的技术环境和市场竞争，新闻门户网站必须不断探索和实践，以实现可持续的发展和创新。

4. 版权与伦理问题

在当今数字化和信息快速流通的时代背景下，新闻门户网站在内容的采集、编辑和转载过程中面临着版权和新闻伦理的重大挑战。这些问题不仅关系到新闻门户网站的法律责任和商业声誉，也关系到新闻行业的整体健康和公信力。随着新闻内容的来源变得更加多元化，以及用户生成内容的日益增多，如何妥善处理版权和伦理问题，成为新闻门户网站运营的关键。

版权问题是新闻门户网站在内容采集和转载中必须重视的法律问题。在数字时代，新闻内容的复制和传播变得异常容易，但这也带来了版权侵犯的风险。新闻门户网站在采用第三方内容，如文字、图片、视频等素材时，必须确保拥有相应的版权或获得合法授权。未经许可的内容使用不仅可能导致法律纠纷，还可能损害新闻机构的信誉。因此，新闻门户网站需要建立严格的版权管理制度，确保所有发布的内容都符合版权法规。

新闻伦理问题是新闻门户网站在编辑和报道过程中必须遵守的道德准则。这包括确保新闻的准确性、公正性和客观性，以及尊重受众的权利和利益。在追求点击率和市场竞争的压力下，一些新闻门户网站可能会发布未经充分核实的消息，或过度渲染和炒作新闻事件，这不仅违反了新闻伦理，也可能对公众造成误导。因此，新闻门户网站需要加强新闻采编人员的伦理培训，建立严格的新闻审核机制，确保所有新闻内容都符合新闻伦理标准。

另外，随着用户生成内容（UGC）的兴起，新闻门户网站在处理这类内容时也面临着版权和伦理的挑战。用户生成的新闻内容，如社交媒体上的帖子和评论，虽然为新闻报道提供了丰富的素材，但同时也带来了版权归属和信息真实性的问题。新闻门户网站在使用这类内容时，需要进行仔细的甄别和核实，确保内容的真实性和合法性，并在必要时获取用户的授权。然而，处理好版权和伦理问题并不是一件容易的事情。这不仅需要新闻门户网站投入相应的资源和精力，建立有效的监管机制，还需要新闻从业人员具有高度的职业道德和责任感。在快速发展的数字媒体环境中，新闻门户网站面临着不断变化的法律规定和伦理挑战，需要不断学习和适应，以确保其运营的合法性和道德性。

版权和新闻伦理问题对新闻门户网站来说至关重要。在内容的采集、编辑和转载过程中，新闻门户网站需要严格遵守版权法律和新闻伦理准则，以保护自身的合法权益和社会声誉。同时，也需要对新闻从业人员进行持续的培训和教育，强化他们的法律意识和职业道德，确保新闻内容的质量和可靠性。通过这些努力，新闻门户网站可以在复杂多变的媒体环境中稳健发展，赢得公众的信任和支持。

5. 用户隐私保护

新闻门户网站在提供个性化服务的同时，面临着日益严峻的用户数据安全和隐私保护挑战。随着技术的发展，个性化新闻推荐已成为新闻门户网站提升用户体验和吸引力的关键手段。这通常涉及收集和分析用户的在线行为数据，如浏览历史、点击偏好、互动记录等。然而，这一过程中涉及的用户数据安全和隐私问题，不仅关系到用户的个人权益，也影响着新闻门户网站的信誉和合规性。

首先，用户数据的收集和使用已成为新闻门户网站运营的基础，但这也带来了隐私侵犯的风险。用户数据，尤其是个人识别信息，如不当处理或未经用户同意使用，可能会侵犯用户隐私权。用户数据的泄露、滥用或被未经授权的第三方获取，都可能导致严重的隐私问题，损害用户的利益，并引起公众的不信任和法律诉讼。

其次，新闻门户网站在处理用户数据时面临着数据安全的挑战。随着网络攻击和数据泄露事件的频发，如何保护存储在服务器中的用户数据安全，防止数据被非法访问和盗用，成为新闻门户网站必须解决的问题。这不仅涉及技术层面的安全防护措施，如数据加密、访问控制和入侵检测系统，还涉及组织层面的数据治理和内部控制策略。

最后，随着全球数据保护法规的日益严格，如欧盟的通用数据保护条例（GDPR），新闻门户网站还需要确保其数据处理实践符合相关法律法规的要求。这包括但不限于确保透明的数据收集和使用政策、获取用户明确的同意、提供用户数据访问和删除的途径等。合规的数据处理不仅是法律要求，也是赢得用户信任和忠诚的关键。

面对这些挑战，新闻门户网站需要采取一系列措施来保护用户隐私和数据安全。首先，新闻门户网站需要建立严格的用户数据管理政策和流程，确保对用户数据的收集、存储、使用和共享都在用户授权的范围内，并采取必要措施保护用户隐私。其次，加强数据安全技术和措施的投入，防止数据泄露和滥用。此外，新闻门户网站还需要定期进行数据安全和隐私保护的培训和审计，提高员工的安全意识和能力。

总之，用户隐私保护是新闻门户网站在提供个性化服务过程中必须面对的重大挑战。在追求个性化新闻体验的同时，新闻门户网站必须采取有效措施保护用户数据安全和隐私，确保其运营的合法性和道德性。通过这些努力，新闻门户网站可以在保护用户权益的同时，提供高质量的新闻服务，赢得用户的信任和支持。

6. 政策法规的适应

在媒体融合的背景下，新闻门户网站作为新兴媒体的重要组成部分，面临着不断适应和遵守国家政策法规变化的挑战。随着信息技术的迅速发展和数字媒体环境的不断演变，政府对于网络空间的管理和监管也在持续加强。这些政策法规的变化，不仅影响着新闻门户网站的运营模式和内容生产，也对其发展战略和长期规划产生了深远的影响。因此，新闻门户网站必须在保持业务创新和发展的同时，确保其运营和管理活动符合国家的法律和政策要求。

新闻门户网站必须遵守与信息内容相关的法律法规。随着网络信息的快速传播和影响力的增强，政府对网络内容的监管越来越严格。这包括但不限于禁止传播虚假信息、维护网络安全、保护知识产权和尊重个人隐私等方面。新闻门户网站在发布新闻和信息时，必须确保内容的真实性、合法性和适当性，避免发布违法违规的信息。而且数据保护和隐私法律是新闻门户网站在技术应用和用户服务方面必须关注的重要法规。随着数据技术的广泛应用和个人信息保护意识的提升，各国政府纷纷加强了对数据保护的立法和监管。新闻门户网站在收集、存储和使用用户数据时，必须确保其做法符合相关法律规定，保护用户的隐私权利。

新闻门户网站还需适应不断变化的网络安全法规。在数字时代，网络安全已成为全球性的挑战。政府为保护国家安全和社会稳定，加强了对网络空间的监管和防护。新闻门户网站作为网络空间的重要组成部分，需要加强网络安全管理，防范网络攻击和数据泄露，确保网络运营的安全性和稳定性。而面对政策法规的不断变化，新闻门户网站需要建立一个灵活而高效的政策适应机制。这包括建立专门的法律和政策团队，负责监测政策法规的变化，评估其对业务的影响，并指导公司调整运营策略和管理实践。同时，新闻门户网站还应积极参与行业对话和政策制定过程，为政策制定者提供专业意见和建议，共同推动媒体行业的健康发展。

随着媒体融合的深入，新闻门户网站面临着适应和遵守国家政策法规变化的挑战。这不仅是法律责任和商业风险管理的需要，也是社会责任和伦理道德的要求。通过不断适应政策法规的变化，新闻门户网站可以在充满变革和挑战的数字媒体环境中保持合法合规，实现可持续发展。

第三节　新闻门户网站的发展策略与未来趋势

1. 内容创新与质量提升

在数字化和信息爆炸的时代，新闻门户网站面临着内容创新和质量提升的双重挑战。随着用户对新闻内容的需求日益多样化和个性化，仅仅提供基础的新闻报道已无法满足市场的需求。为了建立品牌信誉和增强用户忠诚度，新闻门户网站必须致力于内容的原创性和深度，提供高质量、有价值的新闻产品。

内容的原创性对于新闻门户网站来说至关重要。在互联网时代，信息的快速流通使得新闻内容的同质化问题日益严重。为了脱颖而出，新闻门户网站需要提供独特的、原创的新闻内容。这不仅包括独家新闻报道和深度调查，也包括对普通新闻事件的独特视角和分析。通过提供原创内容，新闻门户网站不仅能够吸引更多的用户，也能够建立起品牌的独特性和权威性。而新闻内容的深度和质量是建立用户忠诚度的关键。在当前的媒体环境中，用户对于新闻内容的质量有着更高的期待。他们不仅需要了解事件的基本信息，还希望能够深入了解事件背后的原因、影响和可能的后果。因此，新闻门户网站需要投入资源进行深入的新闻采编，提供全面、深入、有洞见的报道。这包括加强调查性报道、专题报道以及数据新闻等内容形式，以满足用户对高质量新闻的需求。

新闻门户网站在内容创新和质量提升方面，还需要重视新闻的多样性和包容性。在全球化和多元化的背景下，用户来自不同的文化和社会背景，他们对新闻的需求和兴趣也各不相同。新闻门户网站应提供涵盖多种主题、观点和文化的内容，以吸引和满足更广泛的受众群体。同时，新闻内容应该坚持公正性和客观性，尊重不同的观点和声音，避免偏见和歧视。然而，内容创新和质量提升的过程并非没有挑战。首先是资源的挑战，高质量的新闻内容制作通常需要大量的时间、人力和财力投入。对于许多新闻门户网站来说，如何在有限的资源下提高内容质量是一个难题。其次，新闻门户网站还面临着与商业利益的平衡问题。在商业压力下，新闻门户网站可能会被迫追求点击率和流量，而牺牲新闻内容的深度和质量。

新闻门户网站在提升内容质量和创新方面需要做出努力。通过注重内容的原创性和深度，新闻门户网站可以建立起品牌信誉，增强用户的忠诚度。同时，新闻门户网站还需要重视新闻的多样性和包容性，尊重不同文化和观点，提供全面和公正的报道。通过这些努力，新闻门户网站可以在竞争激烈的媒体市场中保持其地位和影响力，为公众提供高质量的新闻服务。

2. 技术驱动的个性化体验

在当前的数字化时代，新闻门户网站正在经历一场由技术驱动的重大变革，这种变革主要体现在利用大数据和人工智能技术来提供更加精准和个性化的用户体验上。随着信息技术的快速发展，尤其是大数据和人工智能技术的进步，新闻行业正在从传统的新闻报道方式转变为更加智能化和个性化的新闻服务模式。这种技术驱动的转变不仅为用户带来了更加丰富和定制化的新闻内容，也为新闻门户网站的运营和管理带来了新的机遇和挑战。

首先，大数据技术在新闻门户网站提供个性化体验中发挥着关键作用。通过收集和分析用户的浏览历史、点击行为、阅读偏好等数据，新闻门户网站能够构建起对每个用户的详细画像。这些用户画像帮助新闻门户网站理解用户的兴趣和需求，并据此提供个性化的新闻推荐。例如，如果一个用户经常阅读财经类新闻，那么系统就会自动向该用户推荐更多相关的财经新闻，从而提高用户的阅读体验和满意度。

其次，人工智能技术在个性化新闻服务中扮演着至关重要的角色。人工智能，特别是机器学习和深度学习技术，使新闻门户网站能够高效地处理和分析大量数据，从而识别用户行为模式并优化新闻推荐算法。这种算法能够根据用户的实时反馈持续学习和调整，确保推荐内容的相关性和准确性。除此之外，人工智能还被应用于新闻内容的自动生成、个性化新闻摘要的编写以及实时新闻报道的生成。

同时，新闻门户网站也在不断利用技术提升用户界面和交互体验。随着智能手机和平板电脑等移动设备的普及，用户越来越倾向于通过这些设备接触新闻。因此，新闻门户网站需要确保其平台在各种移动设备上都能提供良好的阅读体验。这包括优化移动端的界面设计、提高内容加载速度以及适应不同屏幕尺寸的响应式布局。此外，一些新闻门户网站还引入了语音识别和自然语言处理技术，让用户能够通过语音命令浏览新闻，进一步提升了交互的便利性和趣味性。

新闻门户网站还在探索利用人工智能进行新闻内容的生成和编辑。利用 AI 技术，新闻编辑团队可以更高效地处理和筛选大量信息，快速生成新闻摘要，甚至在某些情况下，协助编写简单的新闻报道。这种技术的应用不仅提高了内容生成的效率，也使得新闻内容更加多样化和丰富。

通过大数据和人工智能等技术的应用，新闻门户网站正在朝着提供更加精准和个性化的用户体验的方向发展。这种技术驱动的变革不仅改善了用户的新闻消费体验，也为新闻行业带来了新的发展机遇。随着技术的不断进步和创新，可以预见新闻门户网站将能够更深入地了解和满足用户的需求，提供更加丰富、智能和个性化的新闻服务。

3. 多平台融合发展

在数字化时代，新闻门户网站面临着不断变化的媒体环境和激烈的竞争。

为了适应这种环境并保持其竞争力，新闻门户网站正在实施多平台融合发展策略。这种策略涉及将新闻内容通过移动互联网、社交媒体以及其他多种平台进行分发和优化，目的在于拓宽信息传播的渠道并提升用户体验。这种融合发展不仅体现了新闻门户网站对市场趋势的快速适应，也展现了其在技术和内容管理方面的创新。

移动互联网为新闻门户网站提供了一个重要的内容分发渠道。随着智能手机和移动设备的普及，越来越多的用户开始通过这些设备接触新闻。为了适应这种趋势，新闻门户网站必须优化其移动端的用户体验。这包括提供适合小屏幕浏览的界面设计、简化的内容布局和高效的数据加载方式。此外，移动端的新闻推送功能也是吸引用户的重要手段。通过向用户的移动设备推送最新新闻，新闻门户网站可以及时提供重要信息，增强与用户的互动和连接。

社交媒体平台是新闻门户网站另一个重要的融合发展领域。社交媒体的特点是其快速的信息传播速度和高度的用户互动性。新闻门户网站通过在社交媒体平台上发布新闻链接、视频或图文摘要，不仅能够吸引更多的流量和关注，还能直接与用户进行互动。例如，用户可以在社交媒体上对新闻进行评论、分享和讨论，从而增加了新闻的传播范围和影响力。此外，社交媒体平台提供的数据分析工具也为新闻门户网站提供了宝贵的用户反馈信息，帮助它们更好地了解用户需求和优化内容策略。

除了移动互联网和社交媒体，新闻门户网站还在探索与其他新兴平台的融合发展。例如，视频直播平台为新闻门户网站提供了一种新的新闻报道方式，使用户能够实时观看新闻事件的发展。播客平台则为新闻提供了深度讨论和分析的空间，吸引那些寻求深度内容的用户。增强现实（AR）和虚拟现实（VR）技术也为新闻内容的呈现提供了新的可能性，如通过 VR 技术提供沉浸式的新闻体验。在实施多平台融合发展的过程中，新闻门户网站需要重视内容的适配和优化。由于不同的平台有着不同的特点和用户群体，新闻内容需要根据不同平台的特性进行调整。例如，在社交媒体平台上，内容需要更加简洁和吸引人；而在移动端，则需要考虑加载速度和数据流量。同时，新闻门户网站还需要保持内容的一致性和品牌风格，以提供连贯的用户体验。

通过结合移动互联网、社交媒体以及其他新兴平台，新闻门户网站能够实现内容的多渠道分发和优化，从而提供更加丰富和多元化的用户体验。这种多平台融合发展策略不仅使新闻门户网站能够适应不断变化的媒体环境，还为用户提供了更加便捷和个性化的新闻服务。在未来，随着技术的不断进步和新平台的出现，新闻门户网站将继续探索新的融合发展机遇，以满足用户的多样化需求，同时保持其在新闻行业中的竞争力和影响力。

4. 加强用户互动与社区建设

随着互联网技术的发展和用户行为的变化，用户不再仅仅是新闻内容的被动接收者，而是变成了参与者和内容的共创者。因此，新闻门户网站需要通过各种方式增强用户参与度和社区互动，以建立活跃的用户社区，从而提升用户黏性和活跃度。

加强用户互动的一种方式是通过评论区和论坛来激发用户参与。评论区不仅为用户提供了表达观点和讨论新闻的空间，也使用户能够参与到新闻故事的深入讨论中。新闻门户网站可以通过设置热门评论、评论点赞和回复功能，鼓励用户表达自己的看法。一些网站还建立了专门的论坛区域，允许用户就特定主题进行更深入的讨论和交流。这些互动方式不仅增强了用户的参与感，还促进了社区内的信息交流和观点多样性。社区建设的另一重要方面是用户的内容共创。新闻门户网站可以鼓励用户提交自己的新闻故事、图片和视频，从而使用户成为内容创作的一部分。例如，一些网站设立了"用户投稿"板块，邀请用户分享自己的新闻故事和体验。这种共创模式不仅提供了更多元化的内容来源，也增强了用户的归属感和社区参与感。

新闻门户网站还可以通过举办线上活动和挑战来提升用户参与度。例如，举办新闻知识竞赛、摄影比赛或者关于当前热点话题的线上讨论会。这些活动不仅使用户更加积极地参与到社区中，也为用户之间的互动提供了平台，进一步增强了社区的活跃度。为了有效地管理用户互动和社区建设，新闻门户网站还需要建立一套完善的社区管理机制。这包括制定社区规则、监控和管理用户行为，以及及时响应用户的反馈和建议。社区管理的目的是营造一个健康和积极的讨论环境，防止负面行为如网络暴力和虚假信息的传播。

　　加强用户互动和社区建设是新闻门户网站提升用户黏性和活跃度的关键策略。通过激发用户的参与度、鼓励内容共创、举办线上活动和建立有效的社区管理机制，新闻门户网站不仅能够提升用户体验，还能够构建一个活跃和健康的用户社区。这种社区的建设不仅有助于提高用户的忠诚度和网站的活跃度，还能够为新闻门户网站带来更多元化的内容和观点，从而增强其在新闻行业中的竞争力。

5. 多元化收入模式探索

　　在数字化时代，新闻门户网站面临着收入模式的多样化挑战。传统上依赖广告收入的模式在当今的市场环境中越来越显得不足以支持新闻门户网站的可持续发展。因此，新闻门户网站正探索包括内容付费、会员服务、电商合作等在内的多元化收入模式，以适应数字化媒体环境的变化。这些新的收入模式不仅为新闻门户网站提供了新的盈利途径，还有助于提高内容的质量和用户体验。

　　内容付费模式是一种重要的收入来源。随着用户对高质量新闻内容的需求日益增长，他们愿意为独家报道、深度分析和专业评论等内容付费。这种模式通常涉及设置付费墙，要求用户为阅读某些高质量内容支付费用。内容付费模式可以采取多种形式，如单篇购买、月度或年度订阅等。这种模式的成功关键在于提供独特、高质量的内容，能够吸引并留住付费用户。

　　会员服务模式则更加注重为用户提供附加价值。与单纯的内容付费不同，会员服务模式提供了一系列专属服务和特权，如无广告浏览、访问会员专属内容、参加独家活动和享受个性化服务等。会员模式的成功依赖于创造足够的价值，使用户愿意为这些附加服务付费。这种模式不仅可以增加用户的黏性和忠诚度，还能为新闻门户网站带来稳定的收入流。

　　电商合作是新闻门户网站另一种新兴的收入模式。在这种模式下，新闻门户网站通过与电商平台合作，将新闻内容与商品销售相结合。例如，新闻门户网站可以在相关新闻报道中加入商品购买链接，或者直接在网站上开设电子商务平台。这种模式不仅为新闻门户网站带来了直接的收益，还增加了用户的购物便利性。

除了以上提到的收入模式，新闻门户网站还可以探索数据服务和品牌合作等其他收入来源。随着大数据技术的发展，新闻门户网站可以利用自身收集的大量用户数据，为企业提供市场研究、广告定位和用户行为分析等服务。这种模式不仅可以为新闻门户网站带来额外的收入，还能够加深其对用户行为的理解，进而优化内容和服务。品牌合作则可以采取多种形式，如内容赞助、联合举办活动或开发联名产品等。通过与品牌的合作，新闻门户网站可以开拓新的收入渠道，同时增强其品牌影响力。

多元化收入模式的探索对于新闻门户网站而言至关重要。在广告收入受到挑战的当下，通过内容付费、会员服务、电商合作以及其他创新模式，新闻门户网站不仅可以开辟新的收入来源，还能够提升内容的质量和用户体验。这种收入模式的多样化有助于新闻门户网站在竞争激烈的市场环境中保持稳定和可持续的发展。未来，随着技术的进步和市场的变化，新闻门户网站需要不断创新和调整其商业模式，以适应数字媒体环境的发展需求。

6. 遵守法规与伦理标准

在当今迅速演变的数字媒体领域，新闻门户网站面临着遵守法规和伦理标准的重要责任。在追求发展和创新的同时，确保遵循相关法律法规和维护新闻伦理，对于新闻门户网站来说不仅是合规的要求，也是赢得公众信任和保证可持续发展的关键。在这个过程中，新闻门户网站需要关注多个方面，包括版权法律、隐私保护、数据安全、内容审核以及新闻伦理的实践等。

新闻门户网站在日常运营中必须遵守版权法律。这意味着在使用图片、视频、音频和文本等内容时，必须确保合法使用或具有适当的授权。版权侵犯不仅可能导致法律诉讼和经济损失，还会损害新闻机构的声誉。因此，新闻门户网站需要建立严格的版权管理制度，确保所有发布的内容都符合版权法规。而隐私保护和数据安全在新闻门户网站的运营中越来越受到重视。随着个人信息保护意识的提高和数据保护法规的强化，新闻门户网站必须采取措施保护用户隐私和数据安全。这包括加密用户数据、设置严格的数据访问权限、实施数据泄露预防措施以及确保透明的用户数据处理政策。遵守隐私法规不仅是法律责任，也是维护用户信任和忠诚度的重要因素。新闻内容的审核和发布也是新闻门户网站需严格把控的环节。新闻门户网站应确保所发布的内容符合法律规定，避免传播虚假新闻、煽动性言论和其他非法内容。此外，新闻门户网站还需负责任地处理敏感话题，考虑到报道可能对社会的影响，避免引发公众恐慌或误解。

新闻伦理的遵守是新闻门户网站维护品牌声誉和专业性的核心。新闻机构需要坚守新闻报道的真实性、客观性和公正性。这意味着新闻报道应基于事实，避免歪曲和夸大事实。新闻门户网站应提供多元化的视角，尊重不同群体的声音，确保报道的公平性。同时，新闻门户网站还需保持独立性，防止政治、商业和其他外部因素对新闻内容的影响。

在遵守法规和伦理标准的过程中，新闻门户网站面临的挑战是多方面的。法律法规的不断变化要求新闻门户网站持续更新法律知识和适应新的法规要求。新闻伦理的实践需要新闻门户网站在追求点击率和市场竞争的压力下，保持新闻专业性和责任感。面对全球化和文化多样性的背景，新闻门户网站需在不同文化和社会价值观之间找到平衡。

总之，新闻门户网站在追求发展的同时，必须严格遵守相关法律法规和新闻伦理标准。这不仅是其合法运营的基础，也是确保可持续发展和维护公众信任的关键。通过遵循法规和伦理原则，新闻门户网站可以在快速变化的媒体环境中保持其专业性和可靠性，为公众提供高质量的新闻服务。

第十一章　媒体融合背景下的新闻素养培养

在这个信息爆炸的时代，新闻素养不再仅仅是媒体从业者的专业要求，而已经成为公众必需的基本素质之一。新闻素养涉及人们获取、理解、评估和使用信息的能力，特别是在判断新闻的真实性、重要性和可靠性方面的能力。在媒体融合的背景下，新闻素养的培养显得尤为重要和紧迫。媒体融合的时代特征是多样化的信息源和渠道、快速的信息流转和互动性强的传播方式。这种环境使得公众面临着信息过载的问题，同时也更容易接触到假新闻和误导性信息。因此，培养良好的新闻素养不仅有助于个人正确理解和利用信息，也对于维护社会信息环境的健康和稳定至关重要。首先，新闻素养的概念需要在媒体融合的背景下重新界定。过去，新闻素养主要指的是对传统媒体内容的批判性理解。然而，在当前的环境下，新闻素养还应包括对新兴媒体渠道如社交媒体和博客的理解，以及对多种信息源和格式的辨识能力。这种多维度的理解对于公众在复杂的信息环境中保持清醒的头脑至关重要。其次，媒体融合对新闻素养的培养提出了新的挑战。一方面，信息技术的发展使得信息获取变得更加容易，但同时也使得信息的真伪更难辨识。因此，培养公众在接收信息时的批判性思维变得尤为重要。另一方面，媒体融合也提供了新的学习和培养新闻素养的机会。例如，通过互动式学习平台和多媒体工具，可以更有效地提升公众的新闻素养。

本章将探讨培养新闻素养的具体方法和途径。这包括教育体系内的新闻素养教育、社区和公共机构的推广活动，以及利用在线平台和社交媒体进行自我教育的途径。此外，本章还将讨论如何在不同年龄段和社会群体中有效地普及新闻素养，以及评估和监控新闻素养水平的方法。

第一节 新闻素养的概念与重要性

1. 新闻素养定义

新闻素养是一个多维度、复合型的概念，它包括个体在获取、分析、评估和传播新闻信息时展现的一系列能力和技巧。在当今信息爆炸和媒体多元化的时代，新闻素养成为公民必备的一项重要素质，尤其在识别信息真伪、构建知识结构、参与公共议事等方面显示出其核心价值。新闻素养不仅涉及对新闻内容的理解和解读，还包括对新闻媒体运作方式的深入认知、批判性思维的有效运用以及媒体信息的有效利用和传播能力。

对新闻媒体的理解是新闻素养的基础。这包括对新闻媒体的种类、特性、运作模式以及它们在社会中所扮演角色的认识。在多媒体时代，新闻媒体不仅限于传统的报纸、电视和广播，还包括了网络新闻、社交媒体、博客、播客等新兴形式。每种媒体都有其独特的传播特性和影响方式。例如，社交媒体以其即时性、互动性和个人化特点在新闻传播中发挥着越来越重要的作用。理解这些媒体的特性有助于个体更有效地选择和利用不同的新闻来源，更全面地获取信息。

而批判性思维在新闻素养中也占据重要位置。在面对大量多样化的新闻信息时，能够运用批判性思维对信息进行筛选、分析和判断是非常必要的。这包括识别偏见、辨析事实与观点、评估信息来源的可靠性以及理解新闻报道背后可能的动机和目的。批判性思维能够帮助个体避免被虚假新闻或有偏见的报道所误导，形成更加独立和客观的见解。批判性思维还包括对媒体信息的深度解读，理解新闻事件的多重维度和复杂性，以及将新闻事件放置在更广泛的社会、政治和经济背景中进行考量。

有效利用和传播媒体信息是新闻素养的又一重要方面。在数字时代，个体不仅是新闻信息的接收者，也是传播者。有效地利用媒体信息包括能够筛选出对自己有价值的新闻，整合来自不同来源的信息以形成全面的视角，并利用现代技术手段如社交媒体平台进行信息的传播和分享。作为信息的传播者，个体还需要承担相应的责任，确保所分享的信息真实可靠，避免传播未经验证的消息或假新闻。此外，新闻素养还涉及对新闻职业和媒体行业的理解。这包括了解新闻采编过程、新闻伦理和媒体法规等。通过对新闻职业的理解，个体能够更好地评估新闻内容的质量，识别专业和非专业的新闻报道。同时，了解媒体行业的运作和挑战有助于个体更加全面地理解新闻报道背后的复杂性。

随着信息技术的发展和媒体环境的变化，新闻素养在当今社会变得越来越重要。培养良好的新闻素养不仅有助于个体有效地获取、理解和利用新闻信息，也对于促进社会的信息素养和公共讨论具有重要意义。

2. 认知发展

新闻素养在个体的认知发展中起着至关重要的作用。它不仅促进了个体对社会、政治和文化事件的深入理解，还增强了对复杂现实世界的认知能力。在当今信息泛滥的时代，新闻素养成为理解和解读世界的重要工具，帮助个体在海量信息中识别真实、重要的内容，构建知识结构，发展批判性思维，并有效地参与公共讨论和决策过程。

新闻素养使个体能够更深入地理解社会事件。在全球化和互联网技术发展的背景下，社会事件的影响和涵盖范围远超以往。具备新闻素养的个体能够从多种新闻源中获取信息，通过分析和比较不同报道的角度和内容，更全面地理解事件的本质、背景和可能的后果。例如，面对一个社会运动，新闻素养使个体能够理解其起因、参与者的动机、社会和政治背景，以及该事件对社会的长远影响。而且新闻素养增强了个体对政治现象的认知能力。政治报道往往包含复杂的议题和多样的观点。新闻素养使个体能够从批判的角度分析这些报道，理解不同政治立场和观点的来源和依据，从而形成更加客观和独立的政治见解。这种能力在当前政治环境日益极化的背景下尤为重要，它有助于个体避免被极端或偏颇的观点所左右，保持理性和平衡的思考方式。

在文化层面，新闻素养也是个体认知发展的重要部分。通过接触和分析不同文化背景下的新闻报道，个体能够更好地理解和尊重文化多样性。这种理解涉及对不同文化价值观、生活方式和历史背景的认识。新闻素养使个体能够超越文化偏见，对异质文化持开放态度，促进跨文化交流和理解。而新闻素养还促进了个体批判性思维的发展。在接触新闻报道时，个体需要学会质疑信息的来源、动机和准确性，从而发展出一套评估和分析信息的标准和方法。这种批判性思维的培养使个体在面对不同类型的信息时，能够做出理性判断，避免被误导和操纵。例如，面对潜在的假新闻或有偏见的报道，具备新闻素养的个体能够通过分析信息的来源、检查事实、对比不同报道来验证信息的真实性。

新闻素养对个体的公共参与也有积极影响。通过了解和分析新闻中的各种问题，个体能够更有效地参与公共讨论和决策过程。新闻素养不仅提供了必要的信息背景和分析框架，还培养了个体表达自己观点的能力。这使得个体在公共空间中的参与更加有意义和有效。

3. 批判性思维

批判性思维作为新闻素养的一个关键组成部分，在当代信息时代对个体的认知和判断能力发展具有深远的影响。它涉及对新闻信息的深入分析、评估，以及形成独立见解的能力。在面对日益增长的信息流和复杂的媒体环境时，批判性思维成为个体分辨信息真伪、抵御偏见和误导以及培养独立思考能力的重要工具。

首先，批判性思维对于辨别新闻信息的真实性至关重要。在信息量爆炸的现代社会，个体每天都会接收到来自不同渠道的大量新闻信息。这些信息的真实性和准确性却是参差不齐的。批判性思维使个体能够不接收信息的表面现象，而是深入挖掘和分析信息的来源、背景和目的。例如，个体会学会从多个渠道核实信息，评估信息来源的可靠性，识别可能的误导或偏颇，以及理解报道背后的更深层次意义。

其次，批判性思维使个体能够识别新闻报道中的偏见和立场。不同的新闻媒体和记者可能会因为各种原因（如政治立场、文化背景、经济利益等）对同一事件进行不同的报道。批判性思维能力的培养使个体在接收信息时能够警觉这些潜在的偏见，通过比较和分析不同报道来形成更加全面和平衡的观点。这包括识别报道中的语言用词、事实选择和呈现方式等，从而揭示潜在的偏颇或误导。此外，批判性思维对于个体形成独立见解和判断也至关重要。在当今社会，个体不仅要接收信息，还需要能够对信息进行独立的思考和评估。批判性思维的培养使个体不仅仅满足于接受现成的观点和结论，而是能够基于事实和理性的分析，形成自己的见解和判断。这种能力对于个体参与公共讨论、政治投票和社会决策等具有重大意义。

最后，批判性思维的培养还关系到信息的负责任传播。在社交媒体和网络平台日益成为信息传播的主要渠道的今天，个体不仅是信息的接收者，也是传播者。具备批判性思维的个体会在分享和传播信息之前对信息的真实性和影响进行仔细考虑，避免传播不实、误导性或有害的信息。这种负责任的态度对于维护健康的信息环境和促进社会稳定具有至关重要的作用。

在实践中，培养批判性思维需要个体不断地学习和练习。这包括持续关注新闻事件，从多个角度和来源获取信息，对比和分析不同的报道，以及参与讨论和辩论。教育机构、媒体组织和社会团体可以通过提供相关的教育和训练项目，帮助个体培养和提高批判性思维能力。

总之，批判性思维作为新闻素养的核心部分，在提升个体对信息的理解、分析和评估能力方面发挥着至关重要的作用。它不仅帮助个体辨别信息的真实性和偏见，还促进了个体形成独立的见解和判断，提高了个体作为信息消费者和传播者的责任感和效能。在快速变化的信息时代，批判性思维是个体适应和成功的关键能力之一。

4. 信息筛选能力

在当今信息泛滥的时代，新闻素养中的信息筛选能力变得至关重要。这种能力不仅涉及从大量信息中识别和选择相关、可靠的内容，还包括对信息的深入分析和评估，从而避免信息过载和误导。信息筛选能力的核心在于使个体能够在复杂的信息环境中做出明智的选择，形成独立的见解，并有助于他们有效地参与社会和文化生活。

信息筛选能力使个体能够在海量的新闻和信息中识别重要和可信的内容。在数字时代，个体每天都会接触到来自不同渠道的大量信息，包括新闻网站、社交媒体、播客、视频平台等。这些信息的真实性、准确性和可靠性不尽相同，且常常混杂着广告、假新闻和有偏见的内容。具备信息筛选能力的个体能够识别哪些新闻来源是权威和可信的，避免被不准确或有误导性的信息所左右。这种能力涉及对信息来源的背景、历史和声誉的了解，以及对所提供信息内容的初步评估。

而且信息筛选能力还涉及对信息内容的深度分析和评估。个体不仅需要检查信息的事实基础，还要评估信息的呈现方式、语境和潜在目的。例如，在分析一则新闻报道时，个体会考虑报道是否提供了足够的证据支持其声明，报道是否全面覆盖了事件的各个方面，以及报道是否表现出任何偏见或倾向。通过这种深入的分析，个体能够更准确地理解信息，并从中筛选出最有价值和最可靠的内容。此外，信息筛选能力对于避免信息过载至关重要。在现代社会，个体面临着大量信息的不断涌入，这不仅使得筛选出相关信息变得困难，还可能导致认知负担和决策困难。具备信息筛选能力的个体能够根据自己的需求和兴趣快速识别和过滤掉不相关或次要的信息，从而集中注意力在对他们更重要的内容上。这种筛选能力不仅提高了信息获取的效率，也减少了不必要的认知负担。

信息筛选能力的培养还包括对自身信息消费习惯的反思和调整。个体应不断审视自己的信息来源和消费模式，确保不会陷入只关注特定类型或来源信息的局限。这包括定期探索新的信息渠道，对比不同来源的信息，以及批判性地评估自己所接收信息的质量和多样性。通过这种自我反思和主动探索，个体能够获得更全面和多元的视角。

在实践中，培养信息筛选能力需要个体持续学习和实践。这包括关注和分析各种类型的新闻报道，比较不同渠道和来源的信息，参与讨论和辩论，以及利用各种工具和技术提高信息处理的效率。教育机构、媒体组织和社会团体可以通过提供相关的培训和资源，帮助个体提高信息筛选和处理的技能。

信息筛选能力是新闻素养的一个重要方面，对于个体在复杂的信息环境中做出明智决策和形成独立见解至关重要。它不仅有助于个体有效地获取和处理信息，还能够帮助他们避免信息过载和误导，从而在日益复杂的社会中保持知情和参与。在信息技术快速发展的今天，培养强大的信息筛选能力对于个体适应和成功具有不可估量的价值。

5. 公民参与

新闻素养作为公民参与社会和政治生活的基础，在塑造健康的公共舆论环境中发挥着至关重要的作用。在当今世界，信息的快速流通和易获取性使得公民参与社会事务变得更加容易和必要。良好的新闻素养不仅提高了个体理解复杂社会政治问题的能力，也为积极的公民参与提供了必要的信息和思维工具。

首先，良好的新闻素养使公民能够准确理解社会和政治事件。这包括对事件背景的深入了解、对不同观点的全面考量以及对事件可能后果的理性评估。新闻素养使个体能够在海量信息中甄别真伪，深入分析问题的多个方面，从而对社会政治事件形成更加全面和深刻的理解。这种理解是公民参与决策、讨论和行动的前提，有助于他们在社会和政治生活中发挥更积极和有效的作用。

其次，新闻素养在促进批判性思维和开放对话方面发挥着关键作用。批判性思维使公民不仅接受表面信息，而是深入探究问题的本质和复杂性。这种思维方式对于挑战固有偏见、促进多元观点的交流和理解至关重要。新闻素养还鼓励公民在讨论中表达自己的观点，倾听他人的意见，并在对话中寻求共识和解决方案，从而形成更加开放和包容的公共讨论环境。

此外，新闻素养还有助于提升公民的信息责任感。在社交媒体和网络平台日益成为主要的信息传播渠道的今天，公民不仅是信息的消费者，也是传播者。具备新闻素养的个体在分享和传播信息时更加谨慎和负责，他们会努力确保所传播的信息是真实和准确的，避免散播未经验证的消息或假新闻。这种负责任的信息传播行为对于维护健康的公共信息环境至关重要。

进一步地，新闻素养还促进了公民对社会和政治过程的参与。了解和分析新闻事件使公民能够更加有效地参与公共议题的讨论、政策制定的影响以及社会变革的推动。这种参与不仅限于选举和投票，还包括参与公共讨论、社区活动和志愿服务等。良好的新闻素养使公民更有能力对社会做出有意义的贡献，成为积极的社会参与者。

良好的新闻素养对公民参与社会和政治生活具有重要意义。它不仅提高了公民理解和处理社会政治问题的能力，还促进了健康公共舆论环境的形成，增强了公民的信息责任感，并激发了公民对社会事务的积极参与。在快速变化的现代社会中，培养和提高新闻素养对于构建开放、包容和理性的公共空间至关重要。

6. 终身学习

在快速变化的现代社会中，新闻素养不仅是获取信息的基本技能，更是个体终身学习和适应社会职业环境的关键能力。新闻素养的培养涉及对信息的获取、处理、分析、批判和传播，这些能力对于个体在不断变化的社会中保持信息敏感性、决策能力和社会参与度具有重要意义。

新闻素养在个体获取信息的能力上发挥着核心作用。在信息爆炸的时代，能够高效地从多个渠道获取相关和重要信息是必不可少的技能。新闻素养使个体能够识别和选择可靠的信息源，从而在海量的信息中迅速定位到所需内容。这不仅提高了个体获取信息的效率，也确保了信息的质量和可靠性。例如，在职场中，能够迅速获取行业动态、市场变化和相关政策信息，对于工作决策和职业发展至关重要。

新闻素养强化了个体对信息的处理和分析能力。在接收到信息后，如何有效地处理和分析这些信息，是决定个体能否从中获得有价值见解的关键。新闻素养训练了个体对信息进行批判性分析的能力，使其能够区分事实与观点、识别潜在的偏见和误导以及从复杂信息中提取关键点。这种分析能力对于个体在面对复杂问题时做出合理判断和决策至关重要。

此外，新闻素养还培养了个体的批判性思维。在现代社会，面对不断变化的社会环境和职业挑战，具备批判性思维的个体更能适应和成功。新闻素养通过培养个体对信息源的质疑、对信息内容的深入分析和对不同观点的权衡，增强了个体的独立思考和问题解决能力。例如，在职场中，能够批判性地分析市场趋势和竞争策略，对于指导项目方向和制定商业决策至关重要。进一步地，新闻素养在个体的社会参与和公共事务中发挥着重要作用。了解新闻和时事使个体能够更好地理解社会发展趋势、政策变化和公共议题。这种理解促进了个体在社会事务中的积极参与，如参加公共讨论、社区服务和公民投票等。良好的新闻素养使个体不仅仅是社会的旁观者，而是积极的参与者和贡献者。

新闻素养对于个体的终身学习和职业发展具有深远的影响。随着社会和技术的不断发展，新的信息和知识不断涌现。新闻素养使个体习惯于持续学习，保持对新知识的好奇和追求，从而在职业生涯中保持竞争力。例如，了解最新的技术趋势和市场需求，对于职业规划和技能提升至关重要。

新闻素养是终身学习的重要组成部分，对个体适应快速变化的社会和职业环境具有重要意义。它不仅提升了个体获取、处理和分析信息的能力，还培养了批判性思维、社会参与和终身学习的习惯。在当今这个信息化和全球化的时代，提升新闻素养是个体适应社会变革、实现个人成长和职业成功的关键路径。

第二节　新闻素养培养的方法与途径

1. 教育体系整合

媒体融合是当代媒体发展的一个显著趋势，它代表了不同媒体形态和技术的交融与相互作用，从而导致了新闻生产、分发和消费方式的根本性变化。这一现象不仅仅局限于技术层面的整合，而是涉及内容创造、平台发展、产业结构以及用户体验的全面融合。媒体融合的过程对传统媒体行业带来了深刻的影响，同时也为新闻传播和公共沟通开辟了新的可能性。

在技术层面，媒体融合表现为不同媒介形式的整合。传统媒体如报纸、电视和广播与新媒体如互联网、社交网络、移动应用的融合，使得信息传播渠道更加多元化和灵活。这种技术融合使得新闻报道能够通过多种媒介形式传播，如文本、图片、视频和音频等，大大丰富了信息的表现形式和传播效果。此外，互联网技术的发展使得新闻传播更加即时和互动，观众可以实时获取新闻，同时通过评论、分享等方式参与到新闻的传播和讨论中。

在内容生产方面，媒体融合导致了新闻制作方式的变革。在融合媒体的环境下，新闻机构需要适应多平台、多格式的内容生产。记者和编辑需要具备跨媒体的技能，能够在不同平台上生产和编辑内容。这包括编写适合网络阅读的文章、制作视频和音频内容以及创建互动图表和多媒体报道等。同时，媒体融合也催生了用户生成内容（UGC）的兴起，普通用户通过社交媒体、博客等平台参与到新闻内容的创造和传播中。

在新闻分发方面，媒体融合改变了信息的传播渠道和方式。传统媒体通过报纸、电视和广播等渠道分发内容，而在融合媒体环境中，新闻内容可以通过网络、社交媒体、移动应用等多种平台传播。这种多渠道的分发方式使得新闻触达的观众更加广泛，同时也使得信息传播更加即时和个性化。用户可以根据自己的兴趣和习惯选择适合的平台获取新闻，也可以通过社交网络分享和讨论新闻内容。

媒体融合还对媒体行业的商业模式产生重要影响。随着数字化和网络化的发展，传统媒体的广告收入受到了挑战，媒体机构需要探索新的盈利模式。这包括内容付费、订阅服务、电商合作、数据服务等多种商业模式。媒体融合为媒体机构提供了新的收入来源，同时也要求它们在维持内容质量和新闻伦理的同时进行商业创新。媒体融合也影响了用户的媒介使用习惯和信息消费方式。在融合媒体的环境中，用户可以通过多种设备和平台获取新闻，如电脑、手机、平板电脑等。这种多屏幕、多渠道的信息消费方式使得用户的新闻获取更加方便和个性化。同时，用户也可以通过社交媒体等平台参与到新闻的评论和传播中，成为新闻传播过程的一部分。

媒体融合是一个复杂且多维度的过程，它涉及技术、内容、平台、产业和用户等多个方面的整合与互动。媒体融合改变了新闻的生产、分发和消费方式，对传统媒体行业带来了深刻的影响，同时也为新闻传播和公共沟通开辟了新的可能性。在媒体融合的趋势下，媒体行业需要不断创新和适应，以满足日益变化的市场需求和用户习惯。媒体融合不仅为媒体行业带来了挑战，也提供了新的发展机遇。

2. 实践操作

实践操作是提高学生新闻分析和制作能力的有效方式。通过参与模拟新闻编辑、批判性阅读讨论等活动，学生不仅能够从理论上了解新闻的生产过程，还能亲身体验新闻制作的实际操作，从而在实践中提升自身的新闻素养。这些实践活动能帮助学生发展其关键的技能，如批判性思维、信息筛选、内容创作和团队合作能力。

首先，模拟新闻编辑活动是一种有效的实践方式。在这样的活动中，学生可以模拟真实的新闻编辑室环境，参与新闻的采集、编辑和发布过程。这个过程可以包括选题讨论、信息收集、采访实践、新闻稿件撰写、编辑校对以及最终的新闻发布。通过这一系列活动，学生不仅能够了解新闻报道的整个生产流程，还能实际体验到新闻工作者的工作责任和挑战。此外，模拟新闻编辑活动还可以包括数字媒体技能的培养，如视频编辑、社交媒体内容制作等，以适应媒体融合的趋势。

其次，批判性阅读讨论是另一种重要的实践活动。在这类活动中，学生被要求批判性地阅读和分析不同的新闻报道，探讨报道中的事实陈述、来源可靠性、角度偏见以及报道背后的更深层含义。通过小组讨论和课堂辩论，学生可以分享自己的观点和分析，学习如何从不同角度审视新闻内容。这种批判性阅读讨论有助于培养学生的批判性思维能力，提升他们分辨信息真伪和质量的能力。除此之外，学生还可以参与制作校园新闻或社区新闻项目。这种实践活动提供了一个平台，让学生能够实际参与到新闻制作中，从选题策划到内容采集、编辑和发布，全过程亲身体验。通过参与校园新闻或社区新闻的制作，学生不仅能够锻炼自己的新闻制作技能，还能增强对社会事件的敏感性和责任感。

实践操作活动还可以通过使用现代媒体技术来进一步丰富。例如，学生可以使用数字编辑软件制作视频新闻，运用社交媒体平台进行新闻传播和互动，或者使用数据可视化工具来展示复杂的新闻信息。这种技术的应用不仅使学生能够适应当代媒体环境，还有助于提升他们的技术能力和创新思维。

通过实践操作，如模拟新闻编辑、批判性阅读讨论和参与新闻项目等活动，学生能够在实际操作中学习和提升新闻分析和制作能力。这些活动不仅有助于学生理论知识的应用和实践技能的提升，还有助于培养他们的批判性思维、创造力和团队合作能力。在快速变化的媒体环境中，这些技能对于学生未来的学术发展和职业生涯都具有重要意义。

3. 媒体参与

在当今媒体融合和信息技术快速发展的背景下，鼓励学生参与校园媒体或社区媒体的实际操作，对于他们学习新闻制作和传播的技巧具有重要意义。这样的参与不仅能提供实践经验，还能帮助学生理解新闻的真正含义、过程和影响，以及如何在这个不断变化的数字媒体时代中有效地传播信息。

学生参与校园媒体或社区媒体的过程是一个全方位的学习经历。这种经历涉及从新闻采集、编辑、到最终发布的整个过程。学生在这一过程中不仅能学习到基本的新闻写作技巧，如何撰写新闻稿件、如何进行有效的采访和调查，还能学习到更复杂的技能，如多媒体制作、社交媒体管理和数字内容编辑等。这些技能在当前媒体行业中都是极其重要的，能够让学生在未来的职业生涯中占据优势。

通过参与校园媒体或社区媒体的实践活动，学生能够更深入地理解新闻制作的责任和挑战。新闻制作不仅仅是收集和报道信息的过程，更是一个涉及伦理、责任和影响力的复杂过程。在实际操作中，学生会面临如何保持新闻的客观性和公正性、如何处理敏感话题、如何尊重隐私等问题。这些实践经验将帮助学生建立起对新闻职业道德的深刻理解，并学会在实际工作中如何做出合理的判断和决策。

参与校园媒体或社区媒体的过程也是一个团队合作和沟通技巧的培养过程。新闻制作通常需要多个部门的协作，如编辑、记者、摄影师、设计师等。在这个过程中，学生不仅需要学会如何独立完成自己的工作，还需要学会如何与团队成员有效沟通和协作。这些沟通和协作的经验对于任何职业都是宝贵的，尤其是在媒体行业这样一个快节奏和团队合作至关重要的领域。

此外，参与校园媒体或社区媒体的活动还能帮助学生建立起对公众受众的认识。在实际操作中，学生需要考虑到自己的报道如何影响和吸引受众，如何通过不同的媒介渠道达到最佳的传播效果。这包括学会如何根据目标受众的特点选择合适的话题和角度，如何利用图像、视频和互动元素吸引受众的注意力，以及如何在社交媒体上有效地推广内容。这些技巧对于建立有效的受众关系和提高信息传播的影响力至关重要。

在校园媒体或社区媒体中的实际操作经历，还能让学生对媒体行业有一个更加现实的认识。这种经历不仅可以帮助学生确定自己是否对新闻行业有兴趣，还可以提供宝贵的职业经验，为未来的求职和职业发展打下基础。例如，通过参与校园电视台或校报的工作，学生可以在毕业时拥有一份展示自己技能和经验的作品集，这对于找工作和职业发展都是极其有益的。

总而言之，鼓励学生参与校园媒体或社区媒体，实际操作中学习新闻制作和传播的技巧，是一种全面且有效的教育策略。这种策略不仅能提供实际的新闻制作经验，还能帮助学生建立起对新闻工作的全面认识，培养团队合作、沟通技巧和职业道德。通过这样的经历，学生能够为未来的职业生涯做好准备，无论他们最终是否选择从事媒体相关的工作。在信息技术不断发展的时代，这种实践经验对于培养未来的媒体专业人才和有责任感的公民至关重要。

4. 网络课程与资源

在数字化和网络化日益深入的当代社会，网络平台提供的课程和资源为学习新闻制作、媒体批判以及其他相关知识提供了前所未有的便利和灵活性。随着信息技术的发展，学习者现在可以通过互联网访问到各种各样的教育资源，包括在线课程、教育视频、互动工具和丰富的数据库，这些资源不仅覆盖了新闻制作的各个方面，还包括媒体批判、传播理论、媒体伦理等多个领域。这种学习方式与传统的课堂学习相比，具有更高的可访问性和灵活性，使得更广泛的人群能够学习到最新的媒体知识和技能。

网络平台提供的课程和资源的一个显著优势是其广泛的覆盖范围和深度。无论是基础的新闻写作技巧，还是高级的多媒体制作、数据新闻、网络安全等领域，网络平台都能提供丰富的学习材料。例如，许多顶尖大学和专业机构都在网上提供了他们的课程，包括录播讲座、教程视频以及相关的阅读材料，这些内容不仅涵盖理论知识，还包括实际操作的指导。一些平台还提供了交互式学习体验，如模拟新闻编辑室的工具，让学习者能够在虚拟环境中实践新闻制作的整个流程。

网络课程和资源的灵活性是其另一个重要优势。不同于传统的课堂学习，学习者可以根据自己的时间和进度安排学习，无论是在家里、咖啡厅还是在通勤的路上，只要有互联网连接，就能随时随地学习。这种灵活性特别适合那些需要兼顾工作和学习的人，或者居住在没有易于访问传统教育资源的地区的人。通过网络学习，他们可以更容易地平衡各种生活和工作的需求，同时获得持续的专业发展。

网络平台还能为学习者提供最新的行业动态和技术进展。在媒体行业，新技术和趋势正在快速变化，因此及时获取最新信息至关重要。许多在线课程和资源都会定期更新，以反映行业中的最新发展和最佳实践。此外，网络论坛和社交媒体群组等还可以作为信息交流和讨论的平台，学习者可以通过这些平台与同行交流经验，讨论行业趋势，甚至与行业专家互动。

网络平台提供的资源还包括了大量的实践案例和研究工具。对于新闻制作和媒体批判来说，理论知识的学习同样重要，但实际操作和案例分析也是不可或缺的一部分。通过网络资源，学习者可以接触到各种真实世界的新闻案例，这些案例可以帮助他们理解理论知识是如何在实际中应用的，同时也能够激发他们的批判性思维和创造性思维。一些平台还提供了研究工具和数据库的访问，使学习者能够进行更深入的研究和数据分析。

利用网络平台提供的课程和资源，可以大大提升新闻制作和媒体批判等相关知识的学习效率和效果。这种学习方式不仅提供了广泛的覆盖范围和深度，还具有灵活性和实时更新的特点，使得学习者能够根据自己的需要和节奏进行学习。随着网络技术的不断发展和教育资源的日益丰富，网络平台将继续成为新闻教育和专业发展的重要工具，对提高公众的媒体素养和专业人士的技能发挥着越来越重要的作用。

5. 公共讲座与研讨会

在当今媒体环境中，公共讲座和研讨会成为连接新闻专业人士与公众的重要桥梁。这些活动为新闻工作者提供了一个分享他们的经验和知识的平台，同时也为公众提供了增进对新闻行业理解和兴趣的机会。通过组织这样的活动，不仅能够促进公众对新闻行业的认识，还能够激发公众对新闻和媒体相关议题的关注和讨论。

公共讲座和研讨会的主题可以涵盖新闻行业的各个方面，从基础的新闻写作和报道技巧，到复杂的媒体伦理和法律问题，再到新闻技术的最新发展趋势。这些活动为新闻专业人士提供了一个展示他们工作的窗口，让公众能够更直观地了解新闻制作的过程和挑战。例如，一位资深记者可以分享他们采访的经验，讲述如何在紧张的环境中追踪和报道一个故事，或者一个新闻编辑可以讨论如何在迅速变化的新闻环境中做出快速而准确的决策。而且公共讲座和研讨会也是探讨新闻行业当前面临的挑战和机遇的绝佳场所。在这些活动中，新闻专业人士可以与公众讨论如假新闻的传播、媒体偏见、数字化对新闻行业的影响等议题。这些讨论不仅能够提高公众对这些问题的意识，还能够激发公众对解决这些问题的兴趣和参与。例如，一个关于如何识别和应对假新闻的讲座可以帮助公众提高他们的媒体素养，而一个关于新闻技术的研讨会可以展示新闻行业如何适应数字化时代的挑战。

公共讲座和研讨会的另一个重要作用是促进新闻专业人士与公众之间的互动和对话。在这些活动中，公众不仅有机会听取专业人士的观点，还可以直接向他们提问，参与到讨论中。这种互动可以帮助公众更深入地理解新闻报道背后的复杂性，同时也为新闻工作者提供了了解公众关切和观点的机会。通过这种双向交流，可以建立起新闻工作者与公众之间更紧密的联系，增强公众对新闻行业的信任和支持。

公共讲座和研讨会也为新闻教育和职业发展提供了重要的资源。对于新闻专业的学生和年轻记者来说，这些活动是学习的宝贵机会。他们不仅可以从经验丰富的专业人士那里学到宝贵的技能和知识，还可以建立起职业联系，为未来的职业发展打下基础。例如，一个学生在参加关于调查新闻的研讨会后，可能会找到实习的机会，或者在未来的工作中应用在研讨会上学到的技巧。而公共讲座和研讨会也是传播媒体教育和提高公众媒体素养的重要手段。通过这些活动，公众不仅能够学习到如何识别可靠的新闻来源，还能够了解如何在日益复杂的媒体环境中做出明智的信息选择。这种教育对于建立一个健康的公共讨论环境和民主社会至关重要。

组织公共讲座和研讨会，邀请新闻专业人士分享经验，对于增进公众对新闻行业的理解和兴趣，以及促进新闻教育和职业发展，都具有重要意义。通过这些活动，可以建立起新闻工作者与公众之间的桥梁，促进双向的交流和理解，同时也为公众提供了一个了解和参与新闻行业的平台。随着媒体环境的不断发展变化，这样的活动对于提高公众的媒体素养和支持新闻行业的发展将变得越来越重要。

6. 跨学科合作

跨学科合作在当代教育和职业发展中日益显得重要，特别是在新闻素养的培养领域。鼓励新闻学与社会学、政治学等领域的合作和研究，不仅能够为新闻教育和实践提供更广阔的视角，还能够帮助学生和专业人士更全面地理解新闻报道背后的复杂性和多维度。这种跨学科的合作方式能够使新闻素养的培养更加深入和实用，更好地准备学生和从业人员面对快速变化的媒体环境。

在新闻素养的培养中，跨学科合作可以帮助揭示新闻报道背后的社会、政治和文化动态。例如，通过与社会学的结合，学习者可以更深入地了解社会结构、群体行为和社会变迁对新闻报道的影响。这种理解对于报道社会问题、分析群体动态以及理解公众舆论至关重要。同样，与政治学的合作能帮助学习者理解政治体系、政策过程和政治行为如何影响新闻的内容和形式。这在报道政治事件、分析政策变化以及探讨公共议题时尤为重要。

而且跨学科合作还能够提供多元的方法和工具来丰富新闻研究和实践。例如，社会学的调查方法和统计分析技术可以用于新闻调查和数据新闻的制作。政治学的理论框架和分析模型可以帮助解读政治新闻背后的复杂关系和影响因素。通过这些跨学科的方法和工具，新闻学习者和从业人员可以更加全面和深入地分析和报道新闻事件。

跨学科合作的另一个重要方面是它能够培养学生的批判性思维和综合分析能力。面对来自不同领域的理论和观点，学习者需要学会如何整合这些信息，形成独立的分析和判断。这种综合分析能力对于新闻从业人员至关重要，尤其是在处理复杂的社会和政治问题时。此外，跨学科的学习环境也鼓励学生开展创新思考，探索新闻报道的新形式和新途径。最后，跨学科合作还能够促进学术界和行业界的对话和交流。通过邀请社会学家、政治学家以及其他领域的专家参与新闻教育和研究项目，学校和媒体机构可以构建起一个多元化的知识和经验交流平台。这种交流不仅能够丰富新闻教育的内容，还能够帮助从业人员了解最新的学术研究和行业趋势，使他们能够更好地适应不断变化的媒体环境。

跨学科合作在新闻素养的培养中扮演着重要角色。通过结合社会学、政治学等领域，新闻教育和实践不仅能够更全面和深入，还能够更加实用和创新。这种跨学科的视角和方法对于准备学生和从业人员面对快速变化的媒体环境至关重要，对于提升公众对新闻行业的理解和兴趣也有着积极作用。随着媒体环境的不断发展，跨学科合作将继续成为新闻素养培养的关键策略之一。

参考文献

[1] 缪剑锋. 浅谈媒体融合背景下新闻生产与传播的变革及创新 [J]. 传播力研究, 2020, 004(034):P.42–43.

[2] 董晓辉. 媒体融合背景下新闻作品生产的创新形态研究 [D]. 山东师范大学 [2024–03–13].

[3] 侯礼安. 浅谈媒体融合背景下新闻传播有序发展 [J]. 辽宁广播电视技术, 2023(3):44–46.

[4] 刘宇. 媒介融合背景下广播新闻的生产, 传播与发展分析 [J]. 出版广角, 2019(23):3.

[5] 靳维汉. 媒介融合背景下对新闻传播的影响 [J]. 传媒论坛, 2020, 3(12):2.

[6] 董晓辉. 媒介融合背景下新闻作品生产的创新形态研究 [D]. 山东师范大学 [2024–03–13].

[7] 朱李典雅. 媒体融合背景下新闻生产方式的变革研究——以 " 澎湃新闻 " 为例 [D]. 河南大学, 2016.

[8] 陈铭, 周屹嵩. 媒介融合背景下体育新闻传播模式研究 [J].[2024–03–13].

[9] 蒋凌. 媒介融合背景下的报业组织变革 [J]. 新闻传播, 2018(15):2.

[10] 鲍旖婧. 媒介融合下新闻生产的变革 [J]. 新闻研究导刊, 2016(1):1.

[11] 谭艺莹. 媒体融合背景下融合新闻传播的效应与策略 [J]. 卫星电视与宽带多媒体, 2023(6):77–79.

[12] 林朝霞. 媒介融合时代下的新闻生产模式分析 [J]. 西部广播电视, 2016(2):1.

[13] 杜琳. 媒介融合背景下融合新闻传播效应与策略研究 [D]. 渤海大学 [2024–03–13].

[14] 邓丹丹. 媒体融合背景下的新闻传播变革路径思考 [J]. 新闻文化建设, 2022(2):47–49.

[15] 赖莉莎. 5G 背景下主流媒体新闻生产的融合创新 [J]. 科技传播, 2020, 12(7):2.

[16] 张玉. 媒体融合背景下新闻采编人员的角色转型研究 [J]. 传播与版权, 2021(7):5–7.

[17] 周娜. 媒体融合背景下新闻生产与互动传播研究 [J]. 东西南北, 2023(16):0057–0059.

[18] 张美娟. 媒体融合背景下的微新闻生产研究 [D]. 江西财经大学 [2024–03–13].

[19] 鲁钇山. 媒体融合背景下的深度新闻生产 [J]. 青年记者, 2015(6):1.

[20] 时红燕. 媒介融合背景下新闻传播的特征与趋势 [J]. 新媒体研究, 2015, 1(2):2.

[21] 韩世岐. 媒介融合背景下传统新闻传播面临的困境与对策 [J]. 魅力中国, 2017, 000(011):203.

[22] 杨红娜. 媒体融合背景下新闻生产方式的变革与挑战 [J]. 记者摇篮, 2020(12):2.

[23] 王佳航. 智能传播环境下的新闻生产 [M]. 中国广播影视出版社:202007.229.

[24] 刘滢. 国际传播: 全媒体生产链重构 [M]. 新华出版社:201610.227.

[25] 刘佳. 大数据时代新闻媒体生产和传播的关键策略研究 [C]// 中国智慧工程研究会智能学习与创新研究工作委员会.2021 课程教学与管理研究学术论坛论文集. 山西广播电影电视学校, 2021:5.

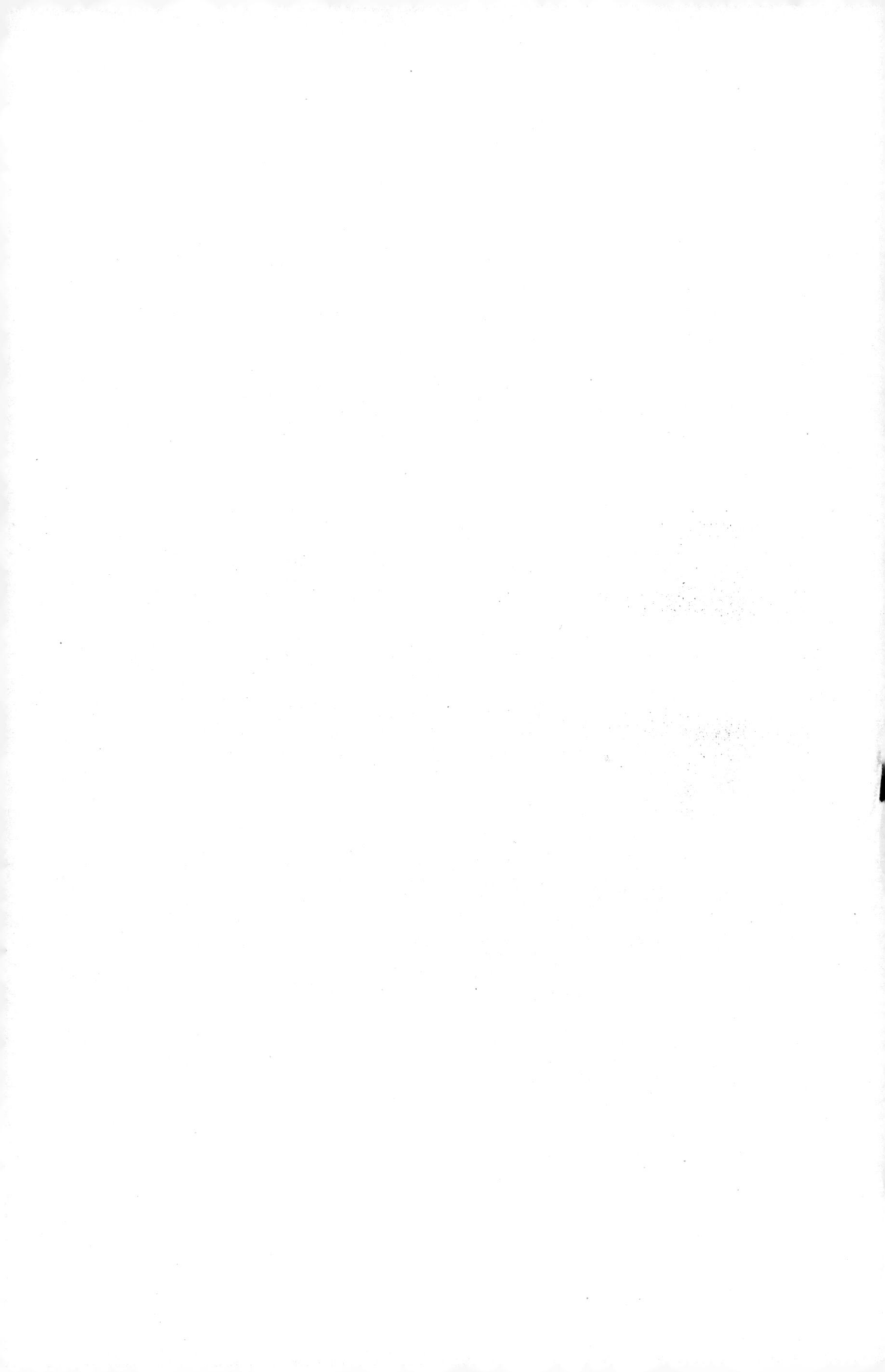